Joël Dor

INTRODUCCION A LA LECTURA DE LACAN II

Grupo: Psicología
Subgrupo: Psicoanálisis Lacaniano

SERIE FREUDIANA

JOËL DOR	*Introducción a la lectura de Lacan I* El inconsciente estructurado como lenguaje en psicoanálisis
OSCAR MASOTTA	*Lecciones de introducción al psicoanálisis*
VICTOR TAUSK	*Trabajos psicoanalíticos*
SARAH KOFMAN	*El enigma de la mujer* Con Freud o contra Freud
JACQUES SÉDAT Y OTROS	*¿Retorno a Lacan?*
SERGE LECLAIRE	*Un encantamiento que se rompe* Cuestionamiento del hechizo psicoanalítico
MARIO FRANCIONI	*Psicoanálisis, lingüística y epistemología en Jacques Lacan*
JUAN DAVID NASIO	*El magnífico niño del psicoanálisis* El concepto de sujeto y objeto en la teoría de Jacques Lacan
DENIS VASSE	*El peso de lo real: el sufrimiento*
OCTAVE MANNONI Y OTROS	*La crisis de la adolescencia*
STUART SCHNEIDERMAN	*Lacan: la muerte de un héroe*
FRANÇOIS PERRIER	*Viajes extraordinarios por translacania*

INTRODUCCION A LA LECTURA DE LACAN II

La estructura del sujeto

Joël Dor

gedisa
editorial

Título del original en francés:
Introduction à la lecture de Lacan

Traducción: Graciela Klein

Con la colaboración de Ignacio Gárate Martínez

Primera edición, julio de 1994, Barcelona
Primera reimpresión, marzo de 1998, Barcelona
Segunda reimpresión, febrero del 2003, Barcelona
Reimpresión digital, 2014, Barcelona

Av. Tibidabo, 12, 3
08022 Barcelona (España)
Tel. 93 253 09 04

Correo electrónico: gedisa@gedisa.com
http://www.gedisa.com

ISBN: 978-84-7432-505-8
Depósito legal: B.19004-2014

Impreso en España
Printed in Spain

Le agradezco profundamente a Françoise Bétourné su trabajo de relectura inteligente y atento y sus inapreciables investigaciones bibliográficas.
También les doy las gracias a Tania y a Frédéric Dor, que hicieron posible la realización o la reproducción gráfica de todos los esquemas que figuran en este libro.
En lo que respecta a la traducción, agradezco profundamente a Ignacio Gárate Martínez por su notable tarea de supervisión.

Indice

Prólogo

La tesis inaugural de Lacan: *el inconsciente está estructurado como un lenguaje*[1] concluía con la dependencia del sujeto respecto del orden significante. Incluso si supusiésemos que su justificación principal se basa en el "retorno a Freud" —cuya obra fundadora permitió demostrar este argumento como la implicación esencial del inconsciente—, subsiste una pregunta. ¿Cómo circunscribir la naturaleza precisa de esa sujeción significante sobre la que la práctica analítica muestra continuamente que ordena la estructura misma de la subjetividad en el espacio de una alienación radical?

Al comienzo de los años sesenta, la reflexión de Lacan parece tener que abordar esa cuestión crucial en términos explícitos:

> [...] esa suposición radical nuestra, que pone al sujeto en su constitución en la dependencia, en una posición segunda en relación con el significante, que hace del sujeto como tal un efecto del significante, no puede dejar de surgir de nuestra experiencia [...].
>
> El significante determina al sujeto [...] por cuanto que, necesariamente, la experiencia analítica quiere decir eso. Pero sigamos las consecuencias de esas premisas necesarias. *El significante determina al sujeto. El sujeto se estructura a partir de él* [...] *intento hacerles seguir más de cerca ese vínculo del significante con la estructura subjetiva.*[2]

A partir de esa época se inicia, de hecho, un viraje capital en el pensamiento de Lacan. A través del desarrollo de una sostenida reflexión a propósito de la *identificación*, la cuestión planteada por tal sujeción es ampliamente elucidada por medio de diversas formulaciones teórico-clínicas fundamentales referidas a la relación que "ex-siste" entre el *sujeto*, el *objeto* y el *Otro*, y a eso parece remitirse la dinámica del deseo en toda la contingencia significante que le conocemos en el ser hablante (parlêtre).

Por más que, a tal efecto, exponer la obra de Lacan pareciera una tarea densa y compleja, era conveniente en primer lugar conocer las referencias que jalonan su recorrido para intentar presentar, paso a paso, todas las articulaciones que puntúan su lógica interna.

Eso daba oportunidad de explicitar, en un enfoque discursivo, nociones tan fundamentales como el *rasgo unario*, la dialéctica de la *demanda* y del *deseo*, el *corte*, la *identificación*, el *acto analítico*, el *fantasma*, la *sexuación*... imprescindibles para comprender la constitución de la *estructura del sujeto* bajo el imperio de la *lógica del significante*. Evidentemente, el análisis de ese problema representa uno de los momentos más densos y más complejos de la reflexión de Lacan. Eso explica la parte legítima que dedicó a las *incursiones topológicas* para tratar de hallarle una respuesta, no sin algunas explicaciones prudentes pero esenciales:

> Les guío en una enseñanza que está gobernada por los caminos de nuestra experiencia. Puede parecer excesivo, cuando no importuno, que esos caminos susciten en mi enseñanza una forma de rodeos, inusitados digamos, que en ese sentido pueden parecer, hablando con propiedad, exorbitantes [...].
>
> Sin embargo, no les debe sorprender que en nuestra explicación estén implicados campos, dominios tales como, por ejemplo [...] el de la *topología*, si de hecho hemos de recorrer los caminos que cuestionan un orden tan fundamental como la constitución más radical del sujeto como tal.[3]

En consecuencia, parecía necesario describir metódicamente la virtud operativa de esos objetos topológicos a condición de que estos soportes explicativos abstractos sean presentados de modo riguroso en una argumentación sintética que desmitifique su aridez en aras de una mayor claridad. Esperemos haberlo logrado, de manera que se verifique de modo más general, en relación con esta obra, una de las advertencias que solía reiterar Lacan:

> Les pido disculpas por hacerles seguir un camino que puede parecerles árido, es indispensable que les haga conocer sus distintos pasos para mostrarles lo que podemos sacar de ellos.[4]

Salvador de Bahía
Mayo de 1992

Notas

1. Cf. Dor, J., *Introduction à la lecture de Lacan*, tomo 1. *L'inconscient structuré comme un langage*, París, Denoël, 1985. [Versión castellana: *Introducción a la lectura de Lacan*, tomo 1. *El inconsciente estructurado como lenguaje*, Buenos Aires, Gedisa, 2ª ed. revisada, 1987.]
2. Lacan, J., *L'identification* (1961-1962), inédito, seminario del 30 de mayo de 1962 (el subrayado es mío).
3. *Ibíd.* (el subrayado es mío).
4. *Ibíd.*

PRIMERA PARTE

LA INFRAESTRUCTURA SUBJETIVA Y SU TOPICA

1

El esquema R - El esquema I Segunda aproximación a los procesos psicóticos*

Desde 1953, en el movimiento del "retorno a Freud", Lacan pone el acento en la incidencia de los tres registros, *Simbólico, Imaginario y Real*, en la experiencia del inconsciente:

> Creo que el retorno a los textos freudianos que han sido objeto de mi enseñanza desde hace dos años, me ha [...] dado la idea cada vez más certera de que la captación más global de la realidad humana es la realizada por la experiencia freudiana.[1]

Y de inmediato, Lacan circunscribe el campo de esa experiencia a "*tres registros que son sin lugar a dudas los registros esenciales de la realidad humana*, registros claramente *diferenciados* que se denominan: *lo simbólico, lo imaginario y lo real*".[2]

Esas tres categorías (S.I.R.)[3] son deducidas de modo progresivo en el transcurso de la minuciosa descodificación emprendida por Lacan en la relectura de Freud que propone a sus alumnos. Encontramos constante testimonio de ellas en todos los trabajos de Lacan elaborados a lo largo de los años cincuenta.[4] Esto da cuenta de la importancia acordada a esas tres dimensiones cuya articulación constituye una de las claves de todo el edificio lacaniano.

Por una parte, la interacción de esas tres instancias se revela

*Se ha desarrollado una primera aproximación a los procesos psicóticos en el primer tomo de la *Introducción a la lectura de Lacan*, cap. 14: "La forclusión del Nombre del Padre - Enfoque de los procesos psicóticos", op. cit., págs 109 a 114.

estructuralmente isomorfa a la dialéctica edípica tal y como Lacan especifica su dinámica, por la estela freudiana, a partir del estadio del espejo, de la función fálica, del complejo de castración y de la metáfora del Nombre del Padre.[5] Por otra, el anudamiento de esos tres registros esboza el modo de estructuración de la subjetividad que Lacan no cesará de profundizar en la continuación de su obra. Así, se puede presentir la disparidad intrínseca de la constitución del sujeto: o sea su separación irreductible del objeto del deseo por mediación del fantasma.

El principio de esa estructuración subjetiva está consignado desde el montaje del *esquema R* cuya lógica expone Lacan en su artículo de 1957-58: "De una cuestión preliminar a todo tratamiento posible de la psicosis".[6] El enfoque de la psicosis resulta tanto más esclarecido cuanto que Lacan se esfuerza en este estudio por definir el contorno del proceso psicótico simbolizado en la transformación reglada del *esquema R* en *esquema I*, también designado como "esquema de Schreber".[7]

No obstante, a pesar de que estos dos esquemas son fundamentales en razón de la complejidad de los retos psíquicos que metaforizan, Lacan da muestras de una singular economía explicativa en el comentario que les dedica.

El esquema R

La densidad conceptual del *esquema R* sólo se aprecia verdaderamente al considerar su infraestructura interna. De ahí la necesidad de desplegar de manera lógica las diferentes fases que concurren a su construcción. Esa elaboración puede ordenarse de modo esquemático de la siguiente manera.[8]

En el umbral de esa situación originaria habitualmente designada como relación de indistinción fusional, el niño está comprometido en una dinámica deseante alienada al deseo de la madre, puesto que está expresamente identificado con su falo. Observamos esa alienación típica representada por la identificación fálica en el nivel de la experiencia del estadio del espejo.[9]

Convengamos en esquematizar esa relación por medio de la siguiente figura:

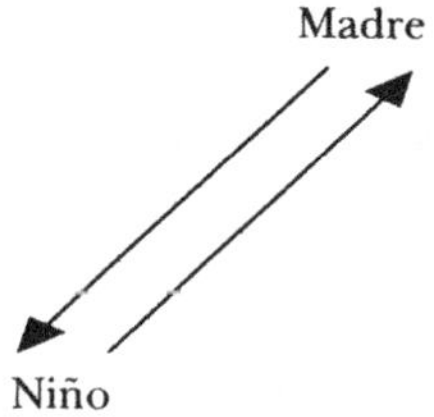

FIGURA 1

No obstante, la interacción dinámica del deseo entre la madre y el niño sólo es coherente en relación con la *falta*. En efecto, el presentimiento de lo que le falta a la madre se puede colmar *imaginariamente* con el objeto del deseo que no tiene. Por esa razón, de modo igualmente imaginario, el niño se identificará de buena gana con el objeto de lo que falta en el Otro.

Por lo tanto, el espacio de esta relación no traduce la experiencia de una pura y simple dualidad, y menos aún se trata ahí de "simbiosis", término que se menciona con tanta frecuencia. La indistinción fusional sólo se funda porque le preexiste un tercer término: la *falta* y la existencia imaginaria de un objeto susceptible de colmarla: el *falo*. En consecuencia, lo que moviliza y alimenta la dinámica de la relación fusional es sin duda el objeto de la falta como tal. Esto plantea la necesidad de modificar el esquema originario, dando un lugar a la intercesión del falo imaginario φ:

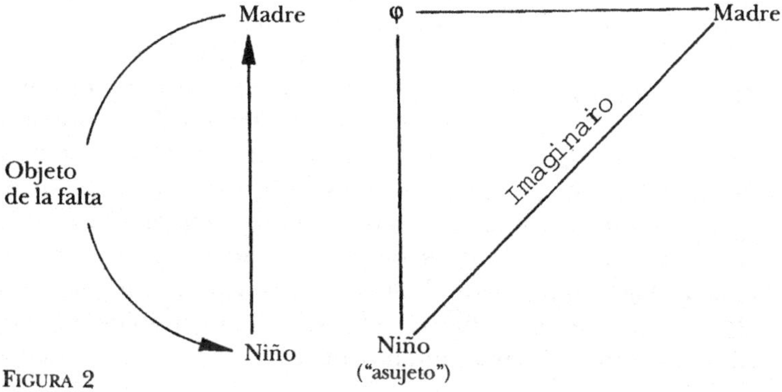

FIGURA 2

Esa primera configuración triangular que funda la lógica del deseo en el Edipo, sólo pone en juego una serie de componentes imaginarios. Al objeto fálico imaginario, que se supone que colma la falta del Otro, responde la identificación imaginaria del niño con tal objeto de la madre.

Ese primer triángulo madre-niño-falo, que representa el espacio del *registro imaginario*, constituye la célula básica del *esquema R.* Ya a partir de ese nivel arcaico podemos captar cómo el objeto del deseo interfiere en la organización potencial del sujeto, considerado en ese estadio como "*asujeto*" (Lacan). Al identificarse de modo imaginario con el objeto del deseo de la madre, el deseo del niño se realiza ya como deseo de deseo. La estructuración dinámica del deseo del sujeto como *deseo de deseo del Otro* encuentra de ese modo su punto de anclaje en ese proceso originario de identificación con el falo imaginario.

Avancemos en el curso de la dialéctica edípica hasta esa etapa decisiva marcada por la intrusión de la figura paterna en la relación de indistinción fusional madre-hijo. En lo esencial, esa intrusión se manifestará por un cuestionamiento de la identificación fálica sostenido por un doble esbozo de simbolización. Por una parte, el niño se muestra cada vez más sensible al interés que la madre acuerda al padre *en la realidad.* Por otra, desarrolla la convicción de que jamás logrará ser todo para el Otro en la realidad de su existencia. La repetición de esas experiencias reales irá suscitando de modo progresivo en el niño determinadas correlaciones significantes.

Si el niño no es todo para la madre —la prueba de ello es su interés por el padre—, no podría entonces ser el objeto que colma su falta. Así, la madre se descubre tanto más desprovista del falo en el espacio imaginario de la relación de indistinción fusional cuanto que el padre se significa como un polo de atracción que moviliza su deseo. Durante un tiempo, esas dos circunstancias significantes bastan para sostener la encarnación del *padre imaginario,*[10] falo rival del niño en relación con el Otro. Unicamente esa figura del padre es susceptible de vectorizar una serie de desplazamientos decisivos en la lógica deseante del niño, de ahí en más suspendida a la pregunta: ¿"ser o no ser, 'to be or not to be', el falo?"[11]

En primer lugar, un nuevo protagonista, el padre, irrumpe en la triangulación imaginaria madre-niño-falo.

En segundo lugar, el falo circula a partir del cuestionamiento de la identificación fálica.

Por otra parte, esa vacilación del lugar del falo suscita un desplazamiento de la propia madre respecto del espacio de configuración imaginaria originaria.

Por último, todas esas traslaciones van a distribuirse en función de la consistencia que adquieren las contingencias de la realidad a las que el niño, en adelante, ya no puede sustraerse.

El desplazamiento del lugar primitivo imaginario de la madre, correlacionado con la intrusión del padre bajo la influencia de la realidad, puede ser esquematizado de la siguiente manera:

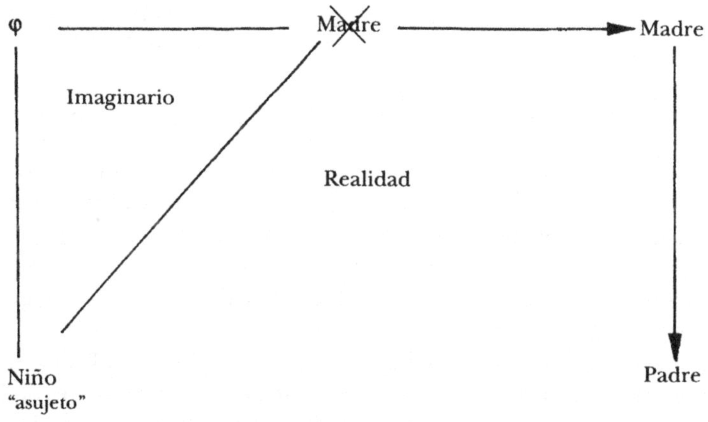

FIGURA 3

La primera fase, caracterizada por esos diversos desplazamientos, sería empero inoperante en la estructuración psíquica del sujeto si permaneciera fijada en ese estadio de la rivalidad fálica imaginaria[12] entre el niño y el padre en relación con la madre. La dinámica que posibilitará al niño superar el cuestionamiento de su identificación fálica y, consecuentemente, desprenderse de ella, supone que sea él quien efectúe un desplazamiento. Este último es no sólo suscitado por diversos acontecimientos de la realidad, más allá del campo imaginario inicial, sino también —e incluso sobre todo— convocado por la incidencia de una mediación significante operada por la madre. Por lo demás, la dimensión simbólica irrumpe en la dialéctica edípica precisamente a través de esa mediación.

¿Cuáles son los resortes de esa mediación?

Es importante que la madre, tanto en sus maneras de ser como en el discurso para con el niño, le haga entender el papel privilegiado que desempeña el padre en relación con su propio deseo. De esta manera, se produce una *prescripción simbólica* consistente en significarle sin equívoco ni ambigüedad que ella espera obtener de él, de su hombre, el objeto que le falta. El niño recibe así del discurso materno la garantía de que no debe esperar nada de su identificación imaginaria con el falo, en la medida en que la madre sabe significarse simbólicamente como *dependiente del padre* y no de él en lo que respecta al objeto de su deseo.

Con frecuencia, de hecho, cuando la significación simbólica de esa dependencia materna adopta la forma de una parodia, pueden resultar comprometidas determinadas vías de estructuración psíquicas, abiertas con ulterioridad al niño. Lacan sitúa el "punto de anclaje" de las perversiones[13] precisamente allí donde ambigüedades simbólicas y equívocos, al convertirse en regla en la realidad, fijan al niño al lugar de goce de la rivalidad fálica.[14]

La mediación inducida por esa prescripción simbólica sólo es estructurante en la medida en que la existencia intrusiva del padre hace eco en ella de modo simbólico. Del mismo modo en que la madre debe significar al niño su dependencia deseante respecto del padre, este último no debe dejar de confirmar su incidencia proponiéndose como ése "que hace la ley a la madre".[15]

Entonces, puede hacerse un notable progreso en la lógica de los desplazamientos antes descritos. Un elemento suplementario exige ser tenido en cuenta: la incursión del *registro simbólico* que, de ahí en más, interviene en la nueva correlación instituida por el niño entre el padre y la madre. En efecto, esa dimensión precipita al niño hacia un lugar diferente en donde su deseo será puesto a prueba al enfrentarse con un nuevo reto: *la dialéctica del tener.* Eso supone que el niño haya renunciado a identificarse con el objeto del deseo de la madre, es decir que haya aceptado reconocer al padre no sólo como el que tiene el falo sino también como el que se lo puede dar a la madre dependiente de él a este respecto, puesto que ella no lo tiene.[16]

Ese reconocimiento da cuenta del hecho de que el niño se propone así pasar bajo las horcas caudinas de la castración. Pero, además, ilustra un desplazamiento característico. Al dejar de estar sujeto al deseo de la madre, abandona su posición inicial de *asujeto* en aras de la posición de sujeto deseante que comienza a esbozarse. En consecuencia, ese desplazamiento modifica el modo de vinculación madre-niño que deja de participar de manera exclusiva del espacio imaginario de la triangulación originaria. Más allá de la prueba de la realidad, esa vinculación se ancla en el espacio simbólico al que quedan referidos de ahí en más el padre y la madre:

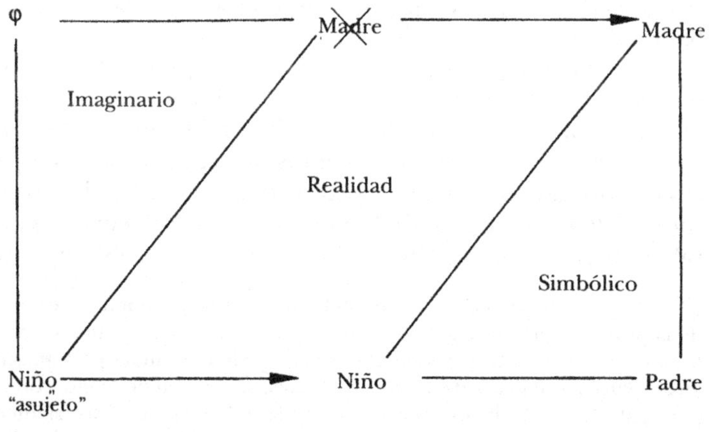

FIGURA 4

Esos diversos desplazamientos inducen incidencias interactivas en la estructuración subjetiva del niño. Si la línea de vinculación madre-niño (figura 3) traducía un tipo de relación estrictamente imaginaria, el desplazamiento respectivo de la madre y el niño dejará dos lugares vacantes donde se cristalizarán, en la organización psíquica, vestigios siempre presentes de esos lugares imaginarios anteriores.

En el lugar primitivo donde el niño había situado a la madre se constituirá una representación imaginaria del objeto fundamental del deseo (la madre), o sea la *imagen especular "i"*. En cuanto al lugar en que el niño se había situado en un inicio, dará lugar a una representación imaginaria de sí mismo: *su yo "m"*, trayendo así a la memoria el estatuto alienado de *asujeto* que era.

En el otro polo, correspondiente a la nueva posición del niño, se esboza, en cambio, algo del sujeto que debe ser bajo la instancia *del Ideal del yo "I"* que sólo puede advenir en relación con la incidencia simbólica del padre. Por ese motivo, el Ideal del yo **I** se inscribe de modo lógico en oposición al yo **m** en el espacio simbólico.*

La organización del esquema se modifica en consecuencia. De ahí en adelante, el triángulo imaginario y el triángulo simbólico se distribuyen respectivamente de una y otra parte de la *banda de la realidad*, que más tarde será definida por Lacan bajo la denominación de lo *real*.[17]

La última etapa de la construcción del *esquema R* remite de modo directo al punto de llegada de la dinámica edípica dialectizada por la intercesión de la *metáfora del Nombre del Padre*. De hecho, todos los desplazamientos realizados desde el espacio imaginario inicial han sido inducidos por el empuje estructurante de la función simbólica del padre introducida inauguralmente por la mediación del discurso materno. La sinergia de

*A fin de diferenciar los términos franceses *moi* (pronombre personal de la primera persona singular, corresponde al "yo" de la segunda tópica freudiana) y *je* (también pronombre personal de la primera persona singular, pero que sólo puede cumplir en la frase la función de sujeto, corresponde al sujeto del inconsciente de la teoría lacaniana) se seguirá el siguiente criterio: *moi* = yo; *je* = yo (je); *moi-je* = yo (moi-je). En los casos que puedan prestarse a confusión se aclarará también entre corchetes yo (moi). [T.]

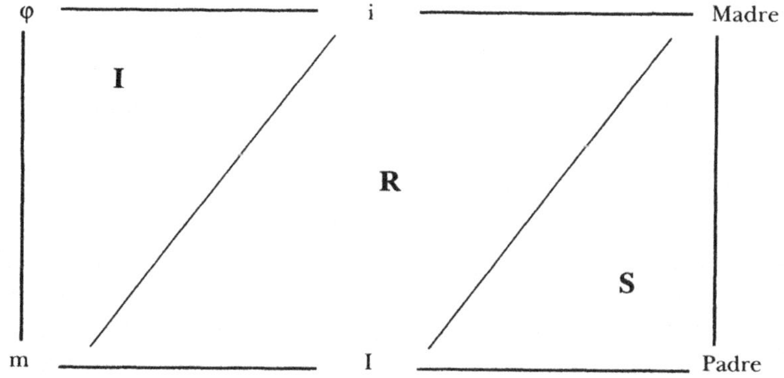

FIGURA 5

las diferentes figuras paternas —padre frustrador, privador, castrador, donador— sólo puede hacer posible el pasaje estructurante del *ser* al *tener* en la medida en que el padre es investido, en última instancia, con la atribución fálica. Como tal, es decir en tanto *padre simbólico*, se le supone que da a la madre el objeto que le falta.[18]

En otros términos, la traslación del espacio imaginario al espacio simbólico traduce la circulación del objeto fálico sin la cual, el niño no podrá situar el lugar exacto del objeto del deseo de la madre que le permite pasar del estado de *asujeto* al de *sujeto*. Esta localización sostenida por el *significante Nombre del Padre*, justifica la introducción esquemática del símbolo **P** como lugar de inscripción del falo simbólico **"Φ"**. De ese modo, cuando ha situado el niño el objeto del deseo de la madre, adviene entonces como sujeto en el lugar de su identificación primordial imaginaria con el objeto del deseo materno φ : de ahí surge la inscripción del símbolo **S** en el espacio y en vez del falo φ imaginario.

Al final de esa estructuración subjetiva subsiste, empero, el predominio de lo imaginario que encarnan los lugares **i** y **m**, es decir "los dos términos imaginarios de la relación narcisista, o sea el yo y la imagen especular".[19] En consecuencia, podemos transcribir en el esquema la expresión resultante de todas las representaciones imaginarias del otro, que encuentran su sustrato culminante en la figura primordial imaginaria de la madre **m**. El vector $\overrightarrow{\mathrm{i\,M}}$ metaforiza entonces todas esas diferentes figuras del otro imaginario bajo la expresión general de la imagen especular **i(a)**. Y eso da la oportunidad de inscribir al otro a en el lugar de **M**. En el lado opuesto, se inscribirán en el vector $\overrightarrow{\mathrm{m\,I}}$ todas las identificaciones imaginarias formadoras del yo sujetas a la identificación paterna del Ideal del yo I.[20] Por lo tanto, resulta legítimo situar en el lugar **I**, el símbolo **a'**, correlativo de **a** en la relación imaginaria del sujeto con sus objetos. Por otra parte, **P** sólo simboliza el Nombre del Padre en relación con una operación significante inaugural que es, hablando con propiedad, metáfora. Un significante tal sólo puede situarse, entonces, en el lugar del Otro donde el niño encuentra el significante de un padre para él. Como consecuencia, el símbolo **A** encuentra su lugar lógico en el lugar **P**.

De esta manera, se integra en la estructura del *esquema R* la del *esquema L de la dialéctica intersubjetiva*, trayéndonos de nuevo al orden de la alienación del sujeto en el Yo como consecuencia directa del acceso a lo simbólico por la metáfora paterna.[21]

Tenemos entonces la configuración completa del *esquema R* tal como nos la propone Lacan en su estudio "De una cuestión preliminar a todo tratamiento posible de la psicosis".[22]

La banda de lo Real **"MimI"** que separa al triángulo imaginario del triángulo simbólico, también los enlaza. Esa particularidad dinámica sólo puede ser comprendida si se acuerda a la banda **MimI** la estructura de una banda de Möbius.[23] Si bien Lacan no hizo formulaciones en ese terreno en su seminario *Las psicosis*,[24] menciona de todos modos esa particularidad en una nota agregada en 1966 a su texto "De una cuestión preliminar a todo tratamiento posible de la psicosis". La mayoría de las veces, Lacan, en esa época, asimilará el *esquema R* a la extensión de un *plano proyectivo*. De esa manera, la banda de lo real adviene como el corte moebiano del que depende toda la estructura del cross-cap:[25]

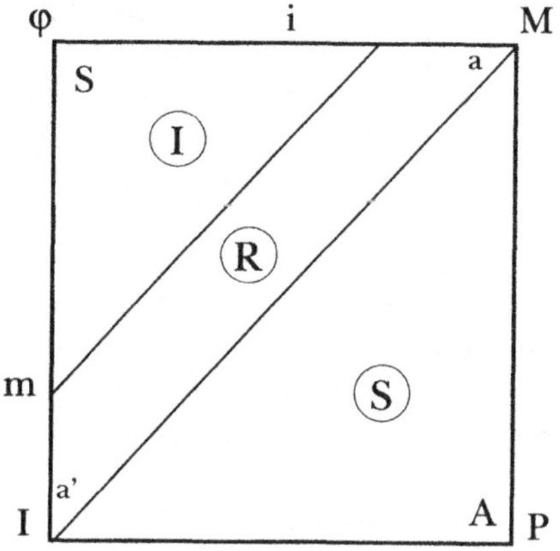

FIGURA 6

Quizá sería interesante reconocer que, de modo enigmático pero perfectamente legible para quien conoce lo que sigue, como es el caso si se pretende basarse en él, lo que el esquema R despliega es un plano proyectivo.

En particular, los puntos para los que, no por azar (ni por juego) hemos elegido las letras con que se corresponden m M, i I y que son los que enmarcan el único corte válido en ese esquema (o sea el corte $\overrightarrow{m\,i}$, $\overrightarrow{M\,I}$), indican con bastante claridad que ese corte aísla en el campo una banda de Möbius.[26]

Parece tanto más importante demorarse un poco en la función de esa banda de lo real cuanto que, precisamente, son determinadas modificaciones estructurales de ese cuadrángulo **miMI** las que permitirán representar lo que adviene en las psicosis tal como el *esquema I* lo pone en evidencia.

Para obtener una banda de Möbius, basta con suturar los dos bordes de un polígono fundamental vectorizados en una orientación opuesta, llevándolos hacia una misma dirección, es decir, efectuando una torsión. De ese modo, obtenemos una *superficie unilátera* (de una sola faz y un solo borde) que podemos recorrer en su totalidad sin franquear jamás borde alguno.[27]

En el *esquema R*, si unimos **i** a **I** y **m** a **M**, conferimos a la banda de lo real una estructura möebiana. Como consecuencia de eso, los espacios Imaginario y Simbólico constituyen entonces una única "arandela" suturada en totalidad a esa banda de lo real en razón del único borde que define la superficie de la banda de Möbius. En ese sentido, el *esquema R* es un plano proyectivo cuya representación en dos dimensiones no es mas que un "despliegue" obtenido mediante un corte que extiende la banda, o sea un corte que permite volver al polígono fundamental inicial con sus dos bordes vectorizados.[28]

Eso permite comprender cómo están ligados entre sí lo Simbólico y lo Imaginario por lo Real, de manera tal que se pueda pasar de uno al otro y del segundo al primero de un modo continuo. La dinámica edípica pone de manifiesto con particular claridad esa propiedad, al mostrar hasta qué punto la conquista de lo Simbólico remite también a lo Imaginario. De hecho, apenas advenido a lo Simbólico, el sujeto se aliena en lo Imaginario dividiéndose.[29] Desde ese punto de vista, la banda de lo real concebida en su configuración möebiana, se presenta como una representación esencial para la comprensión de la organización estructural del sujeto.

El esquema I

Cuando el significante *Nombre del Padre* no logra inscribirse en el lugar del *Otro* (en el punto **A** en el *esquema R*, cf. figura 6), toda la estructura de la banda de lo real sufre una modificación significativa que traduce así las alteraciones que resultarán de ese defecto de inscripción en el nivel de la organización subjetiva. Esa circunstancia particular también designada por Lacan: *forclusión del Nombre del Padre*,[30] es expresada por la dinámica del *esquema I*.

Partamos de ese caso particular en que el advenimiento del Padre Simbólico es desfalleciente, es decir de la situación en que el significante Nombre del Padre que inaugura la cadena significante para un sujeto hablante no logra sustituir al significante del deseo de la madre. Además del defecto esencial en el acceso a lo Simbólico que resulta de esa ausencia de inscripción, ella da cuenta de la imposibilidad del niño para situarse con relación al falo imaginario φ. En tales condiciones, no hay otra salida que permanecer cautivo de una relación de inmediatez con la madre, relación que padece la no referencia a la instancia paterna. Podemos representar esos dos defectos de inscripción fundamentales según el siguiente esquema:

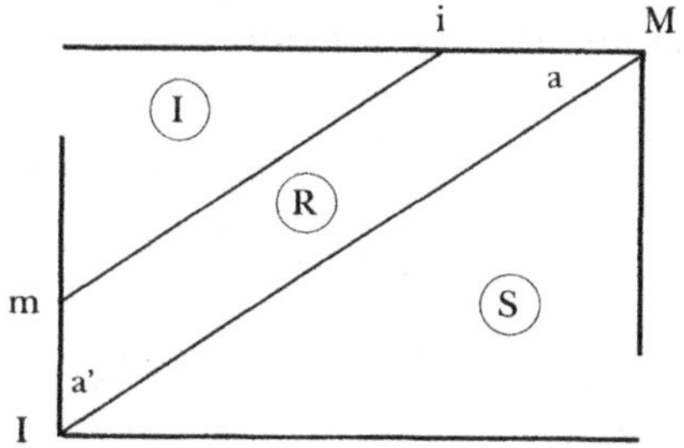

FIGURA 7

La ausencia de falo imaginario φ y del significante Nombre del Padre **P** implica un modo exclusivo de vinculación del niño con la madre que podemos materializar mediante la línea **m** → **M**, es decir, una relación que se instituye entre el *yo* y la *madre* propiamente dicha.

En su estudio "De una cuestión preliminar a todo tratamiento posible de la psicosis", Lacan es singularmente alusivo sobre este aspecto del problema. En consecuencia, debemos recurrir a diversas explicitaciones exteriores al *esquema I* para comprender sus distintos puntos de articulación, en especial al *esquema L* y al *grafo del deseo.*

Debido justamente a la forclusión del Nombre del Padre, el sujeto **S** jamás podrá advenir como **$**, o sea como sujeto tachado por el significante de la castración **Φ**.

El análisis del grafo del deseo nos enseña que todo mensaje está estampillado en el lugar del código, es decir en el lugar del Otro en tanto "tesoro del significante"[31] o incluso en tanto guardián y depositario de la autentificación simbólica.[32] En ese sentido, a través del proceso de la metáfora paterna, la función del padre introduce, en primera instancia, al niño en el registro que garantiza tal autentificación simbólica. Basta con que el significante amo Nombre del Padre no advenga en el proceso de esa sustitución metafórica, para que toda la relación que el sujeto mantiene con el orden simbólico resulte proporcionalmente perturbada. De modo esquemático, el des-fallecimiento que se introduce en el acceso a lo Simbólico se puede representar de la siguiente manera a la altura del "*punto de acolchado*".[33]

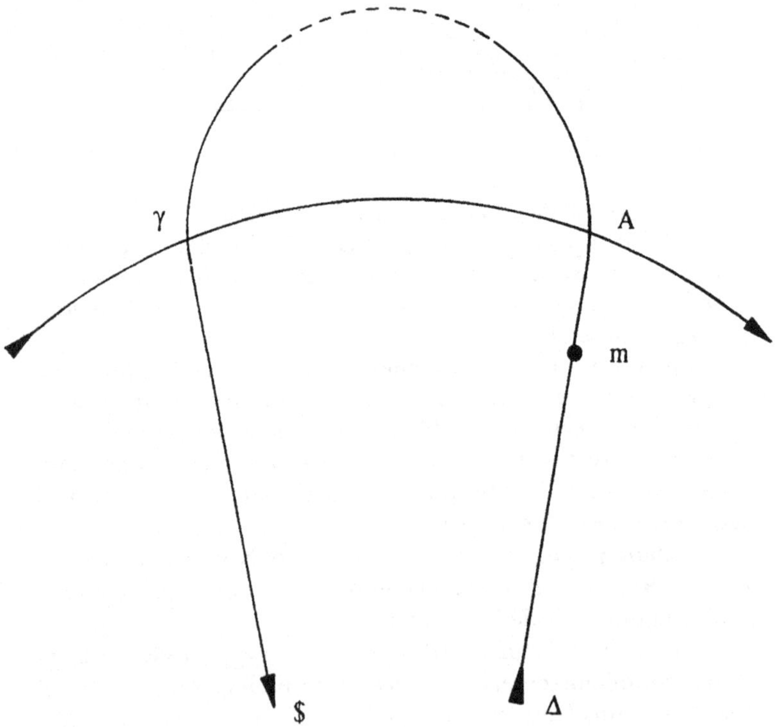

FIGURA 8

Al faltar el Nombre del Padre que ordena el acceso a lo simbólico, la autentificación simbólica del mensaje en el punto γ no será garantizada por **A**. Ese "agujero" en el proceso simbólico puede materializarse en el grafo por la presencia de un trazo interrumpido sobre el vector Δ $\$$. Es otra manera de describir la perturbación de la relación del sujeto con el Otro, justamente a nivel del *circuito de la palabra*[34] que parte del punto **A**, se refleja luego en el punto **m** del yo en donde el sujeto se oye hablar, para volver al punto **A** e deslizarse por fin hasta el lugar del mensaje γ.

Al no poder referirse al significante Nombre del Padre, el yo del niño permanece tributario de una singular relación con la madre, instituida como Otro y en la que se esfuerza por buscar la autentificación simbólica. Decir, tal como lo enuncia Lacan, que la madre psicotizante está "fuera de la ley", o incluso "hace la ley", es poner el acento en la incidencia de una madre depositaria de una ley que no es suya; ley de pura conveniencia personal que no está en modo alguno referida a la ley simbólica paterna. En tales condiciones, la madre garantiza entonces, en el lugar del Otro, una función simbólica que no puede para nada autentificar cosa alguna como lo haría la ley del padre. Ese defecto de autentificación simbólica sostiene fundamentalmente la relación del niño con la madre bajo la forma de una ruptura entre **m** y **M**.

En consecuencia, la articulación de lo Imaginario y de lo Simbólico por lo Real se estructurará de modo diferente. Tal como hemos visto, el pasaje recíprocamente continuo de lo Imaginario a lo Simbólico sólo puede comprenderse en la medida en que concibamos la banda **miMI** según una estructura möebiana. Eso supone que podamos establecer una correspondencia punto por punto entre **I** e **i**, luego entre **m** y **M**. Desde el momento en que existe una ruptura entre **m** y **M**, la **i** $\rightarrow$ **I** sufrirá una torsión en torno de esa falla, de modo que será imposible establecer una continuidad recíproca entre lo Imaginario y lo Simbólico. Así, obtenemos dos brazos de hipérbole que jamás podrán unirse, que se abren sobre dos "agujeros": uno esquematiza la ausencia del significante Nombre del Padre en el lugar del Otro **Po**; el otro significa la ausencia de falo imaginario que permite al niño estructurarse como sujeto en relación con el Otro **Φo**. De esta manera, obtenemos una configuración del *esquema I*[35] a partir del *esquema R*:

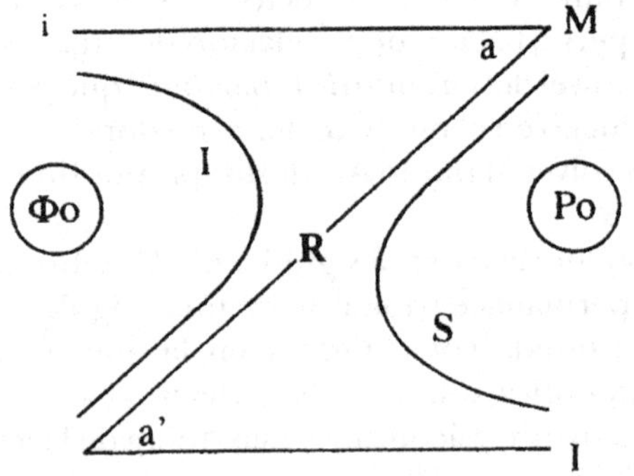

FIGURA 9

Resulta comprensible que la estructura del sujeto, afectada por esas alteraciones, abra el paso a perturbaciones que se desplegarán necesariamente en la vertiente simbólica e imaginaria:

> Queda la disposición del campo *R* en el esquema, por cuanto representa las condiciones bajo las cuales la realidad se ha restaurado para el sujeto: para él, especie de islote cuya consistencia le es impuesta luego de la prueba de su constancia, para nosotros ligada a lo que se la hace habitable, pero también que la distorsiona, a saber reorganizaciones excéntricas de lo imaginario I y de lo simbólico S, que la reducen al campo del desnivel entre ambos.[36]

Clínicamente, observamos sus modalidades más representativas en la eclosión de las manifestaciones delirantes de la paranoia y de las esquizofrenias:

> El mantenimiento en el esquema I del trayecto **Saa'A** simboliza acá la opinión que hemos adquirido del examen de ese caso, de que la relación con el otro en tanto que su semejante,

e incluso una relación tan elevada como la de la amistad en el sentido en que Aristóteles hace de ella la esencia del lazo conyugal, son perfectamente compatibles con la descentración de la relación con el gran Otro, y todo lo que ella comporta de anomalía radical, calificada de modo incorrecto pero no sin cierto alcance de aproximación, en la vieja clínica, de delirio parcial.[37]

Convengamos en designar esas diversas perturbaciones bajo la denominación general *agenesia de lo Simbólico y de lo Imaginario.* De hecho, comprobamos que el paranoico se esfuerza por *simbolizar lo imaginario* mientras que el esquizofrénico procura *imaginarizar lo simbólico.*[38]

En la *paranoia*, el delirante está invadido por lo Imaginario en la medida en que está "escindido" de lo Simbólico. En consecuencia, intentará simbolizar lo Imaginario. Al no lograrlo, da sentido a todo. La lógica del *esquema L* nos permite comprender mejor la estrategia practicada en la comunicación paranoica. Más allá del ejemplo canónico analizado por Lacan en su seminario del 7 de diciembre de 1955: "Vengo del fiambrero",[39] podemos sacar algunas conclusiones precisas relativas al circuito de la palabra delirante. En efecto, todo sucede como si, en su comunicación, el sujeto estuviera escindido del gran Otro, es decir del lugar de donde le llega la autentificación simbólica de su mensaje. Entonces, el circuito de la palabra funciona exclusivamente entre los tres puntos **S**, **a**, **a'**, es decir, en una dimensión estrictamente imaginaria. Como lo observa con acierto Serge Leclaire en su estudio "A la recherche des principes d'une psychothérapie des psychoses":

> Se podría representar entonces en nuestro esquema ese estado de cosas por una ruptura entre S y a y también entre A y a', de modo tal que la única vía de comunicación restante sería a-a', que constituye, según nuestra definición, el eje imaginario de la comunicación intersubjetiva. De esta manera, somos conducidos a representar el tipo de relación delirante paranoica que se establece entre dos "yo", entre dos imaginarios, y destinada por eso a todos los excesos de todas las contradicciones flagrantes inherentes a ese orden imaginario, patológicamente separado de

su correlativo necesario para una sana aprehensión de la realidad, a saber el orden simbólico.[40]

Por lo demás, se comprueba siempre que el delirante no discierne lo que dice. Como lo observa Serge Leclaire, incluso si admitiese que "'*ello habla*' en él"[41], esto da cuenta sobre todo de que no se reconoce como sujeto de lo que dice. Pero del mismo modo, a la inversa, no puede tampoco recibir las palabras que vienen del otro como palabras que emanan de un auténtico sujeto. Bajo uno u otro aspecto, el sujeto no logra situar su palabra con relación al referente simbólico que es el gran Otro. Podría decirse que "el delirante '*es hablado*', pero que ya no habla".[42] Así, la comunicación se despliega en un registro puramente especular en el cual la regla es dar libre curso a las proyecciones y a las construcciones características del pensamiento delirante. Por no poder situarse con relación al gran Otro, que es el centro de gravedad de la subjetividad, el delirante deja de dominar el lenguaje que habla. Al no estar referidos al código del gran Otro, los signos lingüísticos están desarticulados y los significantes remiten a cualquier significado. Como consecuencia de eso, el delirante que está privado de ese referente simbólico es inducido a su pesar a introducir símbolos por doquier. Eso explica la producción a menudo desenfrenada de las simbolizaciones delirantes paranoicas cuyo ejemplo prínceps nos lo proporciona la "lengua fundamental" del presidente Schreber:

> Nada podría ilustrar mejor a un tiempo el mecanismo del proceso delirante y lo que éste nos ofrece a la comprensión, que el tema de la "*lengua fundamental*" de Schreber, forma acabada del proyecto de encontrar el ordenamiento imaginario de un plano simbólico desligado de toda "encarnación" formal.[43]

Lo que está en cortocircuito en el campo de las esquizofrenias es el eje **a** → **a'**. El esquizofrénico es cautivo de una comunicación que está bajo la influencia directa del gran Otro. Por ese motivo, todo tiene sentido de entrada, sin mediación. Escindido de lo imaginario, ya no queda espacio posible para el juego de los significantes. Toda relación con el otro es vivida por el esquizofrénico en una ausencia total de identificación imaginaria. De algún modo, está *privado de "yo"*:

> [...] lo que se privilegia en perjuicio del rodeo contingente a-a' es el eje S-A [...] pareciera que el esquizofrénico descuida su aspecto imaginario y formal para ver tan sólo el valor simbólico en todas las cosas. El esquizofrénico vive su relación con el 'otro' bajo el modo de una *subjetividad atrincherada en una negación primitiva de toda identificación imaginaria controlada*, y éste no merece del seno de su subjetividad radical (de su autismo) ni siquiera ese nombre de otro.[44]

En ese sentido, Gisela Pankow preconizará la práctica de "injertos"[45] imaginarios en el esquizofrénico, siguiendo la línea de las prescripciones terapéuticas formuladas por Serge Leclaire:

> Terapéuticamente, todo el trabajo consistirá en restituir, por el medio que sea posible, la utilización de su función imaginaria (del rodeo a-a'), en hacerle acceder a alguna identificación imaginaria por naturaleza, dicho de otro modo, en darle un "yo".[46]

De modo más general, la dinámica del *esquema I* desarrollada por Lacan —vía el *esquema L*— nos introduce al umbral de una reflexión terapéutica relativa a las psicosis en la que las líneas de acción parecieran definirse en el sentido de una restauración del eje que se supone desfalleciente en el proceso intersubjetivo: o sea mediante la reintroducción del eje imaginario **a → a'** que en los esquizofrénicos está en cortocircuito o del eje **A → S** en los paranoicos. Pero en ese sentido, vale la pena hacer algunas aclaraciones complementarias a partir de ese enfoque de los procesos psicóticos. En especial, a partir de ese punto queda abierta la vía a una importante reflexión a propósito de la noción de Verwerfung que Lacan nos ha propuesto aprehender bajo la denominación forclusión. A manera de ejemplos, mencionemos dos puntos de vista contemporáneos que denotan, en ciertos aspectos, una comprensión diferente de esa noción: uno desarrollado recientemente por Contardo Calligaris en su libro: *Pour une clinique différentielle des psychoses*;[47] el otro abordado por Juan David Nasio en su libro *Les yeux de Laure*.[48]

Calligaris, en referencia al texto de Lacan "De una cuestión preliminar a todo tratamiento posible de la psicosis", considera que esa cuestión preliminar puede ser resumida de la siguiente manera: "Lo propio de la psicosis es la *forclusión del Nombre del Padre*". A su juicio, esa concepción es incorrecta en la medida en que decir que la psicosis es el efecto de la forclusión implica formular una afirmación negativa. El concepto de forclusión del Nombre del Padre se presenta como el único medio de concebir un universal de la psicosis puesto que permite hablar de la psicosis como de una totalidad. En ese sentido, existiría un universal de la psicosis: la forclusión del Nombre del Padre. Pero ¿por qué razón?

Se trata de un universal negativo que estaría fundado por lo que hay de universal en la neurosis, o sea la referencia paterna, mientras que en la psicosis esa referencia faltaría. Por otra parte, ese universal negativo se sostendría, en la reflexión de Lacan, por el problema del desencadenamiento de la crisis psicótica. Ante la evidencia clínica del desencadenamiento, la psicosis aparecería como un efecto de forclusión.

En otros términos, en el desencadenamiento de una crisis parecería existir siempre para el sujeto psicótico una orden de referirse a un anclaje paterno; lo cual, precisamente, le es imposible dado que tal anclaje no ha sido simbolizado por él.

De todos modos, Calligaris subraya que este concepto de forclusión concebido así deja sin respuesta una cuestión fundamental:

> ¿Qué sería *positivamente* la organización de un saber psicótico fuera de crisis?[50]

¿Cuál es, entonces, la estructura de un sujeto fuera de crisis, es decir de un sujeto que nunca se hubiese topado con una crisis?

A partir de la misma referencia lacaniana,[51] Nasio propone una explicitación de la forclusión del Nombre del Padre claramente diferenciada del punto de vista anterior.

En primer lugar, Nasio insiste en el hecho de que el Nombre del Padre no podría ser considerado como un ser sino como una *función*, y considera conveniente distinguir dos aspectos de la misma: por una parte, la dinámica de la sustitución que es designada, justamente, como *metáfora paterna*; por otra parte, el lugar en donde aparecerá *cualquier significante* resultante de esa sustitución. Ese "significante cualquiera",[52] precisamente, llevará el calificativo de significante Nombre del Padre. En esas condiciones, ¿qué queremos decir cuando utilizamos la expresión: forclusión del Nombre del Padre? Para Nasio, eso no significa que Un significante que se supone "Nombre del Padre" habría sido rechazado sino, por el contrario, que un "significante cualquiera" no habría venido a responder al llamado en un momento determinado. Lo que equivale a decir que no ha venido a ocupar el rango de *sucesor*.

En consecuencia, si la forclusión aparece como la no llegada de un significante al lugar exterior del sucesor, no puede verificarse mientras no hay llamado. ¿Qué se forcluye entonces? Nasio insiste: no El significante "Nombre del Padre", que no existe como significante único ni siquiera ese "significante cualquiera" que no llega ahí donde se lo espera, sino *el movimiento que debe instalarlo*. Lo que se forcluye es únicamente la dinámica, y no el elemento del movimiento.

Lo anterior supone sin duda que, tal como Lacan nos lo ha recordado en reiteradas ocasiones, conviene escribir la expresión en plural: "Nombres-del-Padre".

Esta doble ocurrencia de la forclusión del Nombre del Padre nos proporciona una idea significativa de la apertura de la complejidad de los problemas propuestos a la elaboración teórico clínica por esa reflexión inaugurada por Lacan en el campo de las psicosis.

Notas

1. Lacan, J. "Le symbolique, l'imaginaire et le réel", *Bulletin de l'Association freudienne*, Nº 1, noviembre de 1982, pág. 4.

2. *Ibíd.* (subrayado por el autor).

3. Anteriormente, durante el período del "retorno a Freud", esos tres registros fundamentales están distribuidos en el orden lógico: *S.I.R.*, dada la prioridad acordada por Lacan a la categoría de lo Simbólico. Más tarde, al desplazarse progresivamente el acento a la dimensión de lo Real, la distribución nodal se esquematizará cada vez más según el orden *R.S.I.*, como lo atestigua el texto fundamental de Lacan: "La Troisième" (Intervención en el congreso de Roma, 31 de octubre -3 de noviembre de 1974), en *Lettres de l'Ecole freudienne*, Nº 16, noviembre de 1975, págs. 178-203; al igual que su seminario R.S.I. (1974-1975), en *Ornicar?*, 1975, Nº 2: págs. 88-105, Nº 3: págs. 96-110, Nº 4: págs. 92-106, Nº 5: págs. 16-66.

4. Cf. Dor, J., "Anamorphoses: Le retour à Freud de Lacan", en *Etudes freudiennes*, Nº 33, *Lacan, lecteur de Freud*, abril de 1992, págs. 175-198.

5. Cf. Dor, J., *Introducción a la lectura de Lacan*, tomo 1. *El inconsciente estructurado como lenguaje*, *op. cit.*, cap. 12: "El estadio del espejo y el Edipo", págs 90-101 y cap. 13: "La metáfora paterna - El Nombre del Padre - La metonimia del deseo", págs.103-109.

6. Cf. Lacan, J., "D'une question préliminaire à tout traitement possible de la psychose" (diciembre de 1957 - enero de 1958), en Ecrits, París, Seuil, 1966, págs. 531-583 (Versión castellana: "De una cuestión preliminar a todo tratamiento posible de la psicosis", en *Escritos*, Siglo Veintiuno, 1975, tomo 2).

7. *Ibíd*, pág. 571.

8. Esta explicación del montaje del *esquema R* retoma, en forma más detallada, algunos de los argumentos presentados por S. Faladé en su artículo: "Repères structurels des névroses, psychoses et perversions", en *Esquisses psychanalytiques*, Nº 7, 3 de julio de 1957, págs. 29-51.

También se refiere a la totalidad del seminario *La relation d'objet et les structures freudiennes* (1956-1957), inédito. A propósito del "triángulo familiar" y de los respectivos lugares de cada uno de los protagonistas —padre, madre, niño— con relación al Falo en las distintas fases de la dialéctica edípica, cf. más en particular los seminarios del 28 de noviembre de 1956, 16 de enero, 6 de marzo, 5 de junio, 19 de junio y 3 de julio de 1957. En relación con el caso clínico de "Juanito" que Lacan desarrolla extensamente para ilustrar sus ideas, cf. en especial el seminario del 22 de mayo de 1957, donde aclara "[...] el esquema de todo lo que se desarrollará en el mito de la fobia", a saber, una confusión de registro entre lo imaginario y lo simbólico: "el término imaginario devendrá para él el elemento simbólico [...] en la fase crítica de la que se trate en Juanito, y que para la teoría analítica es la del Edipo, lo real sólo puede ser reordenado en la nueva configuración simbólica al precio de una reactivación de todos los elementos más imaginarios, al precio de una verdadera regresión imaginaria del primer abordaje que de él ha hecho el sujeto. Desde los primeros pasos de la neurosis de Juanito —neurosis infantil a mi parecer— tenemos ya el modelo y el esquema". Y para hacer comprender en toda su magnitud la importancia de esa captura imaginaria idealizada, regresiva y mortífera, Lacan inventa un barbarismo: "la imaginificación" de lo real (5 de junio de 1957). Por otra parte, reflexiona acerca de *La Santa Ana* de Leonardo da Vinci. Por una parte, dice, "ese desdoblamiento de la figura materna [...] sigue siendo uno de los problemas estructurales que plantea la observación [...] ese índice levantado [...] es también algo, en suma, donde verán representada esa ambigüedad de la madre real y la madre imaginaria, del niño real y el falo oculto" (3 de julio de 1967); y por otra parte, agrega, esa "trinidad humana" presenta una configuración que introduce "un cuarto término [...] bajo la forma de ese cordero" (19 de junio de 1957), ahora bien, a la vez que imaginariza el falo, el "cuarto elemento" introduce la idea de la muerte: "a partir del momento en que esa relación de cuatro se encarna [...] hemos de encontrar el tema de la muerte" (3 de julio de 1967).

9. Cf. Dor, J., *Introducción a la lectura de Lacan*, tomo 1, *El inconsciente estructurado como lenguaje, op. cit.*, cap. 12: "El estadio del espejo y el Edipo". págs. 90-101.

10. Bajo la denominación de "Padre imaginario" Lacan especifica una de las representaciones que intervienen en calidad de función paterna, junto con las del "Padre real" y el "Padre simbólico", Cf. Dor, J., *Le père et sa fonction en psychanalyse*, París, Point Hors Ligne, 1989, cap. 4: "Le Père réel, le Père imaginaire et le Père symbolique: la fonction du père dans la dialectique oedipienne", págs. 51-65.

11. Lacan, J., *Les formations de l'inconscient* (1957-1958), inédito, seminario del 22 de enero de 1958.

12. Cf. Dor, J., *Introducción a la lectura de Lacan*, tomo 1. *El inconsciente estructurado como lenguaje, op. cit.*, cap. 12: "El estadio del espejo y el Edipo", págs. 90 y 98 y sigs.

13. Cf. Lacan, J., *Les formations de l'inconscient, op. cit.*, seminario inédito del 22 de enero de 1958.

14. Cf. Dor, J., *Structure et perversions*, París, Denoël, 1987, cap. 10: "Point d'ancrage des perversions et mise en acte du processus pervers", págs. 141-150.

15. Lacan, J., *Les formations de l'inconscient, op. cit.*, seminario inédito del 22 de enero de 1958.

16. Cf. Dor, J., *Introducción a la lectura de Lacan*, tomo 1. *El inconsciente estructurado como lenguaje, op. cit.*, cap. 12: "El estadio del espejo y el Edipo", págs. 100 y sigs.

17. Con las reservas que hemos hecho anteriormente (cf. *supra* págs. 17-18). Antes de llegar a una definición metafórica tan lapidaria como humorística: "la realidad [...] debe ser entendida como mueca de lo real" (en *Télévision*, París, Seuil, 1974, pág. 17 [Versión castellana: *Psicoanálisis: Radiofonía & Televisión*, Barcelona, Anagrama, 1977], Lacan, desde *La*

relation d'objet et les structures freudiennes, op. cit., trabaja arduamente para explicitar las diferencias conceptuales entre real y realidad. En el seminario del 28 de noviembre de 1956, habla de ese "famoso real que hasta ahora había permanecido en la sombra" y agrega: "[...] desde el momento en que lo abordamos, advertimos que *lo real tiene más de un sentido* [...] no debe sorprendernos que lo real sea algo que esté en el límite de nuestra experiencia". En consecuencia, conviene saber lo que se dice cuando se invoca "el término de real o de realidad [...] Cuando se habla de lo real se puede apuntar a cosas diversas. En primer lugar, *al conjunto de lo que sucede efectivamente*, se trata de la *noción de realidad*, implicada en el término alemán, que presenta la ventaja de discernir en la realidad una función que en la lengua francesa resulta difícil aislar, la *Wirklichkeit*, es lo que implica en sí toda posibilidad de los hechos de *Wirkurg*, la totalidad del mecanismo [...] *el orden de efectividad, ésa es la primera noción de realidad* [...]".

La distinción que hizo Freud entre los dos principios: "principio de realidad" y "principio de placer", permite profundizar en las variaciones de sentido que tiene el término "realidad" en la teoría psicoanalítica. En efecto, "resulta claro que el principio de placer no es algo que se ejerza de una manera menos real, pienso que el análisis está hecho para demostrar incluso lo contrario. En ese punto, la utilización del término realidad es totalmente distinta". Y sin ese deslizamiento de significación no se sostiene la oposición dialéctica "principio de placer" / "principio de realidad". Apoyándose en Winnicott y en la observación de la relación madre / niño, donde la función materna es "absolutamente primordial, decisiva en la captación de la realidad por el niño", que a esa captación de lo real *colma efectivamente* al niño, Lacan admite como prueba la existencia de *satisfacciones alucinatorias*: "Toda la cuestión radicará en que la madre vaya enseñando progresivamente al niño a soportar esas frustraciones, y al mismo a percibir bajo la forma de una cierta tensión inaugural la *diferencia que hay entre realidad e ilusión* y la diferencia sólo puede ejercerse a través de la desilusión, es decir que *cada tanto la realidad no coincida con la alucinación surgida del deseo*" (el subrayado es mío).

18. Cf. Dor, J., *Introducción a la lectura de Lacan*, tomo 1. *El inconsciente estructurado como lenguaje, op. cit.*, cap. 12: "El estadio del espejo y el Edipo", págs. 90-101.

19. Lacan, J., "D'une question préliminaire à tout traitement possible de la psychose", en *Ecrits, op. cit.*, pág. 553 [Versión castellana: "De una cuestión preliminar a todo tratamiento posible de la psicosis", en *Escritos*, op. cit., tomo 2].

20. Cf. *Ibíd.*

21. Cf. Dor, J., *Introducción a la lectura de Lacan*, tomo 1. *El inconsciente estructurado como un lenguaje, op. cit.*, cap. 18: "La alienación del sujeto en el Yo - El esquema L - La forclusión del sujeto", págs. 139-146.

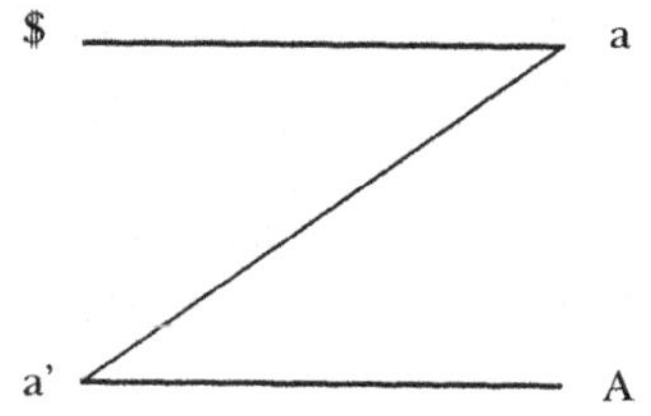

22. Lacan, J., "D'une question préliminaire à tout traitement possible de la psychose", en *Ecrits, op. cit.*, pág. 553.

23. Cf. *infra*, cap. 8: "El interior y el exterior. La topología de la banda de Möbius", págs. 127 y sigs.

24. Cf. Lacan, J., *Les psychoses*, Livre III (1955-1956), París, Seuil, 1981 [Versión castellana: *Las psicosis*, Libro 3, Barcelona, Paidós, 1984].

25. Cf. *infra*, cap. 11: "El sujeto, el objeto a y el fantasma $ ◊ a. La topología del cross-cap", pág. 209. En lo relativo al trabajo de la traslación del *esquema R* al plano proyectivo, cf. 1º) J. Lafont, "Du *schéma R* au plan projectif", en *Littoral*, Nº 3/4 *l'assertitude paranoïaque*, febrero de 1982, Eres, págs. 135-146; 2º) J. Granon-Lafont, *La topologie ordinaire de Jacques Lacan*, París, Point Hors Ligne, 1985, págs. 82 y sigs.

26. Lacan, J., "D'une question préliminaire à tout traitement possible de la psychose", en *Ecrits, op. cit.*, nota 1, pág. 553.

27. Cf. *infra*, cap. 8: "El interior y el exterior. La topología de la banda de Möbius", págs. 127 y sigs.

28. Cf. *infra*, cap. 11: "El sujeto, el objeto a y el fantasma $ ◊ a. La topología del cross-cap", pág. 209.

29. Cf. Dor, J., *Introducción a la lectura de Lacan*, tomo 1. *El inconsciente estructurado como lenguaje, op. cit.*, cap. 15: "La división del sujeto y el advenimiento del inconsciente por el orden significante" págs. 115-121, y 16: "La división del sujeto: la alienación en el lenguaje", págs. 122-130.

30. Cf. Dor, J., 1º) *ibíd*, cap. 14: "La forclusión del Nombre del Padre - Enfoque de los procesos psicóticos", págs. 111-114; 2º) *Le père et sa fonction en psychanalyse, op. cit.*, cap. 6: "La genèse freudienne de la notion de forclusion" y cap. 7: "La fonction paternelle et son échec", págs. 107-130.

31. Lacan, J., "Subversión du sujet et dialectique du désir dans l'inconscient freudien" (1960), en *Ecrits, op. cit.*, pág. 818 [Versión castellana: "Subversión del sujeto y dialéctica del deseo en el inconsciente freudiano", en *Escritos, op. cit.*, tomo 2].

32. Cf. Dor, J., *Introducción a la lectura de Lacan*, tomo 1. *El inconsciente estructurado como lenguaje, op. cit.* cap. 21: "El grafo del deseo 1: de la puntada al molino de palabras", págs. 168-174.

33. *Ibíd.*, págs. 170-172.

34. Cf. Dor, J. *Introducción a la lectura de Lacan*, tomo 1. *El inconsciente estructurado como un lenguaje, op. cit.*, cap. 23: "El grafo del deseo 2: la creación de sentido en la técnica significante del chiste y la subversión del inconsciente en el lenguaje", págs. 184-190.

35. Cf. Lacan, J., la representación exhaustiva del esquema I, en "D'une question préliminaire à tout traitement possible de la psychose", en *Ecrits, op. cit.*, pág. 571.

36. *Ibíd.*, pág. 573.

37. *Ibíd.*, pág. 574 (el subrayado es mío).

38. Encontramos una bellísima ilustración de estas perturbaciones en el relato de una presentación de paciente de Lacan: "L'homme aux paroles imposées" (1976), precedido por un interesante comentario de M. Czermak y J. L. Duhamel que aborda radicalmente, entre otras consideraciones clínicas importantísimas, la cuestión de la forclusión del Nombre del Padre. Cf. "L'homme aux paroles imposées", en *Le Discours psychanalytique*, Nº 7, febrero de 1992, Editions J. Clims - Association freudienne, págs. 7-54 y en "annexe", "Entretien de J. Lacan avec M. Gérard Mumeroy", *ibíd.*, págs. 55-92. En lo referente a la problemática lacaniana de las psicosis más en general cf. también M. Czermak, *Passions de l'objet. Etudes psychanalytiques des psychoses*, París, J. Clims Editeur, 1986.

39. Cf. Lacan, J., *Les psychoses, op. cit.*, seminario del 7 de diciembre de 1955, págs. 55-68. Cf. también, Dor, J., *Introducción a la lectura de Lacan*, tomo 1. *El inconsciente estructurado como lenguaje, op. cit.*, cap. 22: "La fórmula de la comunicación y el inconsciente como discurso del Otro", págs. 175-190.

40. Leclaire, S. "A la recherche des principes d'une psychothérapie des psychoses", en *L'Evolution psychiatrique*, 1958, tomo 23, Nº 2, pág. 401.

41. *Ibíd.*, pág. 400 (subrayado por el autor).

42. *Ibíd.*, pág. 402 (subrayado por el autor).

43. *Ibíd.*, (subrayado por el autor).

44. *Ibíd.*, pág. 403 (subrayado por el autor).

45. Cf. Pankow, G., *Structure familiale et psychose*, París, Aubier, 1983, pág. 144: "[...] mi abordaje es una terapéutica de *injerto*, comparable a la de un arquitecto que pone grampas para ayudar a sostener las paredes agrietadas" (el subrayado es mío).

46. Leclaire, S., "A la recherche des principes d'une psychothérapie des psychoses", en *L'Evolution psychiatrique, op. cit.*, pág. 403.

47. Cf. Calligaris, C., *Pour une clinique différentielle des psychoses*, París, Point Hors Ligne, 1991.

48. Cf. Nasio, J. D., *Les yeux de Laure. Le concept d'objet a dans la théorie de J. Lacan*, París, Aubier, col. La psychanalyse prise au mot, 1987.

49. Calligaris, C., *Pour une clinique différentielle des psychoses, op. cit.*, pág. 26.

50. *Ibíd.*, pág. 27 (subrayado por el autor).

51. Cf. Lacan, J., "D'une question préliminaire à tout traitement possible de la psychose", en *Ecrits, op. cit.*

52. Nasio, J. D., *Les yeux de Laure. Le concept d'objet a dans la théorie de J. Lacan, op. cit.*, pág. 123.

2

El esquema óptico y los ideales de la persona
Yo ideal e Ideal del yo

A lo largo de toda su obra, Freud se ha esforzado por describir la tópica subjetiva según un modelo de organización cuyo principio no ha variado, es decir una *estructura plurisistémica*; los sucesivos desarrollos de la primera y de la segunda tópica dan cuenta de ese intento.[1] En el terreno de la descripción del aparato psíquico, Freud ha puesto el acento principalmente en la compleja dimensión de esa organización subjetiva estructurada en una diversidad de instancias coordinadas entre sí de acuerdo con una red de relaciones a un tiempo intersistémicas e intrasistémicas.

Lacan, a continuación de Freud, no cejará en el empeño de explicitar más aún esa tópica subjetiva y concluirá en el hecho de la *división del sujeto* y sus consecuencias.[2]

Por lo demás, acabamos de ver cómo la lógica del *esquema R* y del *esquema I* traducía los diversos modos de interacción que se instituyen para un sujeto entre el registro Imaginario y el registro Simbólico, a partir de lo Real. Esa dialéctica nos brinda una primera idea del esquema de la estructura del sujeto y de su dependencia del orden significante. Prueba de ello es la integración del *esquema L* en el *esquema R*, en el que se proyecta entonces el circuito del significante, es decir la estructura esencial de la palabra para un sujeto.

Esa sujeción respecto de la tríada Simbólico/Imaginario/Real y, de modo más general, en relación con el significante, encuentra un punto de corroboración capital en los desarrollos que Lacan consagra al análisis del *Yo ideal* y del *Ideal del yo* que se apoyan en la metáfora del *esquema óptico*.

El *esquema óptico* de Lacan, también designado como *esquema de los ideales* de la persona, está desarrollado y comentado en "Observación sobre el informe de Daniel Lagache: 'Psicoanálisis y estructura de la personalidad' ".[3]

Ese estudio, redactado en 1960, es una respuesta a la intervención de Daniel Lagache en el coloquio de Royaumont (julio de 1958): "La psychanalyse et la structure de la personnalité".[4] El comentario que desarrolla Lacan a propósito de esa intervención está elaborado de acuerdo con una argumentación crítica muy profunda, en la que el autor expone su famoso esquema en un parágrafo titulado: "De los ideales de la persona". Pero en realidad retoma ahí una exposición introducida por primera vez en una de las lecciones de su seminario consagrado a *Los escritos técnicos de Freud*.[5]

El esquema óptico intenta explicitar, de modo sintético, la interacción de las instancias del Yo ideal y del Ideal del yo a partir de la intrincación de lo Imaginario, lo Simbólico y lo Real en el terreno mismo del corpus freudiano. Ahí donde las explicitaciones freudianas parecen lastradas por cierta ambigüedad, Lacan se esfuerza en aclarar el delicado problema planteado por las incidencias intrasistémicas inherentes a esas dos instancias narcisistas.

En el propio texto de Freud, de hecho, la discriminación entre *Yo ideal* e *Ideal del yo* (en ocasiones también el Superyó) no está exenta de confusión. Es ésa, justamente, la opinión compartida por J. Laplanche y J. B. Pontalis. Desde un comienzo subrayan que, si bien Freud ha creado el término Yo ideal, para él ese concepto no está diferenciado del Ideal del yo, pero agregan de inmediato:

> Siguiendo a Freud, algunos autores han recogido el par formado por estos dos términos para designar dos formaciones intrapsíquicas distintas.[6]

¿Cómo comprender la ausencia de distinción conceptual imputada a Freud cuando en el *Diccionario de psicoanálisis*, en el ítem *Ideal del yo*, no se hace alusión alguna al *Yo ideal*? No obstante, D. Lagache[7] insiste, por su parte, en una distinción específica que existiría entre ambas instancias. ¿Cómo se desarrolla, en realidad, la terminología freudiana en su contexto? Para responder a esa pregunta, sigamos el excelente comentario de J. Laplanche y J. B. Pontalis.

Freud introduce la noción de *Ideal del yo* a partir de la segunda tópica. En su estudio "El Yo y el Ello", presenta al Ideal del yo y al Superyó como instancias casi indiferenciadas. Desde 1914, empero, en "Introducción al narcisismo",[8] Freud presenta el *Ideal del yo* bajo el modo específico de una formación intrapsíquica autónoma que parece desempeñar el papel de un modelo de referencia respecto del Yo, susceptible de evaluar sus realizaciones efectivas. Freud agrega, además, que se trata de una instancia de origen esencialmente narcisista, resultado directo de las inflaciones infantiles del Yo. La represión parental ejercida en relación con las ideas de grandeza desarrolladas por el niño induciría a una interiorización instituida como instancia psíquica, que contribuiría a la función de censura bajo el modo de una autocrítica. En consecuencia, el Yo se observaría, en sus impulsos narcisistas, confrontándose con un valor ideal que constituirá el sustrato del *Ideal del yo*.

Más tarde, en su estudio de 1921; "Psicología de las masas y análisis del Yo",[9] Freud aportará algunas precisiones suplementarias referidas al *Ideal del yo*. En particular, presenta esa instancia como una formación muy singularizada respecto del Yo que le permitirá dar cuenta de manifestaciones psíquicas tan específicas como la fascinación amorosa, la sumisión al líder, la dependencia frente a la hipnosis y la sugestión, todos ellos casos típicos en los que el sujeto identifica a un tercero en el lugar de su *Ideal del yo*. De modo más general, Freud extiende esa propiedad al grupo humano que obtendría su cohesión de una convergencia de los "*Ideales del yo*" individuales:

> Cierto número de individuos han colocado un mismo objeto en el lugar de su Ideal del yo, a consecuencia de lo cual se han identificado entre sí en su yoes.[10]

Más allá de esa concepción del *Ideal del yo* fundada en el terreno de la identificación, Freud desarrolla en "El Yo y el Ello" una ambigua asimilación entre el *Ideal del yo* y el *Superyó*. En muchos aspectos, todo pareciera suceder como si se tratara de una única instancia resultante de un proceso de identificación con los padres en el momento de la declinación del complejo de Edipo en la que confluyen la dimensión de la prohibición y la del ideal.

En 1933, en las "*Nuevas lecciones introductorias al psicoanálisis*",[11] Freud aporta una nueva distinción. El Superyó excede la zona de influencia del *Ideal del yo*. Se define como una instancia general investida de una triple función: la autoobservación, la conciencia moral y la función de ideal. Tal como lo observan J. Laplanche y J. B. Pontalis, Freud se esforzará en profundizar la incidencia de esas dos últimas funciones. De modo esquemático, si el sentimiento de culpabilidad y el sentimiento de inferioridad pueden ser atribuidos a una tensión entre el *Yo* y el *Superyó*, el primero guarda relación con la conciencia moral mientras que el segundo estaría ligado al *Ideal del yo*. En consecuencia, el *Superyó* no es radicalmente isomorfo con el *Ideal del yo*. Esa diferenciación llegará incluso a instituir un consenso que Daniel Lagache ejemplifica de modo muy significativo. Postula la existencia de un sistema "Superyó-Ideal del yo" y establece en su interior una distinción específica:

> El Superyó corresponde a la autoridad del Ideal del yo, al cómo se debe comportar el sujeto para responder a lo que la autoridad espera de él.[12]

Una vez más, lo mismo que parece que no existe, en Freud, una diferencia clara entre *Ideal del yo* y *Yo ideal*, en la misma medida los comentadores se han esforzado en ponerla en evidencia. Remitámonos, por ejemplo, a las observaciones de Daniel Lagache:

> El Yo ideal concebido como un ideal narcisista de omnipotencia no se reduce a "la unión del yo con el Ello", sino que conlleva una identificación primaria con un otro ser investido con la omnipotencia, es decir con la madre.[13]

En ese sentido, el *Yo ideal* podrá servir de soporte para la "identificación heroica" (Lagache), es decir una identificación con personajes excepcionales o prestigiosos. Pero, agrega Lagache: "con el progreso de la cura, vemos esbozarse el Yo ideal, emerger como una formación irreductible del Ideal del yo".[14]

Lacan retomará esa distinción circunscribiendo al *Yo ideal* en el terreno de una formación esencialmente narcisista. Al tener su origen en el nivel del estadio del espejo, forma parte, entonces, en su totalidad del registro imaginario.

Desde un comienzo, Lacan pone el acento en el carácter *metafórico* del *esquema óptico*, y sigue así un modelo de explicación caro a Freud:

> Se dan cuenta, sin duda, de que estoy esquematizando, pero el desarrollo de una metáfora, de un dispositivo para pensar, exige primero entender para qué sirve.[15]
>
> Les indiqué que este modelo está en la línea misma de los deseos de Freud. Freud explica en varios sitios, especialmente en la *Traumdeutung* y el *Abriss* que las instancias psíquicas fundamentales deben concebirse en su mayor parte como representantes de lo que sucede en un aparato fotográfico: es decir, como las imágenes, virtuales o reales, producidas por su funcionamiento. El aparato orgánico representa el mecanismo del aparato, y lo que aprehendemos son imágenes. Sus funciones no son homogéneas, ya que una imagen real y una imagen virtual son diferentes. Las instancias que Freud elabora no deben considerarse como sustanciales, epifenoménicas, con respecto a la modificación del aparato mismo. Las instancias deben pues interpretarse mediante un esquema óptico. Concepción que Freud indicó muchas veces, pero que nunca llegó a materializar.[16]

Para Lacan, la elección óptica es una nueva manera razonada de insertar la tópica subjetiva en el prisma de las operaciones a un tiempo imaginarias, simbólicas y reales de las que depende:

> En este modelo, e incluso en su naturaleza óptica, no hacemos más que seguir el ejemplo de Freud [...] como veremos,

los nexos que en él aparecerán bajo el modo analógico se remiten a las claras a estructuras (intrasubjetivas) como tales, que representan la relación con el otro y permiten distinguir la doble incidencia de lo imaginario y de lo simbólico. Distinción que, tal como lo enseñamos, es fundamental para la construcción del sujeto.[17]

Para que haya óptica es preciso que a cada punto dado en el espacio real le corresponda un punto, y sólo uno, en otro espacio que es el espacio imaginario [...] el espacio imaginario y el espacio real se confunden. Esto no impide que deban pensarse como diferentes. En materia de óptica, encontramos muchas oportunidades para entrenarnos en ciertas distinciones que muestran *hasta qué punto es importante el resorte simbólico en la manifestación de un fenómeno.*[18]

Y Lacan agrega:

> [...] ese esquema [...] nos permite ilustrar, de modo particularmente sencillo, el resultado de *la estrecha intrincación del mundo imaginario y el mundo real en la economía psíquica*; ahora verán de qué modo.[19]

El interés fundamental de Lacan en ese universo de la óptica radica en la combinatoria recíproca de las "imágenes" y los "objetos" en relación con la posición del sujeto — aquí el "ojo" del observador—.[20] En función de ello, hace referencia a la espectacular experiencia del "*ramillete invertido*" que toma de H. Bouasse en su libro *Optique et photométrie dites géométriques.*[21]

Para comprender mejor el alcance metafórico acordado por Lacan a esa experiencia, nos detendremos en algunas definiciones preliminares referidas a las nociones de imagen y de objeto en óptica.

El *objeto* está representado por la intersección de todos los rayos luminosos que convergen hacia un instrumento de óptica. La *imagen*, a la inversa, está constituida por el punto de intersección de los rayos que parten de él. Si el punto de intersección de los rayos se sitúa delante del instrumento de óptica, el objeto será un *objeto real*; si se sitúa detrás, nos encontraremos con un *objeto virtual.*

Bouasse precisa en su obra el siguiente punto: "El estudio de la formación de la imagen de un cuerpo extenso se reduce al estudio de la formación de la imagen de un punto luminoso".[22] Por lo tanto, el objeto en tanto tal puede considerarse como un conjunto de puntos luminosos. Bouasse formula luego una observación fundamental referida ya no al objeto sino al aparato óptico que lo registra, o sea en este caso, el ojo del sujeto:

> Cuando llegan rayos al ojo, la sensación que producen sólo depende de sus direcciones inmediatamente delante del ojo.[23]

De acuerdo con la posición, el ojo puede también confundir la imagen real de un objeto y la imagen virtual de un punto captado de modo ilusorio como un punto luminoso. Por su parte, la imagen real es, en cambio, un lugar de concentración real de luz, mientras que la imagen virtual es el punto de intersección de las prolongaciones de rayos reales.

Observamos lo que sucede cuando introducimos un *espejo plano*. Los rayos luminosos que parten del objeto real divergen en dirección al espejo plano y constituyen una *imagen virtual*, más allá del espejo, en un *espacio virtual*. Entonces, todo instrumento óptico situado en esa prolongación de los rayos luminosos podrá captar esa imagen. Así sucede con el ojo, cuyo cristalino hace converger los rayos divergentes hacia la retina, donde se constituye la *imagen real* del objeto.

Así, el ojo opera frente al espejo plano una transformación radical de la imagen. Mientras que el espejo plano brinda una imagen virtual de un objeto real, el ojo formará entonces la imagen real de una imagen virtual, y ésta es una imagen virtual de un objeto real.

Reproduzcamos ahora esa operación con un espejo esférico cóncavo como el utilizado en la experiencia de Bouasse del "ramillete invertido".

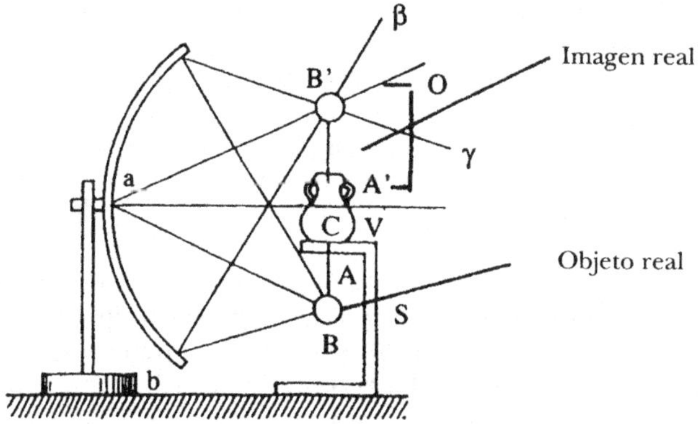

FIGURA 10[24]

El espejo esférico cóncavo, al contrario del espejo plano, presenta la particularidad de producir una *imagen real* inversa y simétrica del objeto. El punto de intersección de todos los rasgos que provienen del objeto real y llegan al espejo no se sitúa, luego de la reflexión, en el espacio virtual sino en el mismo espacio que el objeto:

> Un espejo esférico produce una imagen real. A cada punto de un rayo luminoso proveniente de un punto cualquiera de un objeto situado a cierta distancia —preferentemente en el plano del centro de la esfera— le corresponde en el mismo plano, por convergencia de los rayos reflejados sobre la superficie de la esfera, otro punto luminoso: se produce entonces una imagen real del objeto.[25]

El dispositivo imaginado por Bouasse coloca, frente al espejo, una caja hueca situada en el centro de la semiesfera. Sobre la caja, que contiene en su interior un ramillete de flores, se pone un florero.

Los rayos luminosos que emanan del ramillete —objeto real— se reflejan en la superficie del espejo en la que convergen en un punto simétrico respecto del centro de curvatura. De este modo, se forma una imagen real del ramillete. Con la condición de que el ojo del observador se sitúe en un punto estratégico,[26] la ilusión se produce, las flores surgen en el cuello del florero:

> [...] aunque no vean el ramillete real, que está oculto, verán aparecer, si están en el campo adecuado, un curiosísimo ramillete imaginario, que se forma justamente en el cuello del florero.[27]

No olvidemos que cuando Lacan retoma la experiencia de Bouasse, ésta sólo tiene para él el valor de un sustrato metafórico. En este punto, es importante retener la manera en que el dispositivo de la ilusión del "ramillete invertido" ilustra cómo se constituye para un sujeto "un mundo donde lo imaginario pueda incluir lo real y, a la vez, formarlo; donde lo real pueda incluir y, a la vez, situar lo imaginario".[28] Por añadidura, el dispositivo es también objeto de una interpretación analógica en la medida en que Lacan nos invita a concebir la caja como nuestro propio cuerpo, el ramillete como objetos de deseo, mientras que el ojo simboliza aquí al sujeto cuya situación está "caracterizada esencialmente por su lugar en el mundo simbólico, dicho de otro modo, en el mundo de la palabra".[29]

Con tal perspectiva, Lacan debe introducir, dos modificaciones en el dispositivo inicial que le permitirán precisar de una manera ejemplar no sólo ese lugar del sujeto y su dependencia en relación con lo Imaginario, lo Simbólico y lo Real sino además la estructura resultante frente a su propia imagen en relación con el *Yo ideal* y el *Ideal del yo*. En efecto, el objeto del nuevo montaje es mostrarnos "cuál es la función del otro, del otro humano, en la adecuación de lo Imaginario y lo Real".30

Por una parte, ahora el florero está situado en la caja y el ramillete de flores encima de ella. Por otra, Lacan introduce un espejo plano frente al espejo cóncavo. Para que la ilusión se produzca, es preciso entonces que el observador se sitúe sobre el borde del espejo esférico:

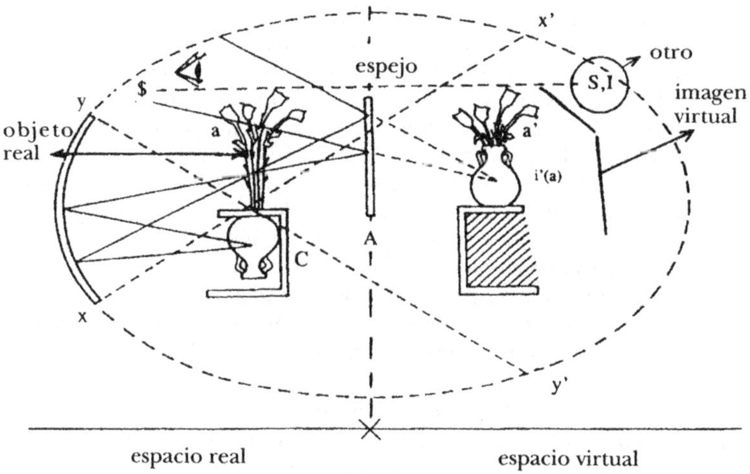

FIGURA 11[31]

En el nuevo montaje, el juego recíproco de las imágenes y los objetos se invierte. Debido a su situación, el observador $ ya no puede percibir directamente la imagen real como sucedía en el dispositivo anterior. En cambio, reconstituye la ilusión del florero invertido en la imagen virtual **i'(a)** que el espejo plano **A** produce de la imagen real **i(a)** — ausente aquí en el esquema. Pero el sujeto $ sólo puede ver, en el espejo, esa imagen real en el estado de imagen virtual porque puede ser reemplazado por un sujeto virtual **S I** situado más allá del espejo, en el interior del cono que delimita, al igual que en el esquema anterior, la posibilidad de la ilusión, es decir en el lugar mismo en que el sujeto ve su propia imagen. En resumen, para que el montaje funcione como "modelo teórico",[32] debemos imaginar:

> [...] 1) que el florero esté en el interior de la caja y que su imagen real venga a rodear con su cuello el ramo de flores ya montado encima — el cual desempeñará para un ojo eventual el papel de soporte de acomodación que acabamos de indicar como necesario para que se produzca la ilusión: que habrá de designar-

> se ahora como la del florero invertido; 2) que un observador colocado en algún lugar dentro del aparato, digamos entre las flores mismas, o, para la claridad de la exposición, sobre el borde del espejo esférico, en todo caso fuera de la posibilidad de percibir la imagen real (motivo por el cual no está representada en la figura 11), trata de realizar su ilusión en la imagen virtual que un espejo plano, colocado en A, puede dar de la imagen real, cosa que es concebible sin forzar las leyes de la óptica.
>
> Bastará, para que el sujeto $ vea esa imagen en el espejo A, con que su propia imagen [...] se sitúe en el espacio real (al que el espacio virtual engendrado por un espejo plano corresponde punto por punto) en el interior del cono que delimita la posibilidad de la ilusión (campo x'y' en la figura 11).[33]

Una vez más, el interés del montaje reside tan sólo en su aptitud metafórica para la explicitación. Tal como lo observa Lacan, "las relaciones de las imágenes **i'(a)** e **i(a)** [...] no deben ser tomadas al pie de la letra de su subordinación óptica sino en tanto soporte de una subordinación imaginaria análoga".[34] En efecto, el juego de los espejos y las imágenes recuerda aquí la dialéctica del estadio del espejo:[35]

> [...] el sujeto virtual, reflejo del ojo mítico, es decir el otro que somos nosotros, está ahí donde hemos visto primero nuestro ego — fuera de nosotros, en la forma humana [...] El ser humano sólo ve su forma realizada, total, el espejismo de sí mismo, fuera de sí mismo.[36]

Y Lacan agrega:

> El otro tiene para el hombre un valor cautivador, debido a la anticipación representada por la imagen unitaria tal como es percibida en el espejo o bien en la realidad toda del semejante.[37]

Claude Conté observa, con razón, que ya ahí aparece la subordinación de lo Imaginario a lo Simbólico en la medida en que la identificación especular del niño sólo depende de la condición de ser sostenida por el Otro en cuya mirada, justamente, busca apoyo el niño:

El sujeto, entonces puede sostener la ilusión a condición de situarse desde un determinado *punto de vista ideal elegido en el Otro* —aquí I; lugar desde donde me veo como amable, soporte del amor en tanto narcisista— [...] dicho de otra manera, del modo en que el sujeto se habrá situado idealmente en el Otro depende que se produzca, con seguridad, el surgimiento de la imagen real: I es el punto de captura desde donde se sostiene la ilusión y que designa la identificación con el rasgo unario del Otro: referencia simbólica que debe designarse como la matriz del Ideal del yo, que es la única que sostiene ese efecto imaginario en que el núcleo del yo se constituye a partir de una sucesión de yoes ideales y de ese modo se efectúa el dominio de la imagen del cuerpo a partir del estadio del espejo.[38]

Al avanzar en la interpretación metafórica del *esquema óptico*, Lacan nos propone concebir el florero como el envoltorio que representa al cuerpo libidinal en su realidad, es decir sustraído, en lo esencial, al sujeto. De hecho, en el montaje, la realidad del florero (oculto en la caja) escapa al observador, al igual que su imagen real:

> [...] Y lo que también nos indica el modelo con el florero escondido en la caja, es el escaso acceso que tiene el sujeto a la realidad de este cuerpo, que pierde en su interior, hasta el punto de que, cual repliegue de hojas coalescentes a su envoltura, entrecosidas alrededor de los orificios anulares, se lo imagina como un guante al que se le puede dar la vuelta.[39]

A diferencia del florero, las flores, **a**, son aparentes y constituyen por lo tanto un objeto real. Metaforizan aquí la función del objeto parcial, es decir la dispersión de los objetos de deseo que sólo forman un conjunto bajo la forma del ramillete cuando se reúnen en la imagen real del florero **i(a)**. Ahora bien, el sujeto sólo puede captar esa imagen real **i(a)** en el estado de imagen virtual **i'(a)**, es decir fuera de sí mismo, en su imagen especular, en su relación con el otro.

Por su parte, el espejo plano **A** que regula para el sujeto **$** el juego recíproco de la imagen real **i(a)** y de la imagen virtual **i'(a)**, representa el campo del Otro que llama al sujeto al orden de su causalidad significante:

> Sería erróneo creer que el gran Otro del discurso podría estar ausente de distancia alguna tomada por el sujeto en su relación con el otro, que se le opone como el pequeño, por ser el de la díada imaginaria.[40]

De esta manera, se confirma la evocación propiamente narcisista del esquema en la incidencia recíproca de las imágenes **i(a)** e **i'(a)**, cuya dialéctica óptica sirve de soporte analógico para la interacción del *Yo ideal* y del *Ideal del yo*:

> La imagen del yo —por el solo hecho de ser imagen, el yo es Yo ideal— resume toda la relación imaginaria en el hombre [...]
>
> Esta imagen de sí, el sujeto volverá a encontrarla constantemente como marco de sus categorías de aprehensión del mundo: como objeto, y esto, teniendo como intermediario al otro. Es en el otro donde siempre volverá a encontrar a su Yo ideal, a partir de allí se desarrolla la dialéctica de sus relaciones con el otro.[41]

En su seminario *La transferencia*, Lacan insiste en la utilidad de su modelo óptico para la comprensión del narcisismo:

> En efecto, la importancia del esquema radica en que introduce la función del gran Otro, cuya cifra, bajo la forma de la letra **A**, está aquí situada en el nivel del dispositivo del espejo plano, por cuanto esa función debe estar implicada en esas elaboraciones del narcisismo connotadas como Ideal del yo y como Yo ideal respectivamente.[42]

Las dos dimensiones fundamentales del narcicismo se inscriben en la configuración del esquema de la siguiente manera: El "*primer narcisismo*" se sitúa en el nivel de la imagen real **i(a)** "en tanto esta imagen permite organizar el conjunto de la realidad en cierto número de marcos preformados".[43]

En realidad, por ser **i(a)** el soporte de la función de la imagen especular, la función de **i(a)** es entonces central en la carga narcisista. Por lo tanto, conviene situar al *Yo ideal* de ese lado. Pero el sujeto sólo se ve en una reflexión respecto de un otro. Esto explica la introducción del "*segundo narcisismo*", es decir la dimensión por excelencia de la identificación narcisista, "identificación con el otro que, en el caso normal, permite al hombre situar con precisión su relación imaginaria y libidinal con el mundo en general".[44]

Pero hemos visto que el sujeto sólo podía acceder a la captación de la imagen real **i(a)** mediante el artificio del espejo plano A que le permite realizar su imagen virtual **i'(a)**. Puesto que el Otro le permite "*ver* en su lugar y estructurar su ser en función de ese lugar y de su mundo", podemos situar ahí el lugar del *Ideal del yo*:

> Como advertirán, es preciso diferenciar las funciones del yo: por una parte desempeñan para el hombre, como para todos los demás seres vivos, un papel fundamental en la estructuración de la realidad; por otra, deben pasar en el hombre por esa alienación fundamental que constituye la imagen reflejada de sí mismo que es el *Ur-Ich*, forma originaria tanto del *Ich-Ideal* como de la relación con el otro.[46]

Y Lacan precisa en *La transferencia*:

> Trazo el comienzo de la función del Otro en tanto que es el Otro del sujeto hablante, el Otro en tanto que, a través de él, el lugar de la palabra interviene para todo sujeto [...] Podemos fijar ahí el lugar de lo que funcionará como Ideal del yo.[47]

La alienación radical del sujeto $ al pequeño otro que funda la captura narcisista del *Yo ideal* proviene de la obligación que tiene el sujeto de pasar por la imagen especular **i'(a)** para acceder a la imaen real **i(a)**. En consecuencia, esa relación especular está bajo la total dependencia del **Otro**/ espejo plano. Dicho de otro modo, la regulación de la estructuración imaginaria se efectúa por la mediación del registro simbólico, en este caso por el juego del *Ideal del yo* metaforizado por la inclinación del espejo.[48]

En efecto, la consistencia de la ilusión que hace que el sujeto perciba la imagen real a partir de la imagen virtual es totalmente dependiente de la relación con el Otro. Esa percepción depende sin duda de su posición respecto de la imagen real, pero también de la inclinación del espejo que comanda la calidad de la imagen:

> De la inclinación del espejo depende pues que vean, más o menos perfectamente, la imagen. En cuanto al espectador virtual, aquel que ustedes sustituyen mediante la ficción del espejo para ver la imagen real, basta con que el espejo plano esté inclinado de cierto modo, para que esté en el campo desde donde se ve muy mal. Por este solo hecho, también ustedes ven muy mal la imagen en el espejo. Digamos que esto representa la difícil acomodación de lo imaginario en el hombre.[49]

Si, junto con Lacan, suponemos que la inclinación del espejo es dirigida por la "voz del Otro", se pone de manifiesto que lo que determina la posición del sujeto como vidente es la relación simbólica: "La palabra, la función simbólica, define el mayor o menor grado de perfección, de completud, de aproximación de lo imaginario".[50] Esto solo contribuye a confirmar que el lugar donde el sujeto se ve, no es el lugar desde donde se mira.[51] Pero si bien en cierto modo se ve en el Otro, el punto desde donde se mira también se sitúa en el espacio del Otro. Ahora bien, ese punto es justamente aquel desde donde habla "ya que en tanto habla, comienza a constituirse en el lugar del Otro esa mentira verídica a partir de la cual se inicia eso que forma parte del deseo en el nivel de lo inconsciente".[52] Y sobre ese punto, Lacan es muy explícito:

> ¿Cuál es mi deseo? ¿Cuál es mi posición en la estructuración imaginaria? Esta posición sólo puede concebirse en la medida en que haya un guía que esté más allá de lo imaginario, a nivel del plano simbólico, del intercambio legal, que sólo puede encarnarse a través del intercambio verbal entre los seres humanos. Ese guía que dirige al sujeto es el Ideal del yo.[53]

En consecuencia, el esquema óptico también puede servir como soporte explicativo para el proceso del análisis y, de modo correlativo, poner en evidencia los lugares de la falta ($-\varphi$) y del resto: **el objeto a**. Basta con imaginar que el sujeto $ sitúa al analista en A, es decir como Otro, o sea en el "lugar de su palabra".[54] La progresiva rotación del espejo hasta alcanzar una posición límite de 90° metaforiza entonces el trabajo analítico que, de modo progresivo, va anulando en el sujeto "las capturas por las fijaciones imaginarias que fueron inasimilables en el desarrollo simbólico de su historia".[55]

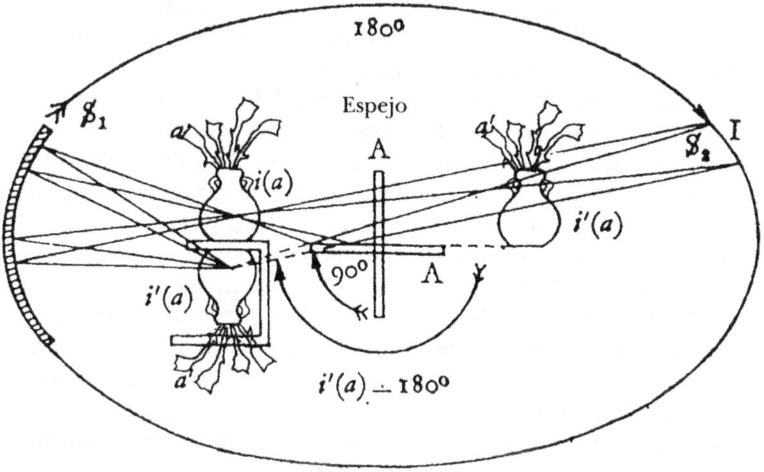

Figura 12[56]

Lacan comenta este nuevo momento de la experiencia óptica de la siguiente manera:

> [...] puede decirse que al borrarse progresivamente hasta una posición a 90° de su punto de partida, el Otro, como espejo en A, puede conducir al sujeto $\$_1$ a ocupar por una rotación casi doble la posición $\$_2$ en I, desde donde accedía sólo virtualmente a la ilusión del florero invertido en la figura 12; pero que en ese recorrido la ilusión debe desfallecer con la búsqueda que ella guía.[57]

En el montaje óptico, el desfallecimiento de la ilusión está materializado por la transformación progresiva de la imagen virtual, hasta su desaparición, que puede interpretarse como la disolución de la imagen narcisista. Durante la inclinación del espejo la imagen se alarga, se modifica pasando "de una forma de boca a una forma de falo, o de un deseo más o menos completo a ese tipo de deseo (...) fragmentado".[58] Al término de la inclinación, la imagen de las flores ha desaparecido dejando un *vacío* en el lugar del dibujo del florero. De ese modo, se ha introducido un corte entre las flores y el florero. Como señala con acierto P. Malengreau en su estudio "Le schéma optique: de l'identification à l'objet", se revela entonces "la existencia de una falta que la presencia de las flores, debido a su brillo y a su esplendor, tenía el efecto tanto de ocultar como de sostener".[59]

Esa falta es identificada por Lacan con la función $-\varphi$ lo que permite aportar una precisión esencial referida al problema de la carga narcisista de la imagen especular. Según el *esquema óptico*, todo sucede como si existiera una equivalencia imaginaria entre **i(a)** —libido del yo en tanto cuerpo propio— e **i'(a)** —libido de objeto; donde el objeto es el otro. No obstante, en el trasvasamiento libidinal del yo al otro, subsiste un resto: *el objeto a*. Esta comprobación pone en evidencia un límite en el carga libidinal de la imagen especular. Una vez más, el *esquema óptico* metaforiza esa situación. Retomemos el excelente comentario de G. Taillandier acerca de ese punto:

> Lacan hace notar que, en ese trasvasamiento libidinal entre el yo y el otro, *hay un resto*, eso que en el esquema óptico está oculto en la caja que sostiene el florero i(a). Este *elemento oculto* [...] Lacan lo designa con el significante Φ, a partir de la idea de que ese elemento que constituye el resto en el trasvasamiento narcisista, debe de tener su utilidad, a veces, en lo que al deseo se refiere.[60]

De hecho Lacan, en una lección de su seminario sobre La angustia, en 1962, retoma el análisis del esquema óptico para precisar la interacción **del objeto a** y de $-\varphi$:

> Esta carga de la imagen especular es un tiempo fundamental de la relación imaginaria, fundamental porque existe un límite y es que toda la carga no pasa por la imagen especular. Hay un resto [...] a partir de ahí, en cualquier señalización de lo imaginario, el

falo aparecerá bajo la forma de una falta, de un – φ. En toda la medida en que se realiza en i(a) lo que he denominado como la imagen real, la constitución en lo material del sujeto de la imagen del cuerpo que funciona como propiamente imginaria [...] el falo aparece en menos, aparece como un blanco. Sin duda, el falo es una reserva operatoria, pero que no sólo no está repre-sentada en el nivel de lo imaginario sino que está circunscrita y, para decirlo con propiedad, escindida de la imagen especular.[61]

Eso explica la nueva representación del *esquema óptico*, introducida por Lacan en su seminario del 28 de noviembre de 1962:

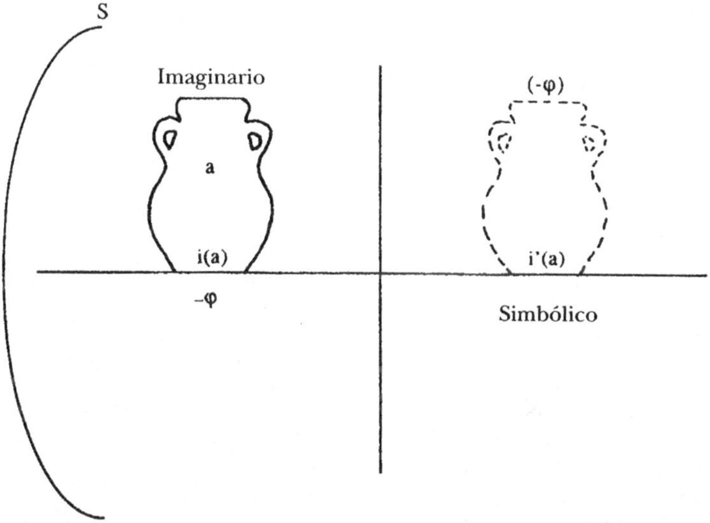

FIGURA 13

La "reserva" mencionada por Lacan se traduce en el espejo como – φ. Por lo tanto, sólo forma parte de lo imaginario bajo la forma de la falta. Por otra parte, el **objeto a** no aparece en el espejo porque *no es especularizable.*[62] En consecuencia, no hay imagen de la falta.

El reconocimiento de ese *lugar vacío*, además de permitir aclarar la dialéctica del deseo propiamente dicha, aporta también un elemento de comprensión esencial para el proceso de la angustia.

En el transcurso de la transferencia de la libido narcisista hacia la libido de objeto se inscribe, de forma especular, en el lugar del resto **a**, la falta en el otro – φ. Eso es precisamente lo que hace descubrir la existencia de la falta en el Otro, es decir lo que provoca el deseo del sujeto representado por la falta en el otro **i'(a)**. Inversamente, es lo que le falta al sujeto en el lugar del **a**: su reserva narcisista, que suscita el deseo del Otro, o sea del otro susceptible de desearle.[63] De ahí en más, tal como lo señala G. Taillandier en su comentario del seminario de Lacan sobre La angustia: "para que la angustia aparezca, es preciso que en ese lugar marcado **(– φ)** en **i'(a)**, aparezca algo en el lugar de la falta; de manera que la falta llegue a faltar; la angustia de castración surge en ese "defecto del apoyo de la falta" (y no en la falta)".[64]

Notas

1. Freud, S., para la "primera tópica", cf. por un lado "*Briefe an W. Fliess Abhandlungen und Notizen*" (1887-1902), en *Aus den Anfängen der Psychoanalyse*, G. W., págs. 45-305, S.E.I., págs. 173-280; trad. A. Berman, "Lettres à Fliess", en *La Naissance de la psychanalyse*, París, P.U.F., 4ª edición 1979 (sobre todo las cartas Nº 39, del 1/1/96, págs. 125-129 y Nº 52, del 6/12/96, págs. 153-160) [Versión castellana: "Los orígenes del psicoanálisis", en *Obras Completas*, tomo III, Madrid, Biblioteca Nueva, 1973]; por otro lado en *Die Traumdeutung* (1900), G.W. II-III, págs. 1-642; S.E. IV-V, págs. 1-621; trad. I. Meyerson, *L'interprétation des rêves*, París, P.U.F., nueva edición aumentada y revisada por D. Berger, 1967, cap. VII, págs. 433-527 [Versión castellana: "La interpretación de los sueños", en *Obras Completas*, *op.cit.*, tomo I].

Para la "segunda tópica", cf. sobre todo *Das Ich und das Es* (1923), G. W., págs. 237-289; S.E. XIX, págs. 1-59, trad. 1ª edición (1924), S. Jankélévitch, revisada por A. Hesnard, trad. 2da edición (1981), J. Laplanche, "Le Moi et le Ça", en *Essais de psychanalyse*, París, PBP, Nº 44, 1984, págs. 219-275 [Versión castellana: "El yo y el ello", en *Obras Completas, op.cit.*, tomo III].

Por último, en lo relativo a lo que se ha convenido en llamar el bosquejo de la "tercera tópica", cf. en *Abriss der Psychanalyse* (1938-1940), G.W. XVII, págs. 67-138, S.E., págs. 139-207; trad. A. Berman, *Abrégé de psychanalyse*, París, P.U.F., 1949, sobre todo el cap. IV, págs. 18-27 [Versión castellana: "Compendio del psicoanálisis", en *Obras Completas, op.cit.*, tomo III].

2. Cf. Dor, J., *Introducción a la lectura de J. Lacan*, tomo 1. *El inconsciente estructurado como lenguaje, op.cit.*, cap. 15: "La división del sujeto y el advenimiento del inconsciente por el orden significante", págs. 115-121.

3. Cf. Lacan, J., "Remarque sur le rapport de Daniel Lagache: Psychanalyse et structure de la personnalité" (1960), en *Ecrits, op.cit.*, págs. 647-684 [Versión castellana: "Observación sobre el informe de Daniel Lagache: Psicoanálisis y estructura de la personalidad", en *Escritos, op.cit.*, tomo 2].

4. Cf. Lagache, D., "Psychanalyse et structure de la personnalité", en *La Psychanalyse*, Nº 6, *Perspectives structurales. Colloque international de Royaumont*, París, P.U.F., 1961, págs. 5-54.

5. Cf. Lacan, J., seminario del 24 de febrero de 1954, en *Les écrits techniques de Freud*, Livre I (1953-1954), París, Seuil, 1975, [Versión castellana: *Los escritos técnicos de Freud*, Libro 1, Paidós, 1981], seminario del 24 de febrero de 1954, págs. 90-103. Este esquema será retomado en reiteradas ocasiones en la obra de Lacan: "Voy a hacerles una confidencia: le agrego un poquito todos los días. No se los traigo completo, como cuando Minerva sale de la cabeza de un Júpiter que yo no soy. Lo se-guiremos en su transcurso hasta el día en que comience a parecernos cansador, entonces lo abandonaremos" (cf. *ibíd.*, seminario del 7 de abril de 1954, pág. 182).

A modo de información, proponemos esta lista no exhaustiva de algunas lecciones en las que Lacan reintroduce la explicación del *esquema óptico*: 1º) *ibíd*, los seminarios del 24 de marzo de 1954, págs. 142-147; del 31 de marzo de 1954, págs. 160-163; del 7 de abril de 1954, págs. 165-169 y págs. 178-182; del 5 de mayo de 1954, págs. 187-188, por último del 7 de julio de 1954, págs. 312-313 — 2º) *Le transfert*, Livre VIII (1960-1961), París, Seuil, 1991 [Versión castellana: *La transferencia*, Libro VIII, Paidós), los seminarios del 31 de mayo de 1961, pág. 398; del 7 de junio de 1961, págs. 402-404 y 410-414; del 14 de junio de 1961, pág. 421; del 21 de junio de 1961, págs. 434-437; y del 28 de junio (consignado por error 21 de junio), pág. 456 — 3º) *L'angoisse* (1962-1963), inédito, seminario del 28 de noviembre de 1962 — 4º) *Les quatre concepts fondamentaux de la psychanalyse*, Livre XI (1964), París, Seuil, 1973 [Versión castellana: *Los cuatro conceptos fundamentales del psicoanálisis*, Libro XI, Paidós, 1986], seminario el 22 de abril de 1964, págs. 132-133.

6. Laplanche, J., Pontalis, J. B., *Vocabulaire de la psychanalyse*, París, P.U.F., 1967, pág. 255 [Versión castellana: *Diccionario de psicoanálisis*, Barcelona, ed. Labor, 1971].

7. Cf. Lagache, D., "Psychanalyse et structure de la personnalité", en *La Psychanalyse*, Nº 6, *op.cit.*, pág. 38 y sigs.

8. Cf. Freud, S., *Zur Einfürung des Narzissmus* (1914), G.W.X. págs. 138-170; S.E. XIV, págs. 67-102; trad. J. Laplanche, "Pour introduire le narcissisme", en *La Vie sexuelle*, París, P.U.F., 1ª edición 1969, págs. 81-105 [Versión castellana: "Introducción al narcisismo", en *Obras Completas*, *op.cit.*, tomo II).

9. Cf. Freud, S., "Massenpsychologie und Ich-analyse" (1921), G.W. XIII, págs. 73-161; S.E. XVIII, págs. 65-143; trad. P. Cotet, A. Bourguignon, J. Altonian, O. Bourguignon, A. Rauzy, "Psychologie des foules et analyse du Moi", en *Essais de psychanalyse, op.cit.*, págs. 117-217 [Versión castellana: "Psicología de las masas y análisis del yo", en *Obras Completas, op.cit.*, tomo III].

10. *Ibíd.* pág. 181.

11. Cf. Freud, S., *Neue Folge der Vorlesungen zur Einführung in die Psychoanalyse* (1932-1933), G.W., S.E. XXII, págs. 1-182; trad. R.M. Zeitlin, *Nouvelles conférences d'introduction à la psychanalyse*, París, N.R.F., Gallimard, 1984 [Versión castellana: "Nuevas lecciones introductorias al psicoanálisis", en *Obras Completas, op.cit.*, tomo III].

12. Lagache, D., "Psychanalyse et structure de la personalité", en *La Psychanalyse*, Nº 6, *op.cit.*, pág. 39.

13. *Ibíd*, pág. 43.

14. *Ibíd.*, pág. 42.

15. Lacan, J., *Les écrits techniques de Freud, op.cit.*, seminario del 24 de febrero de 1954, pág. 94.

16. *Ibíd.*, seminario del 24 de marzo de 1954, pág. 142.

17. Lacan, J., "Remarque sur le rapport de Daniel Lagache: 'Psychanalyse et structure de la personnalité' ", en *Ecrits, op.cit.*, pág. 674.

18. Lacan, J., *Les écrits techniques de Freud, op.cit.*, seminario del 24 de febrero de 1954, págs. 90-91 (el subrayado es mío).

19. *Ibíd.*, pág. 93 (el subrayado es mío).

20. Cf. *ibíd.*, pág. 90: "Las imágenes ópticas presentan diversidades singulares — algunas son puramente subjetivas, son las que se llama virtuales, mientras que otras son reales, a saber, en determinados aspectos se comportan como objetos y pueden considerarse como tales. Lo que es más singular aún — podemos dar las imágenes virtuales de esos obetos que son las imágenes reales. En ese caso, el objeto que es la imagen real se llama, con razón, objeto virtual".

21. Bouasse, H., *Optique et photométrie dites géométriques*, París, Delagrave, 4ª edición 1947, pág. 87 (Lacan remite a esa referencia en "Remarque sur le rapport de Daniel Lagache: 'Psychanalyse et structure de la personnalité'", en *Ecrits, op.cit.*, pág. 673).

22. Bouasse, H., cap. I: "Hypothèses fondamentales. Miroirs plans",

en *Cahiers de lectures freudiennes*, Nº 13, *Le schéma optique. Miroirs-Spécularité*, Lysimaque, marzo de 1988, pág. 20.

23. *Ibíd*, pág. 21.

24. Cf. Lacan, J., "Remarque sur le rapport de Daniel Lagache: 'Psychanalyse et structure de la personnalité'", en *Ecrits, op.cit.*, el esquema de la pág. 673 al que agrego dos leyendas: "Imagen real" y "objeto real".

25. Lacan, J., *Les écrits techniques de Freud, op.cit.*, seminario del 24 de febrero de 1954, págs. 91-92.

26. Cf. Lacan, J., "Remarque sur le rapport de Daniel Lagache: 'Psychanalyse et structure de la personnalité'", en *Ecrits, op.cit.*, pág. 673: "[...] para que se produzca la ilusión es preciso que el ojo esté situado en el interior del cono βBγ formado por una generatriz que une cada uno de los puntos de la imagen B' al contorno del espejo esférico y que, dado que para cada uno de los puntos de la imagen el cono de rayos convergentes captados por el ojo es muy pequeño, resulta que la imagen será tanto más netamente situada en su posición cuanto mayor sea su distancia al ojo".

27. Lacan, J., *Les écrits techniques de Freud, op.cit.*, seminario del 24 de febrero de 1954, págs. 92-93.

28. *Ibíd.*, pág. 94.

29. *Ibíd.*, pág. 95.

30. *Ibíd.*, seminario del 31 de marzo de 1954, pág. 160.

31. Cf. Lacan, J., "Remarque sur le rapport de Daniel Lagache: 'Psychanalyse et structure de la personnalité'", en *Ecrits, op.cit.*, el esquema de la pág. 674, al que he agregado algunas precisiones.

32. *Ibíd.*, pág. 674.

33. *Ibíd.*, págs. 674-675 (figura 11 en mi texto en lugar de la figura 2 en el texto de Lacan).

34. *Ibíd.*, pág. 675 (el subrayado es mío).

35. Cf. Dor, J., *Introducción a la lectura de Lacan*, tomo 1. *El inconsciente estructurado como lenguaje, op.cit.*, cap. 12: El estadio del espejo y el Edipo", págs. 90-101.

36. Lacan, J., *Les écrits techniques de Freud, op.cit.*, seminario del 31 de marzo de 1954, pág. 160.

37. *Ibíd.*, pág. 144.

38. Conté, C., "Le clivage du sujet et son identification", en *Le Réel et le Sexuel —de Freud à Lacan—*, París, Point Hors Ligne, 1992, pág. 200 (subrayado por el autor).

39. Lacan, J., "Remarque sur le rapport de Daniel Lagache: 'Psychanalyse et structure de la personnalité'", en *Ecrits, op.cit.*, pág. 676.

40. *Ibíd.*, pág. 678.

41. Lacan, J., *Les écrits techniques de Freud, op.cit.*, seminario del 7 de julio de 1954, pág. 311.

42. Lacan, J., *Le transfert, op.cit.*, seminario del 7 de junio de 1961, pág.

409. A lo que agrega Lacan en la pág. 411: "En la medida en que interviene el tercero, el gran Otro, en la relación del Yo con el pequeño otro, puede funcionar algo que conlleva la fecundidad de la relación narcisista misma".

43. Lacan, J., *Les écrits techniques de Freud, op.cit.*, seminario del 24 de marzo de 1954, pág. 144.

44. *Ibíd.*

45. *Ibíd.* (subrayado por el autor). Cf. también en *Le transfert, op.cit.*, seminario del 7 de junio de 1961, pág. 412: "Pero se dan cuenta de que el Otro está implicado aquí únicamente como el lugar desde donde se constituye la perpetua referencia del yo, en una oscilación patética, a esa imagen que se le ofrece y con la que se identifica. El Yo sólo se presenta y se sostiene como problemática a partir de la mirada del gran Otro. El hecho de que esa mirada sea a su vez interiorizada no quiere decir que se confunda con el lugar y el soporte que ya están constituidos como Yo ideal".

46. Lacan, J., *Les écrits techniques de Freud, op.cit.*, seminario del 24 de marzo de 1954, pág. 145 (subrayado por el autor).

47. Lacan, J., *Le transfert, op.cit.*, seminario del 21 de junio de 1961, pág. 434.

48. Cf. Lacan, J., "Remarque sur le rapport de Daniel Lagache: 'Psychanalyse et structure de la personnalité'", en *Ecrits, op.cit.*, pág. 680: "La función del modelo es, entonces, dar una imagen de cómo la relación con el espejo, o sea la relación imaginaria con el otro y la captura del Yo ideal sirven para llevar al sujeto al campo donde se hipostasía en el Ideal del yo". Cf. también en *Les quatre concepts fondamentaux de la psychanalyse, op.cit.*, seminario del 22 de abril de 1964, pág. 132: "Allí verán que el sujeto se constituye como ideal en el Otro, que la definición de lo que adviene como yo, al Yo ideal —que no es el Ideal del yo—, lo ha de ajustar en el Otro, es decir que su realidad imaginaria la ha de constituir en el Otro".

49. Lacan, J., *Les écrits techniques de Freud, op.cit.*, seminario del 31 de marzo de 1954, pág. 161.

50. *Ibíd.*

51. Cf. Lacan, J., *Les quatre concepts fondamentaux de la psychanalyse, op.cit.*, a propósito de "la dialéctica del ojo y la mirada", jamás correlativos, y del fracaso de la función de la mirada —ilusión óptica más decepcionante todavía en el amor—, seminario del 4 de marzo de 1964, págs. 94-95: "[...] lo que es hondamente insatisfactorio y siempre fallido es que —*Jamás me miras ahí donde te veo.* Inversamente, *lo que miro jamás es lo que quiero ver*" (subrayado por el autor).

52. *Ibíd.*, seminario del 22 de abril de 1964, pág. 132.

53. Lacan, J., *Les écrits techniques de Freud, op.cit.*, seminario del 31 de marzo de 1954, pág. 162.

54. Lacan, J., "Remarque sur le rapport de Daniel Lagache: 'Psy-

chanalyse et structure de la personnalité' ", en *Ecrits, op.cit.*, pág. 680.

55. Lacan, J., *Les écrits techniques de Freud, op.cit.*, seminario del 7 de julio de 1954, pág. 312.

56. Cf. Lacan, J., "Remarque sur le rapport de Daniel Lagache: 'Psychanalyse et structure de la personnalité' ", en *Ecrits, op.cit.*, el esquema de la pág. 680.

57. *Ibíd.* (figura 12 en mi texto en lugar de la figura 2 en el texto de Lacan).

58. Lacan, J., *Les écrits techniques de Freud, op.cit.*, seminario del 7 de abril de 1954, pág. 173.

59. Malengreau, P., "Le schéma optique: de l'identification à l'objet", en *Cahiers de lectures freudiennes*, Nº 13, *op.cit.*, pág. 82.

60. Taillandier, G., "Présentation du séminaire de J. Lacan sur l'angoisse", en *Esquisses psychanalytiques*, Nº 7, *op.cit.*, págs. 137-138.

61. Lacan, J., *L'angoisse, op.cit.*, seminario inédito del 28 de noviembre de 1962.

62. Lacan desarrolla la concepción del objeto a como *objeto no especularizable* en su seminario *L'identification, op.cit.*, (cf. *infra*, cap. 11: "El sujeto, el objeto a y el fantasma $ ◊ a. La topología del cross-cap", pág. 219 y sigs.). Por otra parte, Marc Darmon en su libro *Essais sur la topologie lacanienne* (París, Editions de l'Association freudienne, 1990), nos hace observar que Lacan aporta un perfeccionamiento topológico al esquema óptico, *vía* el cross-cap que sostiene a e i (a) en lugar de las flores y del florero: "Cuando Lacan coloca un plano proyectivo en el centro del espejo cóncavo, no hace sino subrayar una estructura topológica que ya estaba ahí. En efecto, en la cercanía del centro del espejo esférico, cada punto está proyectado en un punto diametralmente opuesto, ésa es, justamente, la definición del plano proyectivo. El esquema óptico se caracteriza por las dos operaciones de simetría de las antípodas y en espejo que volveremos a encontrar en otro lugar. A nuestro criterio, a eso se debe que resulte apto para representar la estructura del sujeto" (pág. 146).

63. Cf. Michaud, G., "L'angoisse et/est le désir de l'Autre", en *Esquisses psychanalytiques*, Nº 15, *Jacques Lacan*, primavera de 1991, pág. 164.

64. Taillandier, G., "Présentation du séminaire de J. Lacan sur l'angoisse", en *Esquisses psychanalytiques*, Nº 7, *op.cit.*, págs. 140-141 (el subrayado es mío).

SEGUNDA PARTE

EL ESTATUTO DEL SUJETO Y LA FUNCION DEL RASGO UNARIO

3

El cogito y su sujeto

A lo largo de toda su obra Lacan no ceja en el empeño de apresar el *cogito cartesiano.*[1] Tanta aplicación en el empeño, no sólo frecuente, sino además a partir de muy distintas orientaciones, no es sólo para cumplir la simple finalidad de inclinarse ante el gusto por la elucidación filosófica. Si el *cogito* parece revestir entonces un interés tan fundamental para Lacan, es sobre todo porque encarna la ilustración más acabada de aquello con lo que tratan el psicoanálisis y su práctica, es decir el sujeto de la ciencia:

> por ese motivo era importante promover ante todo [...] justamente el hecho de que su praxis no implica otro sujeto sino el de la ciencia.[2]

La proposición es menos paradójica de lo que parece a primera vista, dado que el sujeto cartesiano constituye, por excelencia, la matriz subjetiva cuyo mejor colofón es la hipóstasis del sujeto del conocimiento, bajo la competencia del sujeto de la ciencia. Ahora bien, qué se puede hacer sino identificar en esa instancia subjetiva el producto particularmente acabado de una determinada captación del sujeto —el *sujeto trascendental,* para decirlo por su nombre— o sea la cristalización psíquica más ejemplar que produce nuestra propia ceguera, al menos en nombre de esa prestación irreductible que induce y alimenta a la vez: el *desconocimiento* crónico de uno mismo por sí mismo. Se trata de otra manera de evocar, a propósito del sujeto de la ciencia, la escotomización que le es constitutivamente implícita, la de esa parte de nosotros mismos que se sustrae porque estamos separados de ella, por más que nos "constituye" a través de los arcanos de la función significante: el inconsciente.

En ese sentido, el psicoanálisis no podría permanecer ajeno al sujeto de la ciencia que, por medio de esa forclusión del sujeto dividido, ejemplifica la incidencia subversiva del inconsciente y la estructura subjetiva que pone de manifiesto.

La formulación del *cogito* aparece en dos obras fundamentales de Descartes: en la cuarta parte del *Discurso del método*[3] y en la segunda de las *Meditaciones metafísicas.*[4] El cogito no está expresado exactamente de la misma manera en los dos textos. Sin duda, presenta su expresión más problemática en el *Discurso del método*, a pesar de ser la más difundida, presentada bajo el aspecto de una forma casi silogística: "*Pienso, luego soy*". En las *Meditaciones metafísicas* el enunciado es más lacónico: "*Soy, existo*". Sobre la *coma*, que hace cesura, recae el peso de tomar el relevo del "luego" del enunciado precedente y de haber excitado más aún a los grandes espíritus, entre ellos al de Lacan quien agrega a ese "*ego sum, ego existo*" la enigmática proposición complementaria: "*sum igitur praecise tantum res cogitans*".

A no dudarlo, esa "cosa pensante" que ha dado lugar a los más grandiosos comentarios filosóficos, merecía que Lacan subrayara, desde su primer seminario sobre *La identificación*, que lo esencial de la actividad filosófica desde el cogito había consistido justamente en esfuerzos destinados a desembarazarse de él.[5]

Así como Descartes, en la esencia misma de su cogito, ha contribuido a fundar un determinado tipo de estructura subjetiva, en igual proporción se han esforzado Freud y Lacan por destituir sus fundamentos al demostrar no sólo el carácter ilusorio del dominio omnipotente y unitario de la *res cogitans* sino también su escisión constituyente (la división del sujeto) que tiene como resultado el espejismo persistente del Yo (*Moi*) que se toma por el Yo (*Je*).

Aunque más no fuera en sentido analógico, podríamos

hacer valer el carácter diacrónicamente invertido de las dialécticas implementadas en el desarrollo del cogito cartesiano y en la vectorización del *tiempo lógico* de Lacan respectivamente.

El cogito está legítimamente fundado en relación con el lugar privilegiado que ocupa en la topografía especulativa de Descartes, pero también debido a su despligue orientado, en cuyo transcurso podemos poner en evidencia la puntuación temporal que opera de modo implícito en los procesos de edificación subjetiva que constituye:

La duda → el cogito → la construcción del saber

Lacan, por su parte, define el "tiempo lógico"[6] como la vectorización fundamental que puntúa el desarrollo de la cura en tres momentos decisivos referidos a la *destitución subjetiva*:

El instante de la mirada	→	El tiempo para comprender	→	El momento de concluir

Pareciera entonces existir una correspondencia metafórica entre las dos diacronías ternarias, con la condición de que pongamos el acento en la simetría invertida que justifica, precisamente, el antagonismo radical de sus términos respectivos:

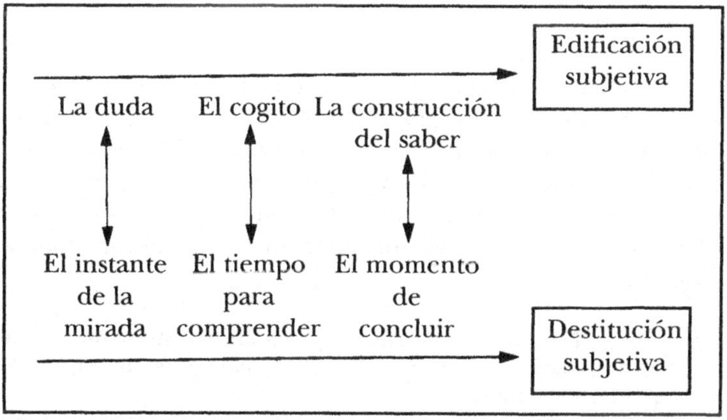

A pesar de que la crítica emprendida por Lacan sobre el cogito se sitúe en diversos niveles y en diversos tiempos, recae, empero, siempre sobre "la espina dorsal" del cogito, o sea el "Yo" (Je), tanto el del "Yo pienso" como el del "Yo soy".

Sin embargo, para refutar una objeción que en apariencia sería legítimo hacer a Lacan en las diferentes argumentaciones que consagra al cogito, tomemos la prevención de formularla desde un comienzo. Y tanto más cuanto que fue hecha a Descartes en vida y que la respondió en una carta dirigida a "Reneri para Pollot", fechada, según los comentaristas, en abril o mayo de 1638.[7]

En síntesis, esa crítica dirigida a Descartes giraba en torno del siguiente argumento: la proposición "*pienso, luego soy*" no es más segura que la proposición "*respiro, luego soy*". A primera vista, la observación puede parecer banal; pero lo es menos si la ponemos en perspectiva con el razonamiento que desarrolla Lacan cuando compara el "pienso" con el "miento" de Epiménides el Cretense.

La respuesta de Descartes fue tan breve como magistral. ¿Se puede concluir sobre la propia existencia por el solo hecho de la propia respiración? Es imposible, puesto que habría que probar que es verdadero que se respira, lo cual no tiene sentido alguno en tanto no hayamos aportado la prueba de que existimos. El "pienso" y el "respiro" no tienen en modo alguno el mismo estatuto.

Desde un comienzo, Lacan apresa el cogito cartesiano en el terreno de la crítica lógica. El "yo pienso" no le parece "lógicamente más sustentable, más soportable que el yo miento"[8], puesto que, tanto en uno como en otro caso, se trata de una misma "apariencia de sentido". Por otra parte, algunos años más tarde, encontramos la formulación de una misma observación:

> [...] el estatuto del yo pienso [...] podría ser influenciado por la connotación del eso no quiere decir nada — del mismo modo que el del yo miento.[9]

De hecho, la paradoja del mentiroso tejida en torno de la proposición de Epiménides el Cretense constituye un ejemplo de ese tipo. Si es verdadero que todos los cretenses son mentirosos, ¿qué sucede con la proposición de Epiménides: "Yo miento"? ¿Es verdadera la fórmula o no? La racionalidad habitual de la lógica no permite responder. Al articular: "Yo miento", Epiménides enuncia una proposición verdadera, puesto que es cretense. Por lo mismo, entonces, no miente. Pero no obstante, hay que convenir en que de todos modos miente puesto que al decirlo afirma lo contrario.

Ese tipo de paradoja lógica ha prosperado bajo las más variadas formas. Mencionemos algunas de sus apariciones más canónicas.

En primer lugar, una de sus ilustraciones literarias, extraída del célebre *Don Quijote* por el lógico Church. Un gobernador detenta el control de un territorio atravesado por un río cruzado por un solo puente. El gobernador ha dictado una ley según la cual quienquiera que se proponga atravesar el puente deberá enunciar, bajo juramento, el motivo que justifica su pasaje, dado que será colgado si se demuestra que no ha sido fiel a su juramento. Un día, se presenta un sujeto y declara, bajo juramento, que viene a hacerse colgar. Los garantes de la ley se pierden entonces en conjeturas insolubles. ¿Cómo aplicar legítimamente la ley ante semejante caso? En justicia, la mencionada ley debe no sólo ser *necesaria* sino también *suficiente*: si debe condenar a los culpables, es preciso también que proteja con seguridad a los inocentes. Todas las argucias lógicas que pueden ser mobilizadas para tratar ese caso particular son inadmisibles en la medida en que conducen de modo inevitable a la siguiente solución: ya sea que el sujeto sea colgado o no, la ley no es aplicada legítimamente.[10]

Bertrand Russell nos propone otro modelo de esa aporía lógica en su famosa *paradoja de los catálogos*. Convengamos en redactar el catálogo de todos los catálogos, con la reserva de que no se mencione a sí mismo. Si ese catálogo se menciona, entonces no tiene en cuenta la cláusula de reserva antes estipulada. Por lo tanto, esa posibilidad debe ser rechazada.

Pero si la rechazamos, ese catálogo que no se menciona a sí mismo, debe ser inscrito con el mismo criterio que todos los otros catálogos. En tales condiciones, contraviene entonces la prescripción inicial, etcétera.

Bajo una forma más abstracta, Rudolph Carnap articula el mismo problema en los términos de la paradoja de lo impredicable.[11] Denominemos "predicable" (atribuible) a un concepto que se aplica a sí mismo y e, inversamente, "impredicable" a un concepto que no se aplica a sí mismo. ¿El concepto impredicable es predicable, es decir, se aplica o no a sí mismo? Si es predicable, se aplica a sí mismo. Por lo tanto es impredicable ya que, por definición, no puede aplicarse a sí mismo. Pero si es impredicable, se dice a sí mismo predicable, puesto que se atribuye algo a sí mismo. En tales condiciones, siendo predicable no cumple la cláusula de no deber aplicarse a sí mismo, etcétera. La transcripción lógica de ese problema es especialmente sencilla:

1º) Es impredicable un concepto que no se aplica a sí mismo:

$$\text{Impr}\ (F) \equiv \neg\ F\ (F)$$

2º) Si aplicamos a esa fórmula las leyes de sustitución lógica arribamos de modo inevitable a la antinomia que acaba de ser descrita, o sea a la proposición:

$$\text{Impr}\ (\text{Impr}) \equiv \neg\ \text{Impr}\ (\text{Impr})$$

De hecho, esa escritura lógica expresa una contradicción en la medida en que el primer miembro de la proposición implica su propia negación.

La paradoja de Epiménides el mentiroso es susceptible de una transcripción lógica idéntica. Por multiformes que sean esas representaciones paradójicas, todas ellas se alimentan de un mismo consenso lógico sintetizado por Cantor en 1899, a propósito de la *noción de conjunto de todos los conjuntos que no son miembros de sí mismos* y formalizado en torno del teorema de la teoría de los conjuntos sobre el poder de los conjuntos.

Conocemos los tesoros de energía especulativa que han debido dispensar los lógicos para yugular formalmente esas antinomias discursivas. A manera de ejemplo, describamos la *teoría de los tipos*[12] forjada por Bertrand Russell,[13] cuya sutileza operatoria consiste en estructurar de modo coherente los niveles de lenguaje, o sea en formalizar lógicamente una jerarquía de metalenguajes, dando por supuesto que la verdad o la falsedad de un nivel de lenguaje sólo puede ser sancionada lógicamente a nivel de una instancia de lenguaje superior. En ese sentido, Bertrand Russell anticipa el argumento lógico que Tarski desarrollará sistemáticamente en 1935[14] en relación con la jerarquía de los lenguajes. En su magistral estudio *Significado y verdad*,[15] Bertrand Russell lo explica en los siguientes términos:

> Tarski ha mostrado que los términos 'verdadero' y 'falso', cuando se aplican a las frases de un lenguaje dado, requieren siempre otro lenguaje, de un orden superior, a falta del cual no pueden definirse de modo adecuado. Esa concepción de una jerarquía de los lenguajes está ya presente en la teoría de los tipos [...]. En virtud del argumento desarrollado por Tarski, queda claro que los términos "verdadero" y "falso" no pueden producirse en el lenguaje primario, ya que esos términos, en la medida en que se aplican a frases en el $n^{\text{ésimo}}$ lenguaje, pertenecen al (n + $1^{\text{ésimo}}$ lenguaje [$n^{\text{ésimo}} + 1$ lenguaje]).
>
> Eso no significa que las frases del lenguaje primario no son ni verdaderas ni falsas, sino que si "p" es una frase de dicho lenguaje, las dos frases "p es verdadera" y "p es falsa" pertenecen al lenguaje secundario.[16]

Dueño de esta argumentación lógica y a pesar de ella, Lacan sigue acosando al "yo miento" de la paradoja del mentiroso, para hacerle entrar en razón a la luz de la experiencia del inconsciente:

> Resulta muy fácil desmontar esa supuesta dificultad lógica y mostrar que la supuesta dificultad en la que reposa ese juicio se

debe a lo siguiente: el juicio que comporta no puede referirse a su propio enunciado, es un colapso: esa pseudodificultad se origina en la ausencia de distinción de dos planos, debido a que el acento recae sobre el "yo miento" mismo sin que se lo distinga: con esto les quiero decir que, a falta de esa distinción, no se trata de una verdadera proposición.[17]

Lacan franquea con facilidad el paso siguiente al sugerirnos que consideremos que el "yo pienso" de Descartes puede remar en la misma galera que el "yo miento". Por lo demás, para convencernos mejor, recordemos la audaz comparación que establece entre Freud y Descartes.

En su seminario *Los cuatro conceptos fundamentales del psicoanálisis,*[18] Lacan señala hasta qué punto el procedimiento de Freud es cartesiano en su punto de origen, en el sentido de que parte del fundamento del sujeto de la certeza: "la duda es la base de su certeza".[19] No obstante, desde el comienzo de su obra, la "duda" demuestra ser en Freud el instrumento de la certeza de un pensamiento inconsciente. En consecuencia, aunque pudiéramos definir "un punto en el que se aproximan, convergen, las maneras de proceder de Descartes y de Freud",[20] desde el comienzo de esa analogía los caminos divergen. Si bien para Freud, al igual que para Descartes, se trata de formular proposiciones "de aquello de lo que se puede estar seguro",[21] la duda freudiana está por completo al servicio de un objetivo diametralmente opuesto al de Descartes. A partir de *La interpretación de los sueños* esa duda no aparece como índice de un conocimiento incierto sino por el contrario como el signo de algo seguro.

Mientras que Descartes apela a la experiencia del sueño como la prueba más evidente de la incertidumbre de nuestros conocimientos, Freud llega a la conclusión inversa: cuanto más nos hace dudar el sueño, más confirma la duda algo verdadero. El contenido del sueño, por el hecho de que siempre tiende a sustraerse, pone a prueba sin cesar la memoria del sujeto. En consecuencia, cuanto más duda este último, más se confirma en él la seguridad de que algo intenta sustraerse, y más comprueba el abismo "manifiesto entre lo que ha sido vivido y lo que es referido".[22] Y, subraya Lacan, porque para Freud la duda se presenta como el "signo de la resistencia",[23] se convierte en indicio de la certeza de que algo del sujeto intenta preservarse, a la vez que se esfuerza por hacerse oír, a costa de disfrazarse con el hábito de la duda:

> Descartes nos dice: *Estoy seguro, porque dudo, de que pienso* y [...] *Por pensar, soy.*
>
> De una manera exactamente análoga, Freud, cuando duda —pues al fin y al cabo se trata de sus sueños y, al comienzo, quien duda es él— está seguro por eso de que en ese lugar hay un pensamiento, que es inconsciente, lo cual quiere decir que se revela como ausente. A ese lugar convoca, en cuanto trata con otros, el *yo pienso* en el cual se va a revelar el sujeto. En suma, está seguro de que el pensamiento ése está allí por sí solo con todo su *yo soy*, por así decir — por poco que alguien, y ése es el salto, piense en su lugar.
>
> Aquí se revela la disimetría entre Freud y Descartes. No está en el paso inicial de la fundamentación de la certeza del sujeto. Radica en que el sujeto está como en su casa en el campo del inconsciente. Y porque Freud afirma su certeza, se da el progreso mediante el cual nos cambia el mundo [...]
>
> Descartes no lo sabía, salvo que era sujeto de una certeza y rechazo de todo saber anterior; pero nosotros sabemos, gracias a Freud, que *el sujeto del inconsciente se manifiesta, que ello piensa, antes de entrar en la certeza.*[24]

En realidad, ¿qué interroga fundamentalmente Descartes en el transcurso del razonamiento especulativo que subyace en la articulación del cogito? Hemos de admitir que, al final de su *examen hiperbólico*, lo único que resiste a la duda es, justamente, la cuestión del sujeto. A tal punto que Descartes obtiene la certeza de su existencia del solo hecho de que piensa. Así, como lo estipula Lacan, el cogito cartesiano se revela como una "experiencia filosófica de la búsqueda del sujeto".[25] Más adelante, al avanzar en su pensamiento, no puede más que confirmar:

> [...] es sin duda el sujeto mismo que es interrogado quien busca serlo como tal: el sujeto en tanto que se pone en juego toda la verdad en relación con él, [...] lo que es interrogado no es lo real y la apariencia, la relación de lo que existe y lo que no existe, de

lo que permanece y lo que se pierde, *sino el hecho de saber si uno puede confiar en el Otro*, si como tal lo que el sujeto recibe del exterior es un signo fidedigno.[26]

En efecto, toda la significación y el alcance de esa duda hiperbólica de Descartes consiste en interrogar sin reservas toda la red de los signos exteriores que constituyen el conocimiento y en los que estamos inmersos. Pero, por el hecho de definirse justamente como "hiperbólica", la duda tampoco soslaya al ser mismo del sujeto que cuestiona todo. En última instancia, Lacan percibe en esa manera de proceder cartesiana una interrogación radical referida a la "*esencia subjetal*" como tal, es decir lo que pasa con el sujeto aún antes de que esa esencia llegue a nombrarse. Por lo demás, en Descartes, es verdad que esta denominación aparece en un segundo paso: la *res cogitans* sobreviene posteriormente al "pienso luego soy". Para Lacan no existe duda alguna de que el cuestionamiento hiperbólico de Descartes se apoya en ese algo que buscamos como lo que es el sujeto antes de que se nombre,[27] o sea el estatuto del sujeto antes de que haga uso de su nombre, es decir de un significante utilizable para lo que tiene que notificar. De este modo, queda convocada implícitamente la categoría del *nombre propio* y el estatuto significante singular que representa para el sujeto: esto es, el de un *rasgo unario* con el que el sujeto *se identifica*.

Notas

1. Sin pretender ser exhaustivo, propongo referencias explícitas al *cogito* en:

— *Ecrits, op.cit.*, 1º) "L'instance de la lettre dans l'inconscient ou la raison depuis Freud" (1957), págs. 516-517; 2º) "Subversion du sujet et dialectique du désir dans l'inconscient freudien", pág. 809; 3º) "Position de l'inconscient au congrès de Bonneval reprise de 1960 en 1964", pág. 831; 4º) "La science et la vérité" (1º de diciembre de 1965), págs. 856-865 [Versión castellana en *Escritos, op.cit.*, tomo 1 y 2];

— *Le désir et son interprétation* (1958-1959), seminario del 8 de abril de 1959, en Ornicar?, Nº 25, apertura de curso 1982, págs. 13-36, y 24 de junio de 1959, inédito;

— *L'identification, op.cit.*, seminarios inéditos del 15 y 22 de noviembre de 1961, del 10 y 17 de enero de 1962;

— *Les quatre concepts fondamentaux de la psychanalyse, op.cit.*, seminarios del 29 de enero de 1964, págs. 36-37, 26 de abril de 1964, págs. 128-129, 3 de junio de 1964, págs. 202-205;

— *La logique du fantasme* (1966-1967), inédito, seminarios del 14 y 21 de diciembre de 1966, 11, 18 y 25 de enero de 1967, 1º de febrero de 1967, 7 de junio de 1967;

— *L'acte psychanalytique* (1967-1968), inédito, seminarios del 10, 17 y 24 de enero de 1968, 28 de febrero de 1968, 6 y 20 de marzo de 1968;

— *L'envers de la psychanalyse*, Livre XVII (1969-1970), París, Seuil, 1992, seminario del 20 de mayo de 1970, págs. 176-183; [Versión castellana: *El seminario*, libro 3: *El reverso del psicoanálisis*, Barcelona, Paidós, 1992.]

— "Radiophonie", en *Scilicet*, Nº 2/3, París, Seuil, 1970, pág. 89 [Versión castellana: Psicoanálisis: Radiofonía & Televisión, Barcelona, Anagrama, 1977].

2. Lacan, J., "La science et la vérité", en *Ecrits, op.cit.*, pág. 863 [Versión castellana: "La ciencia y la verdad", en *Escritos, op.cit.*, tomo 2].

3. Descartes, R., *Discours de la méthode* (1637), París, Léopold Cerf (1897-1909), Edition Ch. Adam y P. Tannery (A.T.), tomo VI. [Versión castellana: *Discurso del método*, Barcelona, Vosgos, 1969.]

4. Descartes, R., *Méditations métaphysiques, ibíd.*, tomo IX, pág. 21 [Versión castellana: *Meditaciones metafísicas*, Madrid, Aguilar, 1962.]

5. Lacan, J., *L'identification, op.cit.*, seminario inédito del 15 de noviembre de 1961.

6. Cf. Lacan, J., "Le temps logique et l'assertion de certitude anticipée. Un nouveau sophisme" (1945), en *Ecrits, op.cit.*, págs. 197-213 [Versión castellana: "El tiempo lógico y el aserto de certidumbre anticipada. Un nuevo sofisma", en *Escritos, op.cit.*, tomo 1).

7. Cf. Descartes, R., "Correspondance", en *Œuvres philosophiques*, París, Garnier, 1967, tomo II, pág. 53.

8. Lacan, J., *L'identification, op.cit.*, seminario inédito del 15 de noviembre de 1961.

9. Lacan, J., *Les quatre concepts fondamentaux de la psychanalyse, op.cit.*, pág. 128 (subrayado por el autor).

10. He desarrollado la demostración matemática de esa solución en el campo de la lógica proposicional en mi trabajo. *L'a-scientificité de la psychanalyse*, tomo 1. *L'aliénation de la psychanalyse*, París, Editions Universitaires, coll. Emergences, 1988, págs. 156-158.

11. Cf. Carnap, R., *Logische Syntax der Sprache*, Viena, Verlag Springer, 1934; trad. Von Zeppelin, *The Logical Syntax of Language*, Londres, Routledge and Kegan Paul, 1937.

12. He desarrollado de modo sintético la argumentación de la teoría

de los tipos en mi trabajo: *L'a-scientificité de la psychanalyse*, tomo 1. *L'aliénation de la psychanalyse*, *op.cit.*, págs. 158-159.

13. Cf. Russell, B., "La théorie des types logiques", en *Cahiers pour l'analyse*, Nº 10, *La formalisation*, París, Seuil, 1969, págs. 53-83.

14. Cf. Tarski, A., *Der Wahrheitsbegriff in der formalisierten Sprachen*, en *Studia philosophica*, 1935; trad., *Logic, semanticf and metamathematics*, Oxford, 1956.

15. Russell, B., *Signification et vérité*, París, Flammarion, 1959. [Versión castellana: *Significado y verdad*, Barcelona, Ariel, 1983.]

16. *Ibíd.*, págs. 74-75.

17. Lacan, J., *L'identification*, *op.cit.*, seminario inédito del 15 de noviembre de 1961.

18. Lacan, J., *Les quatre concepts fondamentaux de la psychanalyse*, *op.cit.*, cf. sobre todo el seminario del 29 de enero de 1964, págs. 31-41.

19. *Ibíd.*, pág. 36.

20. *Ibíd.*

21. *Ibíd.*

22. *Ibíd.*

23. *Ibíd.*

24. *Ibíd.*, págs. 36-37 (subrayado por el autor, excepto el subrayado de la última frase, que es mío).

25. Lacan, J., *L'identification*, *op.cit.*, seminario inédito del 10 de enero de 1962.

26. *Ibíd.* (el subrayado es mío).

27. Cf. *ibíd.*, "la nominación [...] es lo que atañe al nacimiento del sujeto, el sujeto es lo que se nombra".

4

El rasgo unario

Sobre la base de ese primer enfoque del cogito cartesiano, Lacan nos propone examinar con más atención, a partir del yo pienso, el estatuto de "ese sujeto que es el nuestro".[1] ¿Por qué el nuestro? Porque justamente *desde el punto de vista del psicoanálisis* no podemos hablar del sujeto de un saber:

> [...] no hubo, en el linaje filosófico que se ha desarrollado a partir de las investigaciones cartesianas llamadas del cogito, [...] más que un sujeto que resaltaré [...] de este modo: *el sujeto de quien se supone que sabe.*[2]

Por lo demás, el yo pienso está siempre investido en el campo de la experiencia analítica de una connotación particular. Prueba de ello sería la fórmula de rigor: "¿En qué piensa?" que apela no a la solicitación de un saber sino a las *asociaciones libres.* Y Lacan precisa:

> [para] nosotros, analistas, ese en qué yo pienso que podemos captar, remite a un de qué y desde dónde a partir del cual yo pienso que, necesariamente, se sustrae.[3]

Más tarde, en su seminario *Aún,*[4] describirá de manera aún más radical lo que subsiste del yo pienso cuando éste es sometido a la prueba del análisis:

> [...] de la sustancia pensante se puede decir que, después de todo, la hemos modificado sensiblemente. Desde aquel pienso

que, por suponerse a sí mismo, funda la existencia, hemos tenido que dar un paso, el del inconsciente.

Como hoy ando dándole vueltas a lo del inconsciente estructurado como un lenguaje, sépase: esta fórmula cambia totalmente la función del sujeto como existente. El sujeto no es el que piensa. El sujeto es propiamente aquel a quien comprometemos, no a decirlo todo, que es lo que le decimos para complacerlo —no puede decirse todo— sino a decir necedades, ahí está el asunto.

Con estas necedades vamos a hacer el análisis, y entramos en el nuevo sujeto, que es el del inconsciente. Justamente en la medida en que nuestro buen hombre consienta en no pensar, podremos, a lo mejor, saber algo un poquito más preciso.[5]

Con frecuencia, a ese "¿En qué piensa?" le sigue la inevitable respuesta: "No sé". Como lo señala Lacan, la negación no, en realidad, no le atañe al sé, sino al yo (je). Lo que falta, entonces, no es el saber sino lo que soporta la función del embrague yo (je) que se desvanece, a tal punto que ya no se le puede referir un saber, al menos de manera provisoria. Pero de modo paradójico, hay que convenir en que algo del sujeto persiste, aunque más no fuera al enunciar que ese yo (je) no es movilizable como sujeto de un pensamiento. Eso justifica, para el sujeto, la existencia de un lugar a partir del cual algo hace que yo (je) pueda pensar, e incluso que al pensar ese yo (je) pueda cegarse por completo acerca de la verdad del saber que se atribuye.

El uno y el amor

En cuanto a esa ceguera del yo (je) se comprueba en el amor que, lo más a menudo, no es sino un malentendido radical

pienso que me quiere [...] quiere decir que van a empezar los líos.[6]

Esa fórmula tiene validez sobre todo porque subraya la dimensión del no quiero saber nada de eso que subyace, aquí, en el yo pienso, y sitúa de entrada el punto de origen del amor, o sea su propio escollo, en esa convicción: "*no somos más que Uno*".[7] Ahora bien, Lacan observa:

> Por supuesto, todos saben que jamás ha sucedido que dos hagan Uno solo [...] De ahí parte la idea del amor.[8]

En efecto, la única y verdadera palabra de amor que reduce auténticamente a la nada nuestras mejores aspiraciones es la siguiente:

> *Te pido que rechaces lo que te ofrezco, porque eso no es eso.*[9]

Sin duda, parece ser que toda proposición de amor pasa necesariamente bajo las horcas caudinas de ese requerimiento imputable a lo real de la diferencia de los sexos. En otras palabras, el malentendido es inevitable porque se funda en el desconocimiento (yo pienso...) del hecho de que una demanda siempre supone un vacío imposible de colmar. En ese sentido, el amor ratifica una determinada "pasión que puede ser la ignorancia del deseo".[10] Remitámonos al comentario de Lacan:

> [...] *te pido*—¿qué?—*que rechaces*—¿qué?—*lo que te ofrezco* —¿por qué?—*porque no es eso*—*eso*, saben qué es, el objeto a. El objeto a no es ningún ser. El objeto a es lo que supone de vacío una demanda [...] *No es eso* quiere decir que, en el deseo de toda demanda, sólo hay la solicitud del objeto a.[11]

El malentendido opera en el amor en cuanto se intenta tomar a cualquier otro por *el objeto a* que daría satisfacción al goce *formando uno consigo*. De esa manera, en el yo pienso de la plenitud de una unidad imaginaria se eclipsa eso que hace que el otro sexuado sea siempre fundamentalmente *heteros*. La exigencia torturante de reciprocidad que acompaña necesariamente al amor es un testimonio de ello:

> [...] *y entonces el amor, ¿es siempre recíproco?*—*¡Pero claro, claro que sí!* Por eso hasta inventaron el inconsciente: para percatarse de que el deseo del hombre es el deseo del Otro y que el amor, aunque se trate de una pasión que puede ser la ignorancia del

deseo, no por ello es capaz de privarlo de su alcance. Cuando se mira de cerca, se pueden ver sus estragos.[12]

Y Lacan prosigue esa instructiva explicación al poner de relieve la nervadura de esta fantasía devastadora:

> El amor es impotente, aunque sea recíproco, porque ignora que no es más que el deseo de ser Uno, lo que nos lleva a lo imposible de establecer la relación de ambos. ¿La relación de ambos, de quiénes? — de ambos sexos.[13]*
>
> [...] si bien es cierto que el amor tiene relación con el Uno, jamás hace salir a nadie de sí mismo.[14]

El amor, por el hecho de que alimenta una constante de inercia directamente proporcional a *la impotencia de hacer Uno con dos,* induce de modo inevitable un lastre de incertidumbre susceptible de hacer vacilar las garantías especulativas mejor fundadas. Por lo demás, cuando cambia bruscamente de dirección, el no quiero saber nada de eso del sujeto se manifiesta en lo más profundo de sí mismo a través del fascismo imperioso de las exigencias de comprensión. Entonces el amor debe devenir íntegramente explicable en el orden de las razones, y el yo pienso intenta otorgarse su control absoluto.

El totalitarismo de esa ceguera subjetiva está en connivencia con la estructura del deseo del sujeto que es, fundamentalmente, deseo del deseo del Otro. Si bien el amor es ignorancia del deseo, esa estructura del deseo es, empero, la que puede salvar al sujeto atascado en la intimación que prescribe al amor de que se someta al orden de las razones.

No obstante, el surgimiento del deseo hacia otro, al igual que su eclipse, no depende en modo alguno de ese orden de las razones, sino de un objeto destinado a una inevitable metonimia. De alguna manera, el *Uno del amor* es el no quiero saber nada de esa metonimia. Mientras que *el objeto del amor* traduce la movilización del deseo del sujeto al servicio del Uno, *el objeto del deseo,* en calidad *de objeto a,* se caracteriza justamente por por el

* Homofonía entre de ellos (d'eux) y dos [deux]. [T.]

hecho de no existir como ser. Eso da como resultado el hecho de que el amor sea ciego desde el momento en que el yo pienso conduce a la certeza de que el otro amado es ese objeto del deseo.

La expresión más corriente de ese malentendido se sitúa en la confusión del sujeto entre el *deseo de reconocimiento* y el *reconocimiento del deseo.* El deseo de ser reconocido por el otro es una exigencia del amor tanto más torturante cuanto que es imposible formar Uno con él. El reconocimiento del deseo, en cambio, puede situarse en los antípodas del amor, puesto que supone que el sujeto asume que el deseo es necesariamente una apelación a la metonimia de los objetos sustitutivos, objetos que el yo pienso no debe ni comprender ni, siquiera, justificar.

> [...] lo que busca el deseo en el otro es menos lo deseable que lo deseante, es decir, lo que le falta [...] Deseo al otro como deseante y cuando digo como deseante no he dicho siquiera, expresamente no he dicho como deseante de mí: porque soy yo quien desea y, al desear el deseo, ese deseo no podría ser deseo de mí si me encuentro en esa vertiente en la que estoy muy seguro, es decir, si me amo en el otro, dicho de otro modo, si me amo a mí mismo.
>
> Pero entonces abandono el deseo. Lo que quiero acentuar de esta manera es el límite, la frontera que separa el deseo del amor: lo que no quiere decir, por supuesto, que no lo condicione de todas las formas imaginables —ahí radica, justamente, todo el drama.[15]

En consecuencia, del pienso al amor hay sólo un paso, el paso del Uno, precisamente.

Del uno al rasgo unario

En su seminario *La identificación* Lacan define al *Uno* por medio de una proposición que, en apariencia, desafía tanto los hábitos de la razón como los criterios corrientes de la lógica de la identidad:

> *El Uno como tal es el Otro.*[16]

El Uno se presenta entonces como una entidad que, en apariencia, sólo puede ser designada como *la estructura de la diferencia como tal*.

Propongo aclarar de inmediato esa singularidad por medio de una breve viñeta clínica.[17]

Se trata de un niñito de seis años, diagnosticado *aparentemente* como un niño caracterial. Hacía psicoterapia con una psicóloga escolar. Durante una de las sesiones, el niño le relató una aventurilla que le acababa de suceder. La historia se sitúa en la época de Navidad. Acompaña a la madre a una gran tienda. Como corresponde, en la sección de los juguetes encuentra a Papá Noel. Se desarrolla toda la trama de rigor: le habla, deposita su pedido en la caja prevista a tal efecto, y se sienta algunos instantes en sus rodillas para tomarse una fotografía. Extasiado, el niño deja el escaparate de los juguetes en medio de un total encantamiento.

Unos momentos después, al salir de la tienda, la madre advierte que ha olvidado hacer alguna compra. Sin demora, se precipita con él en una tienda cercana. A la vuelta de un escaparate, el niñito se inmoviliza, desconcertado, al descubrir a *otro* Papá Noel encaramado sobre un montón de juguetes. Exige a la madre que lo lleve con él de inmediato. La madre, apurada, se niega y arrastra a su hijo en dirección opuesta. Absolutamente furioso, el niño entra al instante en una crisis clástica de una violencia excepcional que despliega en los diversos escaparates de la tienda. La madre, sin saber qué hacer, impotente y en el límite de su paciencia, termina por decirle de modo enérgico, a falta de argumentos: "¡Basta! Ya has visto a *un* Papá Noel". De manera inesperada, el niño se calma al instante. Todo vuelve al orden, excepto el zafarrancho dejado a su paso; y la madre sigue dedicándose tranquilamente a sus ocupaciones.

Algunos días más tarde, el niño le relata esa aventura a su psicoterapeuta y la interroga de una manera muy insistente sobre el siguiente punto: "¿Puede un Papá Noel encontrarse en dos lugares diferentes en el mismo momento?".

La psicóloga, con gran imprudencia, le asegura que es algo

muy posible ya que existe *un solo* Papá Noel que, por lo tanto, debe estar en todos lados al mismo tiempo.

El efecto catártico no se hace esperar: algunos días después, el niño desarrollaba un grave terror a la ubicuidad bajo un modo casi delirante. Por otra parte, la continuación de ese episodio confirmó ampliamente el estado psicótico del niño, que la ligereza de algunos tests apresurados había consignado bajo la rúbrica de personalidad caracterial.

Más allá de esta descripción y de su contexto clínico, volvamos de modo más directo a la problemática del *Uno.* En este episodio, todo sucede como si la descompensación delirante del niño se hubiera estructurado en torno de dos enunciaciones. Por una parte la respuesta de la madre exasperada: "¡Basta! Ya has visto a *un* Papá Noel". Por otra, la interpretación de la psicoterapeuta: "Como sólo existe uno, debe estar en todos lados al mismo tiempo".

Por anodinos que parezcan a primera vista, estos dos enunciados denotan sin embargo una distinción fundamental: en primer lugar, la del *Uno* en tanto *estructura de la pura diferencia*; en segundo lugar, la del *Uno* como *estructura de la identidad*, es decir embrague de la unificación.[18]

En realidad, la respuesta de la madre significa simbólicamente que es el *Uno* el que funda la posibilidad de un otro. "Ya has visto uno" es una enunciación que supone implícitamente la existencia de *al menos un otro*, en el sentido de *heteros*, es decir, en el sentido de la diferencia. En consecuencia, no existe unificación potencial alguna puesto que el *Uno* induce la posibilidad misma de la diferencia. En cambio, abre la posibilidad de una enumeración, o sea la sucesión eventual de *otros* Papás Noel diferentes que pueden, como él, estar en otros lugares a un mismo tiempo.

En la respuesta de la psicoterapeuta, el *Uno* está investido de un estatuto totalmente distinto. Se basa fundamentalmente en una *identidad lógica* en el sentido del principio de identidad de la lógica clásica, tanto la de la lógica aristotélica, la de Port-Royal e incluso la de determinados capítulos de la lógica matemática contemporánea. En un contexto lógico como ése, el *Uno* tiene un estatuto de *pura unicidad* y no de pura diferencia, debido, justamente, a los axiomas que dan consistencia a la lógica: el principio de identidad, el principio de no contradicción y el principio del tercero excluido. En consecuencia, el *Uno* significa algo en sí mismo y por sí mismo. En ciertos aspectos, esa *autarcía* del *Uno* garantiza que *A es A* y que *A no es no-A*, o también, como recuerda Lacan, que no se pueden "sumar paños con toallas, puerros con zanahorias y así sucesivamente".[19] En tales condiciones, si Papá Noel es *Uno*, entonces no puede ser a la vez él y no-él, es decir *Uno* y *no-Uno*. A lo sumo, la psicoterapeuta con su intervención no quería romper a los ojos del niño el encantamiento imaginario de *Un Papá Noel*. Pero para ella ese *Uno* estaba investido de la unicidad identitaria de la lógica. En ese sentido, y considerando el contexto psicopatológico del niño, esa respuesta indujo la formación sintomática de un terror a la ubicuidad.

Lacan insiste precisamente sobre esa diferencia entre el *Uno del rasgo unario* que es "soporte como tal de la diferencia"[20] y el *Uno* como *soporte de la identidad*, es decir inductor de la unificación.

¿Cómo puede *el Uno* producir *el otro*, hasta tal punto de ser el operador que instituye la diferencia?

Ilustraremos de inmediato esta cuestión con un breve chiste judío. En el transcurso de la última guerra, en Francia, durante la ocupación, dos judíos ven llegar a lo lejos a dos alemanes. Entonces uno de los judíos le dice al otro: "Cambiemos de acera. Ellos son dos y nosotros estamos solos". Más allá de la interpretación psicoanalítica de la *pequeña diferencia* que ha formulado Freud, los dos judíos del chiste, debido a su prodigioso humor, articulan precisamente esa otra diferencia que consiste en no ser más que *uno* ante el *otro*. Lo que equivale a decir: el uno es el otro, implica afirmar que el *Uno produce la diferencia*, en este caso, que el *Uno* produce el *dos*.

No se trata de una cuestión del todo original, ya que encontramos gran cantidad de huellas en la filosofía, a propósito del problema tradicional de lo *Uno* y de lo *múltiple*. Podemos mencionar a Parménides, Plotino, el atomismo de Heráclito —para citarlos sólo a ellos— como otros tantos ejemplos que ilustran las especulaciones que se le consagraron.

Evidentemente, Lacan aborda desde un punto de vista distinto la función de ese Uno como unidad de la pura diferencia que definirá bajo la denominación: *rasgo unario*.

El término "rasgo unario" recuerda, sin duda, al famoso *Einziger Zug* —generalmente traducido por *rasgo único*— que menciona Freud a propósito del caso de identificación llamada del segundo tipo, también designada como identificación regresiva:

> [...] el síntoma es el mismo que el de la persona amada (así, por ejemplo, Dora en el "Análisis fragmentario de una histeria", imita la tos del padre); entonces, sólo podemos describir así la situación: *la identificación ha tomado el lugar de la elección de objeto, la elección de objeto ha hecho una regresión hasta la identificación* [...] Cabe observar que, en esas identificaciones, el yo copia una vez a la persona no amada, y la otra vez, por el contrario, a la persona amada. Tampoco se nos debe escapar que la identificación es, las dos veces, parcial, limitada en grado extremo, y que sólo toma un rasgo de la persona-objeto.[21]

No es casual el hecho de que Lacan se base en ese *Einziger Zug* freudiano para circunscribir su noción propia de rasgo unario, en la que ve, justamente: "la faz desvelada de (...) la identificación".[22]

No obstante, si bien remite al rasgo único, el *rasgo unario* tiene un alcance heurístico muy distinto. Prueba de ello es, ya, el deslizamiento interpretativo de *único* a *unario*, para evocar mejor las connotaciones conceptuales que Lacan pretende significar en relación con esa categoría:

> El *Einziger Zug* , que es lo que confiere a esa función su precio, su acto y su resorte, exige aquí, para disipar lo que pudiera persistir de confusión, que introduzca, para traducirlo de la mejor manera y la más fiel posible, el siguiente término, que no es en modo alguno un neologismo, sino un término utilizado en

la teoría de los conjuntos: la palabra *unario* en lugar de la palabra único.[23]

La referencia a la teoría de los conjuntos es tanto más pertinente cuanto que Lacan, en gran medida, se apoyará en el *campo matemático* para circunscribir lógicamente la noción de rasgo unario que, por otra parte, tomará su base operatoria fundamental del *campo lingüístico*.

En efecto, encontramos en los trabajos de Frege la infraestructura matemática que nos permite captar mejor la esencia del rasgo unario a través de la identidad y la consistencia lógica del Uno. En una obra capital intitulada: *Los fundamentos de la aritmética*[24] el matemático Frege logra por primera vez construir la noción de número (número cardinal) mediante procedimientos exclusivamente lógicos, es decir no empíricos. En el transcurso de esa construcción, el *Uno* se define como un operador cuyas propiedades permiten asumir la constitución exclusiva del número como tal. Sin embargo, si el *Uno* aparece como una *unidad* es por el hecho de que el mismo no es considerado en la identidad específica de un número *que puede producir lo no-idéntico a él, es decir lo otro, en tanto unidad estructurante de la diferencia*.[25] Tal es, ante todo, la utilidad de esa propiedad que Lacan retiene para dar consistencia a su concepto de *rasgo unario*.

Del rasgo unario al significante

El otro referente que Lacan convoca para tal fin se remite a las tesis fundadoras de la lingüística estructural, de donde toma los argumentos fundamentales de Saussure. Cuando éste, al hablar del valor del signo, precisa que "en la lengua cada término tiene un valor por oposición a todos los otros términos",[26] intenta poner el acento en la particularidad de los signos lingüísticos por la cual no sólo son significativos por sus contenidos sino que lo son, sobre todo, por las relaciones de oposición que mantienen entre sí en la cadena del discurso. En consecuencia, lo que les otorga su identidad significativa es, ante todo, la referencia al sistema:

El principio de diferenciación, aplicado a la unidad, puede formularse así: *los caracteres de la unidad se confunden con la unidad mism*".[27]

Lacan, por cierto, explotará esa propiedad al insistir en el hecho de que lo que distingue a un signo es precisamente todo lo que no lo constituye: la propia diferencia produce el valor de la unidad. No obstante, la vinculación con el *rasgo unario* sólo se justifica en la medida en que el signo y el significante no pueden ser confundidos en modo alguno. Justamente, debido a la supremacía del significante,[28] cuya importancia en relación con la experiencia del inconsciente y, de modo más general, con la estructura del ser hablante [parlêtre][29] recordará siempre Lacan, ese principio de diferenciación instauradora estará tanto más justificado cuanto que será aplicado al orden del significante como tal:

> [...] lo que distingue al significante es únicamente el hecho de ser lo que todos los otros no son; en el significante, lo que implica esta función de la unidad, es precisamente, el no ser más que diferencia.[30]

Si la prevalencia del significante en el orden simbólico encuentra su mejor expresión en la fórmula de Lacan: "un significante es lo que representa al sujeto para otro significante",[31] la pertinencia de esa proposición sólo se funda en la distinción radical que se ve obligado a establecer Lacan entre el signo y el significante. En su seminario *La identificación* las evocaciones que nos llaman la atención sobre esta diferencia son numerosísimas:

> Un significante se distingue de un signo en primer lugar por lo siguiente [...]: el hecho de que los significantes sólo ponen de manifiesto en primer lugar la presencia de la diferencia como tal y ninguna otra cosa. Por lo tanto, lo primero que eso implica es el hecho de que la relación del signo con la cosa desaparece.[32]

Sin ir más lejos,[33] ya desde ahora podemos estar segturos de la afinidad lógica que existe entre la unidad significante y la función del rasgo unario. Desde todo punto de vista, puede considerarse al significante como la encarnación misma del rasgo unario por la sola razón de que opera en el sujeto como el "soporte como tal de la diferencia".[34]

Lo ilustraremos de inmediato con el siguiente cuento: Tres exploradoras inglesas toman su té en el corazón de un bosque virgen. Mientras se realiza el ritual con la consabida solemnidad, aparece un enorme gorila. Escruta ávidamente a las tres mujeres con una mirada libidinosa, salta sobre una de las tres y desaparece con ella. Luego de un prolongado lapso de piadoso recogimiento impuesto por la ceremonia del té, una de las dos inglesas restantes rompe el silencio y le dice a la otra: "Me pregunto por qué la eligió a ella. ¿Qué tiene que nosotras no tengamos?".

Con la condición de que estemos familiarizados con la relación que mantiene el sujeto con la función del significante, la moraleja de este cuento se evidencia por sí misma: *¡el uno, es el otro!*

Cuentos aparte, la experiencia del inconsciente corrobora esa identificación de la unidad significante con el rasgo unario a través de la dimensión del automatismo de repetición en la que el significante se manifiesta más que nunca como productor de la diferencia. En la repetición sintomática, observamos que "el comportamiento se repite para hacer resurgir a ese significante que es como tal",[35] es decir, al significante originariamente reprimido. Pero es evidente que esa unicidad del significante originariamente reprimido sólo puede producir otra cosa para el sujeto, es decir producir diferencia, puesto que un significante tal sólo puede representarle frente a otro significante. En consecuencia, el hecho de que el ciclo de las repeticiones se desarrolle en forma desfigurada, no tiene más explicación que la propuesta por Lacan en estos términos:

> [...] la paradoja del automatismo de repetición reside en que pueden ver surgir un ciclo de comportamiento inscribible como tal en los términos de una resolución de tensión del par necesidad-satisfacción, y que no obstante, sea cual fuere la función

interesada en ese ciclo, por carnal que la supongan, no deja de ser menos cierto que lo que quiere decir en tanto automatismo de repetición es que está ahí para hacer surgir, para recordar, para hacer insistir algo que sólo es, en su esencia, un significante designable por su función y, en especial, en ese aspecto que introduce en el ciclo de sus repeticiones —siempre las mismas en su esencia [...]— la diferencia, la distinción, la unicidad [...] Digamos que a partir de ahí se puede expresar el comportamiento como el comportamiento número tal, [...] el ataque histérico por ejemplo, [...] que surge como comportamiento número tal. Sólo el número está perdido para el sujeto. Justamente, en tanto que el número está perdido, puede surgir enmascarado en esa función de hacer resurgir detrás de lo que se llamará la psicología de su ataque, detrás de las motivaciones aparentes; y saben bien que en ese punto a nadie le resultará difícil encontrarle el aspecto de una razón [...]

En consecuencia, en ese enlace estructural de algo insertado de modo radical en esa individualidad vital con esa función significante nos encontramos con la experiencia analítica.[36]

Si esta incursión en el automatismo de repetición denota explícitamente la afiliación del significante al rasgo unario, no por ello deja de situar la alienación del sujeto a "la función del significante en tanto es el punto de amarre de algo desde donde se constituye el sujeto".[37] El conocido caso del nombre propio es la ilustración ejemplar del pacto decisivo que se sella, mediante la intermediación de la identificación, entre el rasgo unario, el significante y el sujeto.

Notas

1. Lacan, J., *L'identification, op. cit.*, seminario inédito del 22 de noviembre de 1961.

2. *Ibíd.*, seminario inédito del 15 de noviembre de 1961 (el subrayado es mío).

3. *Ibíd.*, seminario inédito del 22 de noviembre de 1961 (el subrayado es mío).

4. Cf. Lacan, J., *Encore*, Livre XX (1972-1973), París, Seuil, 1975 [Versión castellana: *Aún*, Libro XX, Paidós, 1981].

5. *Ibíd.*, Seminario del 19 de diciembre de 1972, pág. 25 (subrayado por el autor).

6. Lacan, J., *L'identification, op. cit.*, seminario inédito del 15 de noviembre de 1961.

7. Lacan, J., *Encore, op. cit.*, seminario del 16 de enero de 1973, pág. 46 (subrayado por el autor).

8. *Ibíd.*

9. *Ibíd.*, seminario del 8 de mayo de 1973, pág. 101 (subrayado por el autor).

10. *Ibíd.*, seminario del 22 de noviembre de 1972, pág. 11.

11. *Ibíd.*, seminario del 15 de mayo de 1973, pág. 114 (subrayado por el autor).

12. *Ibíd.*, seminario del 22 de noviembre de 1972, pág. 11.

13. *Ibíd.*, pág. 12 (subrayado por el autor).

14. *Ibíd.*, seminario del 16 de enero de 1973, pág. 46.

15. Lacan, J., *L'identification, op. cit.*, seminario inédito del 21 de febrero de 1962 (subrayado por el autor).

16. *Ibíd.*, seminario inédito del 29 de noviembre de 1961 (el subrayado es mío).

17. Este caso clínico ya ha sido descrito en mi artículo: "Approche psychanalytique de la fonction du nom propre", en *Correspondances freudiennes*, Nº 25, 1989, págs. 9-13.

18. No abordaré aquí una problemática diferente que radica en saber cómo la confusión de esta distinción ha podido operar como factor desencadenante de la descompensación psicótica.

19. Lacan, J., *L'identification, op. cit.*, seminario inédito del 6 de diciembre de 1961.

20. *Ibíd.*, seminario inédito del 13 de diciembre de 1961.

21. Freud, S., "Psychologie des foules et analyse du moi", en *Essais de psychanalyse, op. cit.*, pág. 169 (subrayado por el autor).

22. Lacan, J., *L'identification, op. cit.*, seminario inédito del 13 de diciembre de 1961.

23. *Ibíd.*, seminario inédito del 6 de diciembre de 1961 (el subrayado es mío).

24. Frege, G., *Grundlagen der Arithmetik*, Breslau, Max-Hermann Marcus, 1884; trad. C. Imbert, *Les fondements de l'arithmétique*, París, Seuil, 1969.

25. En mi trabajo *L'a-scientificité de la psychanalyse*, tomo 2. *La paradoxalité instauratrice, op. cit.*, págs. 157-164, he desarrollado una síntesis de la construcción que realiza Frege a partir del *Uno*. Cf. también el estudio de J.A. Miller, "La suture. Eléments de la logique du signifiant", en *Cahiers pour l'analyse*, Nº 1: *La vérité*, 2: *Qu'est-ce que la psychologie?*, París, Seuil, 1966, págs. 37-49, donde el autor propone una articulación más general de algunos aspectos de los trabajos de Frege con la enseñanza de Lacan.

26. De Saussure, F., *Cours de linguistique générale*, París, Payot, 1983,

pág. 126 [Versión castellana: *Curso de lingüística general,* Buenos Aires, Losada, 1945]. Cf. también Dor, J., *Introducción a la lectura de Lacan,* tomo 1. *El inconsciente estructurado como lenguaje, op. cit.,* cap. 5: "El valor del signo lingüístico y la puntada en Lacan", págs. 45-51.

27. De Saussure, F., *ibíd.,* págs. 167-168 (subrayado por el autor).

28. Cf. Dor, J., *Introducción a la lectura de Lacan,* tomo 1. *El inconsciente estructurado como lenguaje, op. cit.,* cap. 6: "Metáfora-metonimia y primacía del significante", págs. 52-62.

29. Cf. en particular Lacan, J., 1) "D'un dessein" (1966) en *Ecrits, op. cit.,* pág. 365: "El efecto de verdad [...] culmina en un velo irreductible en el que se marca la *primacía del significante*" [Versión castellana: "De un designio", en *Escritos, op. cit.,* tomo 1); 2) "Situation de la psychanalyse et formation du psychanalyste en 1956", *ibíd.,* pág. 467: "*La primacía del significante sobre el significado* [...] aparece ya como imposible de soslayar en todo discurso sobre el lenguaje, no sin que desconcierte demasiado al pensamiento para que, incluso en nuestros días, haya podido ser enfrentada por los lingüistas", etc. (el subrayado es mío). [Versión castellana: "Situación del psicoanálisis y formación del psicoanalista en 1956", en Escritos, *op. cit.,* tomo 1].

30. Lacan, J., *L'identification, op. cit.,* seminario inédito del 29 de noviembre de 1961.

31. Salvo error de mi parte, puede situárselo por primera vez bajo la pluma de Lacan en "Subversion du sujet et dialectique du désir dans l'inconscient freudien", en *Ecrits, op. cit.,* pág. 819 [Versión castellana: "Subversión del sujeto y dialéctica del deseo en el inconsciente freudiano", en *Escritos, op. cit.,* tomo 2].

32. Lacan, J., *L'identification, op. cit.,* seminario inédito del 6 de diciembre de 1961.

33. La cuestión de la distinción entre signo y significante, con todas las incidencias que implica, será específicamente desarrollada en el capítulo 10: "El significante, el corte y el sujeto", cf. *infra,* pág. 178.

34. Lacan, J., *L'identification, op. cit.,* seminario inédito del 13 de diciembre de 1961.

35. *Ibíd.*

36. *Ibíd.,* seminario inédito del 20 de diciembre de 1961.

37. *Ibíd.*

5

El nombre propio y el rasgo unario

Cuando Lacan aborda la problemática del nombre propio, confronta de entrada el punto de vista analítico con las reflexiones lógicas y lingüísticas que Bertrand Russell y Gardiner han consagrado respectivamente a esa cuestión.

Las reflexiones que desarrolla Bertrand Russell en relación con esa problemática se inscriben en el marco de una especulación epistemológica más amplia, referida al conjunto mínimo de las condiciones de posibilidades lógicas requeridas para la construcción de los conocimientos. En el terreno de esa argumentación lógica, el análisis de Lacan es especialmente lacónico y en él prevalece la alusión en detrimento de una crítica detallada.[1] Las tesis formuladas por Bertrand Russell referidas al nombre propio presentan, empero, el más vivo interés en relación con el estatuto de la subjetividad que Lacan se esfuerza en dilucidar. En forma abreviada, podemos volver a centrarlas de la siguiente manera.[2]

Uno de los objetivos constantes perseguidos por Bertrand Russell en su *Primera filosofía natural* consiste en interrogarse acerca de la influencia de la subjetividad en la elaboración de los enunciados del conocimiento, y el autor se ocupa de definir las estrategias legítimas que podrían neutralizar la incidencia que ésta tiene, en especial bajo la forma de los "particulares egocéntricos". Desde ese punto de vista, una de las reflexiones capitales desarrollada por Bertrand Russell está consignada en su *teoría de las descripciones*, fundada en un comienzo en la distinción que establece entre el "conocimiento por experiencia directa" y el "conocimiento por descripción".[3] Esa "teoría de las descripciones", elaborada explícitamente en un estudio de 1905 intitulado *Sobre la denotación*,[4] puede remitirse a la exposición de los siguientes puntos principales.

Bertrand Russell observa que, en el lenguaje corriente, disponemos de dos medios para designar algo: mediante el *nombre propio* o por la *descripción*. Cuando procedemos por descripción, designamos las cosas por *descripciones indefinidas* (ejemplo: "un hombre ha pasado") o bien según *descripciones definidas* (ejemplo: "el autor de *La interpretación de los sueños*").

Desde el punto de vista epistemológico al que suscribe Bertrand Russell, las "descripciones indefinidas" no plantean ningún problema particular. Siempre pueden ser expresadas en un *lenguaje lógico*, es decir en el lenguaje "prototipo" propuesto para la construcción de los conocimientos válidos, que es el objetivo prioritario que persigue. En consecuencia, la proposición "un hombre ha pasado" se transcribirá lógicamente bajo la forma de la siguiente función proposicional:

$$(\exists x)\, P(x)^{*}$$

En cambio, si queremos someter las "descripciones definidas" a la perspectiva de una transcripción lógica, se plantean una serie de problemas debido a la incidencia de los "indicadores de subjetividad", en especial la de los nombres propios o sus representantes. Para neutralizar esa incidencia, entonces, conviene ante todo implementar un procedimiento lógico que elimine los nombres propios. Esa estrategia existe: basta con reemplazar un nombre propio por una variable en una función proposicional. Para hacerlo, es preciso poder discriminar los nombres propios auténticos, es decir aquellos que jamás pueden ser remitidos o reducidos a una descripción. Eso plantea la

*Se debe interpretar:
x → un hombre
P → la función de "pasar".

necesidad de examinar con mucho cuidado cómo funcionan lógicamente las descripciones que operan como nombre propios del tipo: "el autor de *La interpretación de los sueños*".

Esa estrategia lógica le permite a Bertrand Russell ir eliminando de modo progresivo todos los "particulares egocéntricos", o sea casi todo lo que funciona gramaticalmente como un nombre propio. De este modo, logra deducir un único "particular egocéntrico": esto. En consecuencia, "esto" es el único nombre propio auténtico y fundamental, en detrimento de todos los otros, que son tan sólo sujetos aparentes de enunciados, pseudosujetos. Esa reducción lógica encuentra su expresión más radical en el texto: *Significación y verdad.*

> En este capítulo me ocuparé de las palabras cuya denotación es relativa a aquél que habla. Son palabras tales como: "esto"; "eso"; "yo"; "ustedes"; "aquí"; "allá"; "ahora"; "entonces"; "pasado", "presente"; "futuro"; [...] Todos los términos egocéntricos pueden definirse en términos de "esto". Así, "yo" significa: "la biografía a la que esto pertenece"; "allá" significa: "el lugar de esto"; "ahora" significa: "el tiempo de esto"; y así sucesivamente.[5]

Esa es la línea general de la argumentación desarrollada por Bertrand Russell en relación con la ocurrencia del nombre propio. Como observa Lacan, resulta fácil comprender hasta qué punto podía herir la susceptibilidad de los lingüistas el carácter totalmente reduccionista de esa concepción. De todos modos, Lacan no es inocente cuando se refiere, en esa materia, a las posiciones críticas del lingüista Gardiner, algunos de cuyos enfoques le permiten poner mejor el acento sobre la esencia fundamental del significante.

Gardiner se sitúa en las antípodas de las posiciones defendidas por el lógico. Basa su crítica en algunas tesis clásicas formuladas por Stuart Mill cuando pone de manifiesto la diferencia específica que existe entre un nombre común y un nombre propio. En referencia al primero, existe una relación de significación entre el nombre y el objeto afectado que designa. El segundo, en cambio, jamás transmite el sentido de un objeto, sino a lo sumo una marca.

En el horizonte de esa discriminación propuesta por Stuart Mill, se anticipa a las claras la oposición que, más adelante, definirán los lingüistas entre el significado y el significante. Por lo demás, toda la argumentación desarrollada por Gardiner a propósito del nombre propio abreva en esa distinción. Cuestiona ya el hecho de que la diferencia establecida entre *nombre común* y *nombre propio* no puede fundarse en la presencia o la ausencia de sentido, dado que determinados nombres propios tienen un sentido. Lo que especifica la diferencia es de un orden diferente. En el *nombre propio*, el acento está puesto en *el nombre en tanto entidad distintiva* y no en el sentido. En consecuencia, es esencialmente la *diferencia sonora* lo que lo distingue de otro.

Lacan interroga esa tesis de la siguiente manera:

> ¿Hasta qué punto es verdad que cada vez que pronunciamos un nombre propio estamos psicológicamente advertidos de la relevancia del material sonoro como tal?[6]

Pregunta retórica en la medida en que su encabezamiento contiene implícitamente la respuesta. La tesis del lingüista tropieza con la cuestión del sujeto, que no puede definirse en modo alguno a partir de la dimensión de lo "psicológico concreto", sino tan sólo en su referencia al significante:

> Sólo puede haber definición del nombre propio en la medida en que advertimos la relación de la emisión que nombra con algo que, en su naturaleza radical, es del orden de la letra.[7]

Lacan nos propone entonces una incursión en el universo de la escritura[8] para establecer la naturaleza precisa de la relación que existe entre el nombre propio y el significante, por lo tanto con el rasgo unario.

Por esencia, el *ideograma* está muy cercano a la imagen, a la vez que no es una simple imagen. Pero cuanto más reprimido esté su carácter figurativo, más se realiza su esencia de ideograma en esa depuración figurativa progresiva; en cuyo caso se asemeja cada vez más al rasgo unario y en calidad de tal opera como unidad distintiva.

Unicamente el intento de utilización fonética del material ideográfico es susceptible de inducir una depuración cada vez mayor del ideograma que culmina con la producción de las escrituras de tipo silábico. Lacan se pregunta acerca de la prolongada evolución histórica de los alfabetos de la Antigüedad:

> La escritura como material, como lenguaje esperaba ahí —a continuación de un determinado proceso [...]—: el de la formación, de la marca diremos, que en la actualidad encarna ese significante del que les hablo. —la escritura esperaba ser fonetizada y, en la medida en que es vocalizada, fonetizada como otros objetos, si se me permite decirlo así, aprende la escritura a funcionar como escritura.[9]

La institución de la escritura a través de los arcanos de la fonetización pareciera caracterizarse, entonces, por la especificación del trazo significante. Lacan descubre ahí el origen de la característica más fundamental del nombre propio: *de una lengua a otra el nombre propio se conserva siempre en su estructura sonora*, debido a su afinidad con la marca, o sea "la designación directa del significante",[10] e incluso según Lacan, *la emergencia del significante como tal en estado puro*:

> ¿Qué es el nombre propio?
>
> Al parecer, la cuestión no se revela de buenas a primeras, pero al tratar de resolver dicha cuestión, hemos tenido la sorpresa de encontrar la función del significante sin duda en estado puro; el lingüista nos llevaba hacia ese sendero al describir el nombre propio: es algo cuyo valor resdide en la función distintiva de su material sonoro, con lo que no hacía más que recalcar lo que era premisa del análisis saussureano del lenguaje : a saber que es el trazo distintivo, es el fonema como lo que se acopla en un conjuto de una batería determinada, únicamente a condición de que no sea lo mismo que los demás, aquí la tenemos que designar por lo que es su rasgo especial, la del uso de una función sujeto en el lenguaje : la de nombrar con nombre propio. [11]

Por el hecho de que no se le traduce de una a otra lengua —a lo sumo se le traspone—, el nombre propio parece estar ligado entonces a lo que, en el lenguaje, está ya preparado para funcionar como puro trazo de la diferencia, o sea el significante. Por lo mismo, atestigua y a la vez especifica lo que Lacan denomina "el arraigamiento del sujeto"[12] a la emergencia del significante.

> [...] nombrar es ante todo algo que tiene que ver con una lectura del trazo Uno que designa la diferencia absoluta.[13]

En consecuencia, nos vemos remitidos una vez más a la interrogación radical abierta por el cogito cartesiano, es decir el estatuto del sujeto antes de que se nombre, es decir antes de que haga uso de ese *significante puro* que es el nombre propio.

Notas

1. Cf. Lacan, J., *L'identification, op. cit.*, seminario inédito del 20 de diciembre de 1961.
2. Puede encontrarse el desarrollo detallado de esta argumentación en mi trabajo: *L'a-scientificité de la psychanalyse*, tomo 2. *La paradoxalité instauratrice, op. cit.*, págs. 30-41.
3. Cf. Russell, B., "Connaissance directe et connaissance par description", en *Problèmes de philosophie*, París, Payot, 1968.
4. Cf. Russell, B., "On denoting" (1905), en *Mind*, vol. XIV, págs. 479-493; trad. P. Devaux, "De la dénotation", en *L'Age de la science*, vol. III, Nº 3, París, Dunod, 1970, págs. 171-185.
5. Russell, B., cap. VII: "Les circonstanciels égocentriques", en *Signification et vérité, op. cit.*, pág. 123.
6. Lacan, J., *L'identification, op. cit.*, seminario inédito del 20 de diciembre de 1961.
7. *Ibíd.*
8. *Ibíd.*, cf. seminarios inéditos del 20 de diciembre de 1961 y del 10 de enero de 1962.
9. *Ibíd.*, seminario inédito del 20 de diciembre de 1961.
10. *Ibíd.*
11. *Ibíd.*, seminario inédito del 10 de enero de 1962.
12. *Ibíd.*
13. *Ibíd.*

6

El significante, el unario y la identificación

El análisis del nombre propio tal como lo desarrolla Lacan nos conduce a la siguiente conclusión lógica: la relación del sujeto con el significante convocado en su nominación no es otra que una *relación de identificación*. El sujeto sólo puede nombrarse en la medida en que se identifica con ese significante puro que es el nombre propio, es decir, con algo que es del orden del rasgo unario. Por el hecho de que algo en su ser mismo exige deber significarse, se somete al significante identificándose con él.

¿De qué naturaleza es ese "algo" que opera en posición de significado al ponerse bajo el significante? La cuestión de ese significado plantea, respecto del sujeto, el problema de "la adición de sí mismo a su propio nombre".[1] En consecuencia, toda la estructura interna del *cogito* requiere ser interrogada de nuevo, en la relación que mantiene con la identificación.

Lacan se compromete a demostrar que el "yo soy" no podría ser considerado en modo alguno como una consecuencia deducida lógicamente del "yo pienso". Para que Descartes pudiera proceder a esa deducción del "yo soy", es preciso suponer que algo del sujeto se ha identificado ya con el significante "yo pienso". Por lo tanto, al no ser una consecuencia directa del "yo pienso", debemos considerar que el "yo soy" es tan sólo el significado del "yo pienso" en el momento preciso en que el "yo pienso" se articula. Y por ese motivo, como lo subraya Lacan, "a partir de su articulación sólo puede percibirse a sí mismo como "luego soy".[2]

No obstante, para captar con más exactitud lo que de un proceso de identificación se pone en juego aquí, debemos profundizar el análisis.

Lacan nos sugiere entonces que pongamos a prueba la legitimidad de la conclusión a la que arribó al desmontar de modo analítico el cogito cartesiano. Partamos de la siguiente proposición: cada vez que un "yo pienso" se articula como significante, incluye necesariamente un "yo soy" como significado. ¿Qué pasa ahora con esa conclusión, si elevamos el cogito a la dimensión del metalenguaje y lo formulamos de la siguiente manera: pienso que "pienso, luego soy"? ¿Conduce esa resonancia del "yo pienso" sobre el "yo pienso" a alguna nueva incidencia? Lacan nos explica que no es así y se encarga de demostrárnoslo de manera incomparable. Observa:

> [...] el "yo pienso" que está aquí en el denominador ve reproducirse con facilidad la misma duplicidad, a saber que no puedo sino percibirme como pensando que pienso, ese "yo pienso" que está al final de mi pensamiento, sobre mi pensamiento, es él mismo un "yo pienso" que reproduce el "pienso luego soy".[3]

Sin embargo, en ese punto se trata todavía de una comprobación casi intuitiva en el nivel de ese difícil problema del sujeto que intenta pensarse como sujeto. Lacan se propone demostrarlo mediante el recurso a un soporte demostrativo de propiedades singulares: la estructura de las series que, aplicada al cogito, puede ser transcrita según el siguiente modelo:

$$\text{Yo pienso - Yo soy - }\cfrac{\text{Yo pienso}}{\text{Yo soy - }\cfrac{\text{Yo pienso}}{\text{Yo soy - Yo pienso}}}$$

No es por pura recreación matemática que Lacan se complace en someter el cogito a la lógica de la estructura de las series. Como veremos, más allá del cogito, ese algoritmo matemático permite circunscribir de una manera que nos deja estupefactos el problema de la actuación del sujeto en la identificación con el rasgo unario, o sea el *sustrato mismo del proceso de identificación.* Toda la argumentación de Lacan gravita en torno de una hipótesis fundamental que podemos formular en estos términos.

El cogito constituye un modo de captación del sujeto cuyas consecuencias exceden ampliamente la elaboración especulativa que Descartes propuso de él; por lo menos en la medida en que Descartes se ve llevado a suponer sin saberlo algo que lo hace identificarse con su 'yo pienso'. Eso justifica la pregunta de Lacan: ¿el 'algo' que se convierte subrepticiamente en motor subjetivo del cogito no depende acaso de la identificación con el rasgo unario?

> [...] en la identificación que se produce con el rasgo unario, ¿no hay bastante como para soportar ese punto impensable e imposible del "yo pienso" al menos bajo su forma de diferencia radical?[4]

Una vez formulada la hipótesis, el principio de la demostración de Lacan puede remitirse al desarrollo del siguiente razonamiento:

— 1º) Establezcamos el "yo pienso" como el Uno, es decir el rasgo de la diferencia como tal, lo que se deriva del análisis del nombre propio.

— 2º) ¿Cómo interpretar el "yo soy" desde el momento en que el Uno ocupa el lugar del "yo pienso"? Eso equivale a intentar saber si el "yo soy" no es más que "la reproyección de lo que se constituye como significado del 'yo pienso',[5] o sea lo que está ahí, presente en el origen bajo la forma del sujeto.

— 3º) Respuesta: sometamos la estructura del cogito a la prueba del algoritmo matemático designado como una serie convergente y cuyo modelo es el siguiente:

$$i + \cfrac{1}{i + \cfrac{1}{i + \cfrac{1}{i + 1}}} \\ \cdots$$

Demostración:

Formulemos entonces la serie cuya expresión nos es inspirada por el cogito:

$$\text{Yo pienso} - \text{Yo soy} - \cfrac{\text{Yo pienso}}{\text{Yo soy} - \cfrac{\text{Yo pienso}}{\text{Yo soy} - \text{Yo pienso} \\ \dots}}$$

Esa serie es sólo una aplicación del modelo general:

$$b + \cfrac{a}{b + \cfrac{a}{b + a \\ \dots}}$$

Puesto que algo del sujeto en el "yo pienso" se identifica con un significante que tiene la estructura del rasgo unario, o sea del *Uno*, podemos formular ese "yo pienso" como 1:

$$b + \cfrac{1}{b + \cfrac{1}{b + 1 \\ \dots}}$$

En esas condiciones, ¿cómo evaluar "b", es decir el "yo soy"? Toda la demostración de Lacan depende de la resolución de ese problema, que exige algunas incursiones matemáticas suplementarias.

Algunas series están constituidas por números reales, como la siguiente:

$$1 + \cfrac{1}{1 + \cfrac{1}{1 + \cfrac{1}{1 + \text{etc.}}}}$$

Otras series, en cambio, están constituidas por *números complejos*, es decir compuestos de *números reales* y de *números imaginarios*:

$$i + \cfrac{1}{i + \cfrac{1}{i + \cfrac{1}{i + \text{etc.}}}}$$

Se debe hacer otra precisión referida al perfil mismo de las series. En efecto, las series pueden ser convergentes, divergentes, constantes, periódicas o alternadas.

Cuando son *convergentes* la suma Σ de su desarrollo tiende hacia un límite determinado.

Cuando son *divergentes* esa suma tiende hacia el infinito $\rightarrow \infty$.

En las series *constantes* la suma es siempre igual al mismo valor.

Cuando son *periódicas* esa suma hace aparecer el mismo valor en determinados momentos regulares del desarrollo de la serie.

Para finalizar, cuando son *alternadas* la suma hace aparecer con regularidad en el desarrollo los valores: –1, +1, –1, +1,...

Tomemos el ejemplo de una serie convergente:

$$1 + \cfrac{1}{1 + \cfrac{1}{1 + \cfrac{1}{1 + \text{etc.}}}}$$

La suma del desarrollo de la serie tiende hacia un límite que tiene como valor:

$$\frac{+1 + \sqrt{5}}{2}$$

Si se efectúa la suma para dos elementos de la serie, se obtiene: $\frac{3}{2}$

para 3 elementos: $\frac{5}{3}$

para 4 elementos: $\frac{8}{5}$, etc.

Calculemos la suma de los tres primeros elementos de esa serie:

$$1 + \cfrac{1}{1 + \cfrac{1}{1 + 1}}$$

La suma de los elementos se calcula remontándose de abajo hacia arriba:

— Primer elemento: $S_1 = 1 + 1 = 2$

— Segundo elemento: $S_2 = 1 + \frac{1}{2} = \frac{3}{2}$

— Tercer elemento: $S_3 = 1 + \frac{1}{\frac{3}{2}} = \frac{5}{3}$

— Para cuatro elementos se obtendría: $S_4 = \frac{8}{5}$

— Para cinco elementos se obtendría: $S_5 = \frac{13}{8}$

De modo tal que podemos establecer la siguiente fórmula general:

$$\Sigma S_n = S_1 + S_2 + S_3 + S_4 + ... S_n \rightarrow \frac{1 + \sqrt{5}}{2}$$

Lacan retiene para el objeto de su demostración el ejemplo de una serie compleja:

$$i + \cfrac{1}{i + \cfrac{1}{i + \cfrac{1}{i + \text{etc.}}}}$$

Esa elección plantea el voto de confianza que Lacan pide que se le haga, aunque más no fuera hasta que encuentre su justificación a posteriori:

> [...] en ese punto, doy un salto —porque, para explicarme, la única manera que encuentro es comenzar a proyectar el trabajo y después volver al punto fundamental— haciéndome un voto de confianza, tomen i como el valor que tiene exactamente en la teoría de los números en donde se lo denomina imaginario [...] y que por sí solo, en mi opinión, justifica aquí esa extrapolación metódica, ese momentito de salto y de confianza que les pido que hagan.[6]

Como ya sabemos, el valor de esa "i minúscula" es igual a $\sqrt{-1}$; y es precisamente debido a esa curiosidad que un número como ése es *imaginario* y no real. La prueba de ello: ningún número real negativo elevado al cuadrado puede dar un número negativo. En cambio, el número i tiene esa propiedad:

$$i^2 = -1$$
$$\sqrt{i^2} = \sqrt{-1}$$
$$i = \sqrt{-1}$$

Introduzcamos ahora ese valor $\sqrt{-1}$ en la serie anterior:

$$\sqrt{-1} + \cfrac{1}{\sqrt{-1} + \cfrac{1}{\sqrt{-1} + \cfrac{1}{\sqrt{-1} + \text{etc.}}}}$$

Muy pronto, descubrimos que esa serie no es una serie convergente sino una *serie periódica*. El mismo valor vuelve cada tres tiempos de la serie, lo que podemos verificar fácilmente si desarrollamos la suma: $\Sigma + x + y + z$, en tres tiempos. De este modo, los mismos tres valores: $i + 1$; $\frac{i+1}{2}$; 1, reaparecen con regularidad.

Las particularidades de esa serie[7] parecen responder realmente a la posibilidad de interpretar los datos del problema planteado por Lacan, quien se pregunta:

> [...] ¿qué valor podremos dar a i para connotar al sujeto en tanto sujeto anterior a toda nominación?[8]

El primer término de la serie $X = i + 1$, constituye entonces el punto de enigma en el que se sitúa el problema.

En cambio, a partir del segundo término de la serie $Y = \frac{i+1}{2}$, podemos poner en evidencia una particularidad que Lacan registra en estos términos:

> [...] lo primero que encontramos es [...] que la relación esencial de ese algo que buscamos como el sujeto antes de que se nombre, con el uso que puede hacer de su nombre, se sostiene simplemente por ser el significante de lo que debe significar, es decir de la cuestión del significado justamente de esa adición de sí mismo a su propio nombre, implica inmediatamente dividirlos en dos, provocar que quede tan sólo una única mitad [...] de lo que había en presencia.[9]

$$X = i + 1$$

$$Y = \frac{i+1}{2}$$

Por último, en el tercer tiempo de la serie, $Z = 1$, volvemos a la Unidad, al *Uno*, justamente en el momento mismo en que el "yo pienso" se toma, como tal, como objeto de pensamiento: "Yo pienso que 'yo pienso, luego soy'".

Ese retorno al *Uno* nos remite otra vez al proceso inaugural de la identificación del que habíamos partido: que es lo que queríamos demostrar.

La ilustración matemática referida al cogito que nos propone Lacan constituye una excelente demostración de la división inaugural del sujeto y de su hendidura.[10] Desde el momento en que algo del sujeto se identifica con ese rasgo significante de la pura diferencia que es su nombre, la operación tiene como efecto la división en dos "de lo que había en presencia": $. En cambio, apenas producida esa identificación, como el sujeto se pone entonces a pensar sobre lo que piensa y sobre lo que es, se eclipsa de inmediato la división en el retorno de una unidad en apariencia restaurada.

A favor de esta nueva visita que Lacan le hace al cogito, uno de sus famosos aforismos encuentra, sin lugar a dudas, su medida exacta :

> Pienso donde no soy, luego soy donde no pienso.[11]

Notas

1. Lacan, J., *L'identification, op. cit.*, seminario inédito del 10 de enero de 1962.
2. *Ibíd.*
3. *Ibíd.*
4. *Ibíd.*
5. *Ibíd.*
6. *Ibíd.* (el subrayado es mío).
7. El desarrollo del cálculo es el siguiente:

— Dada la serie:

$$\sqrt{-1+\cfrac{1}{\sqrt{-1+\cfrac{1}{\sqrt{-1+\cfrac{1}{\sqrt{-1+\text{etc.}}}}}}}}$$

— Sabemos que $\sqrt{-1} = i$ o también $i^2 = 1$

Calculamos los distintos términos X,Y,Z de la serie:

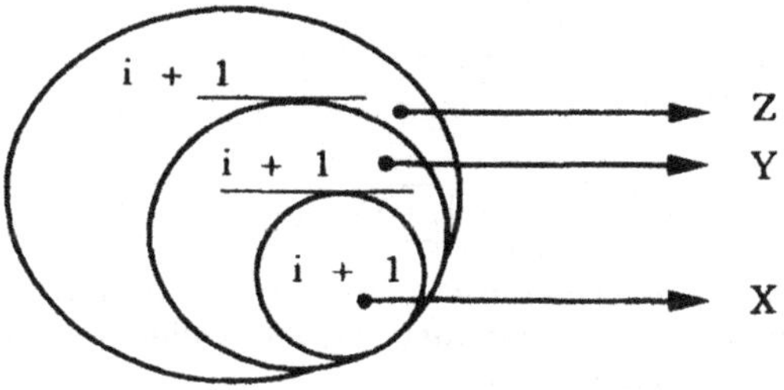

- **1er término X:** $i + 1 = \boxed{i + 1}$
- **2do término Y:** $i + \cfrac{1}{i + 1}$

$$i + \frac{1}{i+1} = i + \frac{1\,(1-i)}{(i+1)\,(1-i)} = 1 + \frac{1-i}{1-i^2}$$

$$= i + \frac{1-i}{2} = \frac{2\,i}{2} + \frac{1-i}{2} = \frac{2\,i + 1 - i}{2} = \boxed{\frac{i+1}{2}}$$

- **3er término Z:** $i + \cfrac{1}{i + \cfrac{1}{i + 1}}$

- Sabemos que $Y = i + \cfrac{1}{i+1} = \cfrac{i+1}{2}$
- En Z, reemplazamos Y por su valor.
- Obtenemos $Z = i + \cfrac{1}{\cfrac{i+1}{2}}$

$$Z = i + \cfrac{1}{\cfrac{i+1}{2}} = i + \frac{2}{i+1} = i + \frac{2\,(1-i)}{(i+1)\,(1-i)} = \frac{2i - 2i + 2}{2}$$

$$= \frac{Oi + 2}{2} = \frac{2}{2} = \boxed{1}$$

- Si continuamos el desarrollo hasta un 4º término P, tendremos entonces la serie: $i + \cfrac{1}{i + \cfrac{1}{i + \cfrac{1}{i + 1}}}$

• Ahora bien, $Z = \frac{i + 1}{\frac{i + 1}{i + 1}} = 1$

•Por lo tanto $P = \frac{i + 1}{1} = \boxed{i + 1} = x$

•Volvemos a encontrar los mismos valores cada tres términos.

8. Lacan, J., *L'identification, op. cit.*, seminario inédito del 10 de enero de 1962 (el subrayado es mío).

9. *Ibíd.*, (el subrayado es mío).

10. Cf. Dor, J., *Introducción a la lectura de Lacan*, tomo 1. *El inconsciente estructurado como lenguaje, op. cit.*, cap. 15: "La división del sujeto y el advenimiento del inconsciente por el orden significante", págs. 115-121 y cap. 16: "La división del sujeto: la alienación en el lenguaje", págs. 122-130.

11. En *La logique du fantasme, op. cit.*, seminario inédito del 11 y del 18 de enero de 1967 y del 1º de febrero e 1967, Lacan retomará una vez más el examen del cogito por el sesgo del "vel alienante", que lo conducirá a la nueva fórmula siguiente: "O no pienso, o no soy", radicalmente impuesta por el descubrimiento freudiano. M. Darmon lo recuerda en *Essais sur la topologie lacanienne, op. cit.*, pág. 296 en estos términos: "La fórmula de Lacan, o no pienso, o no soy, parte directamente de formas negativas. En contraposición con el cogito cartesiano, que intenta instalar al sujeto en un punto mínimo, es cierto, pero fijo y garantido, y que por lo tanto utiliza fórmulas positivas: "pienso, luego existo", el descubrimiento freudiano, es decir la valoración de lo que justamente tropieza en el discurso —el lapsus, el olvido, el traspié, el acto fallido o lo movilizado de modo involuntario por un chiste o por último, también el sueño—, ese descubrimiento del inconsciente exige una fórmula negativa" (subrayado por el autor).

7

La identificación

La reflexión particularmente fecunda e innovadora que despliega Lacan a lo largo de su seminario *La identificación* exige una revisión radical de esa noción que Freud nos ha legado,[1] es decir, como lo señala Claude Conté, en el punto en que puede hacerse una especie de balance teórico:

> [...] si, de alguna manera, recapitulamos su experiencia y la hacemos converger hacia el concepto de identificación, veremos que con ese concepto designa tres formas o tres niveles cuya disparidad nos da a entender que no se trata de una serie homogénea o de tres tipos que se ordenan en un género común sino más bien de una suerte de balance, de una presentación que tiene por objetivo dar cuenta de lo que considera asegurado en su experiencia, sin disimular por eso las dificultades con que tropieza su teorización. La cuestión que se plantea es, entonces, saber si un concepto común puede ser aplicado a la enigmática identificación primordial con el padre, luego a la identificación que pasa por el reconocimiento del deseo del Otro y que Freud designa como más específicamente histérica.[2]

Cabe observar que Claude Conté sólo menciona dos de los tres tipos de identificación especificados por Freud y en consecuencia la cuestión de saber si conviene o no subsumirlos bajo el mismo concepto parece estar referida a ellos. Sin duda, no se trata aquí de un olvido del autor, tanto más cuanto que el caso típico de identificación que no menciona es justamente el que permite introducir una coherencia lógica entre los otros dos, o sea el segundo tipo de identificación designado por Freud como *identificación con el rasgo único* y que Lacan retoma de modo magistral bajo la denominación de *identificación con el rasgo unario.*

Si Lacan puso el acento en la matriz freudiana de la identificación con el rasgo único es porque a través de la infraestructura de ese modelo metapsicológico adivinaba, con razón, un sustrato cuya adecuación resultaba ser directamente consistente respecto de la consecuencia primordial implicada por el inconsciente estructurado como un lenguaje: la subordinación del estatuto y de la estructura del sujeto a la función del significante y, de modo más general, al Otro. En este aspecto, resulta ejemplar su análisis del cogito cartesiano, puesto que lleva a determinar uno de los puntos de anclaje de esa sujeción en el principio mismo de la identificación inaugural del sujeto con ese rasgo unario que es significante puro por excelencia: su propio nombre.

En consecuencia, a Lacan le parece legítimo tratar de integrar las otras dos posibilidades identificatorias evocadas por Freud en la matriz de ese proceso fundamental. Y no se priva de hacerlo, estableciendo atinadamente, por poco que tengamos la paciencia de seguir los vericuetos de su reflexión. En realidad, los dos seminarios[3] que consagra a ese intento de integración, sin dejar de ser pertinentes, son lo bastante alusivos como para que deploremos la ausencia de articulaciones explícitas necesarias para iluminar la coherencia de su desarrollo. Debemos convenir en que sólo es posible circunscribir el carácter profundamente homogéneo de esos tres géneros de identificación deducidos por Freud por medio de múltiples rodeos, debidamente fundamentados. No obstante, indicaremos la trayectoria de esa síntesis, a pesar de que sólo se podrán descubrir sus más legítimas justificaciones a medida que se vayan desarrollando los argumentos en los próximos capítulos.

El primer tipo de identificación definida por Freud, *la identificación con el padre*, también designada como *identificación canibalística* o *identificación con un ideal* se constituye sobre la base de una *incorporación* que tiene su asiento lógico en el mito de la "horda primitiva",[4] cuyo viraje simbólico decisivo[5] radica en el goce de la devoración de un "padre violento, celoso, que guarda para sí a todas las hembras y echa a sus hijos a medida que van creciendo".[6]

El mito freudiano de la horda primitiva sólo tiene valor simbólicamente estructurante en la medida en que estipula el punto de origen del establecimiento subjetivo de la ley y de las consecuencias que ella prescribe en relación con la simbolización de la diferencia de los sexos,[7] es decir, la incidencia de la metáfora paterna y la función del significante Nombre del Padre.[8]

Así, sobre la base del mito freudiano de un cuerpo que se tornó ausente por haber sido asesinado y devorado, se abre la potencialidad de una subjetividad, aunque más no fuera por la institución de la *falta* —que se superpone a la ausencia— introducida por la referencia simbólica a la ley y a la prevalencia de la función significante que ella inaugura y de la que depende el sujeto de ahí en más. Más allá del mito fundador, esa potencialidad subjetivante se reitera a través de la "muerte" edípica del padre sobre la misma base de ausencia: incorporación del Nombre del Padre. De esa manera, sobre el terreno de esa "privación" interviene la función del nombre propio, identificación con un significante, puro elemento de la diferencia como tal, que el niño realiza en la vertiente de su Ideal del yo vectorizado por el Padre simbólico.[9]

Consideremos establecida la identidad estructural que puede existir entre la identificación del primer tipo —llamada *identificación con el padre*— y la identificación del segundo tipo, propuesta por Lacan, bajo la denominación de *identificación con el rasgo unario*, como la raigambre fundadora de todas las identificaciones. Queda por demostrar que la identificación del tercer tipo es también isomorfa: *la identificación con el deseo del otro.*

Sin vacilar, Freud le da a esta identificación de tercer tipo, el atributo: identificación de tipo histérico, por el solo hecho de que enquista, de manera sintomática la lógica que caracteriza y regula la economía deseante del histérico, o sea la inflación histriónica de la dinámica común que rige la regulación del deseo de cada cual como *deseo del deseo del Otro.* En consecuencia, Freud mide ese tercer perfil de identificación con la vara de la exacerbación pitiática y, a no dudarlo, extrae de él las mejores ilustraciones del inexpugnable abecedario de la histeria:

> Hay un tercer caso de formación de síntoma, especialmente frecuente y significativo, en el que la identificación hace abstracción total de la relación objetal con la persona copiada. Cuando, por ejemplo, una de las jovencitas de un pensionado acaba de recibir, de aquél a quien ama en secreto, una carta que suscita sus celos y ante la que reacciona con una crisis de histeria, algunas de sus amigas, al corriente de lo sucedido, contraerán esa crisis, como decimos, por vía del contagio psíquico. El mecanismo es el de una identificación fundada en la capacidad o la voluntad de ponerse en una situación idéntica [...] Uno de los yoes ha captado en el otro una analogía significativa en un punto, en nuestro ejemplo, la misma disponibilidad afectiva; sobre esa base se forma una identificación en ese punto y, bajo la influencia de la situación patógena, esa identificación se desplaza al síntoma que uno de los yoes ha producido.[10]

¿Y de qué otra cosa se puede tratar, si excluimos el desborde y la invasión que se escenifican en este caso, sino de la reiteración de ese momento originario de estructuración del deseo que sólo podría constituirse más que en el terreno de una *identificación con el objeto del deseo del Otro*? La dialéctica del *grafo del deseo* nos llama la atención sobre esa contingencia cuando, en el encuentro con el lugar del Otro, el sujeto ante el "Che vuoi?" sólo puede responder, justamente, conviertiéndose en su objeto.[11] Eso implica recordar que el advenimiento del sujeto deseante sólo se instituye a partir de su relación con el Otro, quien ordena para él su sujeción al significante. Con el surgimiento del sujeto cautivo de la falta del Otro (**S Ⱥ**) cae *el objeto a* y, en consecuencia, el sujeto sólo lo abordará a través del fantasma: $\$ \lozenge a$.[12]

Así, gracias a este tercer tipo de identitificación la constitución del deseo del sujeto, asociado con *el objeto a*, se inaugura en el lugar del Otro. Más adelante[13] desarrollaremos bajo qué condiciones *el objeto a* mantiene, frente al sujeto, una relación inevitable con el significante que, en tanto puro elemento de la diferencia, debe repetirse al menos una vez sobre sí mismo —bajo la forma de la doble lazada del "ocho interior"— para lograr su forma significante.

No necesitamos nada más para concebir cómo a través de esa dependencia significante del sujeto con respecto al objeto de su deseo, resultante de su relación con el campo del Otro, la identificación con el deseo del Otro —aunque sea del tipo histérico— está constitutivamente estructurada sobre el modo de la identificación con el rasgo unario, debido a *la afinidad significante* que determina originariamente el modo de relación del sujeto con ese objeto.

A partir de ese isomorfismo estructural de los tres tipos de identificación,[14] podemos convenir en que, al sostenerse la identificación del sujeto por su relación con el significante —el rasgo unario, a saber el puro elemento de la diferencia como tal—, demuestra ser, en última instancia, tributaria exclusivamente de una sujeción al campo del Otro.

La experiencia nos muestra que mientras el sujeto logra referir su deseo a lo que, con o sin razón, imagina que es el deseo del Otro, la dialéctica deseante se despliega en vías de realización móviles. Pero si el área psíquica de proyección del deseo del Otro deviene algo opaca para el sujeto, entonces la dialéctica se traba y se convierte en objeto de una experiencia insoportable. En ese velamiento del deseo del Otro, el sujeto descubre *ex abrupto* que era él justamente quien lo constituía como sujeto deseante. En otras palabras, el sujeto percibe que ser el objeto del deseo del Otro sólo es soportable con la condición de que este último le pueda ser significado. Desde el momento en que se siente objeto posible de un deseo del Otro sin saber lo que él mismo desea en el Otro, el deseo del sujeto se ve confrontado con esa nada que Lacan define como el punto de surgimiento de la *angustia*:

> En efecto, el afecto de angustia está connotado por una falta de objeto, pero no por una falta de realidad. Si ya no me sé objeto

> eventual de ese deseo del Otro, ese Otro que está enfrente de mí, su figura me es por completo misteriosa sobre todo en la medida en que esa forma como tal que tengo delante de mí tampoco puede, en efecto, ser constituida para mí en objeto, pero donde puedo sentir de todas maneras una modalidad de sensaciones que constituye la sustancia de lo que se llama la angustia, de esa opresión indecible a través de la cual arribamos a la dimensión misma del lugar del Otro en tanto que ahí puede aparecer el deseo.[15]

A menudo, sólo hay un paso de la identificación a la angustia. El del rasgo unario que, puesto que desfallece momentáneamente, *no es entonces* movilizable para asumir la función que le corresponde: sostener al sujeto en la relación que mantiene con el objeto de su deseo en relación con el Otro.

Lacan nos da una idea de la experiencia metafórica de ese desfallecimiento cuando se confronta imaginariamente con una máscara animal, para dar cuenta de lo que podría ser la experiencia de la captación pura del deseo del Otro.[16] En el mismo tenor, propondré otra ilustración, más ciudadana, que explica también ese punto de surgimiento de la angustia que Lacan definió en estos términos:

> El miedo al deseo es vivido como equivalente a la angustia [...] la angustia es el miedo a lo que el Otro desea en sí del sujeto, fundado ese "en sí" justamente en la ignorancia de lo que es deseado a nivel del Otro.[17]

En ocasión de una estadía en Venecia, he sido espectador de algunos ritos carnavalescos que, a mi criterio, actualizaban ese aspecto tan singular de la función de la máscara descrito por Lacan. Me había encontrado con unos amigos que habían tenido la excelente iniciativa de vestir un disfraz típicamente local —el impactante traje tradicional de esa ciudad lacunar— que, como consecuencia, los obligaba a convertirse en verdaderas presas de las fotografías de los turistas —que, por otra parte, era lo que ellos mismos eran. Al final de una jornada, luego de gran cantidad de requerimientos fotográficos que representaban varias horas de pausas cotidianas, por la noche se hizo sentir la fatiga, alrededor de una buena mesa. Uno de ellos me dijo: "¡Debería vestirme de civil para pasar de incógnito!".

La expresión era tanto más encantadora cuanto que su humor estaba destinado a atemperar el punto de angustia sobre el cual giraba emergencia del afecto que, en este caso, denuncia ese momento insidioso en que el sujeto ya no logra verdaderamente encontrar su propia imagen en el espejo de la mirada del Otro. En aquella ocasión, eso era aun más notorio puesto que se sostenía en una "usurpación" de identidad vivida por el interesado como un travestismo de identificación.

Resulta claro que a la sombra de ese travestismo la angustia había podido hallar una brecha favorable para insinuarse. Curiosamente, podemos apostar que en esa situación únicamente el goce narcisista podía abrir semejante brecha. Pero a la vez, al transformar al sujeto en blanco privilegiado ofrecido a la mirada del Otro, el travestismo sólo podía suscitar un enquistamiento del goce. La insistencia y la repetición de la mirada del Otro fijaban entonces de modo inevitable al sujeto travestido en un lugar de identificación del que quedaba cautivo. Cautivo, por cierto, de ser el objeto del deseo de un Otro en el que él mismo ya no reconocía lo que deseaba. Por otra parte, ¿cómo habría podido hacerlo cuando se exponía a la mirada del Otro en una identidad prestada?

La concepción lacaniana de la angustia,[18] además de constituir un notable progreso conceptual en relación con el consenso ambiguo que le consagra Freud,[19] proporciona una prueba suplementaria de la importancia que conviene otorgar a la determinación de la *estructura del sujeto* frente al *lugar del Otro*, y en consecuencia frente a la función significante que lo constituye en el terreno del *rasgo unario* en el nivel de su esencia primordial, la de la identificación con un significante:

> El rasgo unario viene antes que el sujeto. "En el principio era el verbo" —quiere decir en el principio es el rasgo unario [...] Simplicidad, singularidad del trazo, eso es lo que hacemos entrar en lo real, tanto si lo real lo quiere como si no. Pero lo que es seguro es que entra, que ya estaba dentro antes que nosotros porque de por siempre todos esos sujetos, que después de todo lo

hacen desde hace algunos siglos, dialogan por ese camino y se las tienen que arreglar como pueden con esa condición, precisamente, de que entre ellos y lo real se encuentra el campo del significante; de por siempre se han constituido como sujetos con el aparejo del rasgo unario. ¿Porqué nos tendría que extrañar, precisamente a nosotros, el encontrarnos con la marca en nuestro campo, dado que nuestro campo es el del sujeto?[20]

Esa marca del rasgo unario que indica que el sujeto sólo puede advenir de su dependencia del significante, la encontamos simbolizada por la barra que lo divide: **$...**

Falta ahora establecer en qué sentido podemos considerar al sujeto como un *cociente*, dando por supuesto que la división de que es objeto comporta un resto que da cuenta de la alteridad radical del Otro: "no hay Otro del Otro".[21] Jamás se alcanza al Otro, marcado siempre por el significante de la falta que lo constituye, para nosotros, como A. Por su parte el resto que es, precisamente, el objeto a encuentra su lugar lógico del lado del sujeto con el que está en connivencia a través del corte del fantasma: **$ ◊ a.**

Esa división resultante de la primacía de la presencia del Otro sobre la existencia del sujeto puede esquematizarse entonces así:

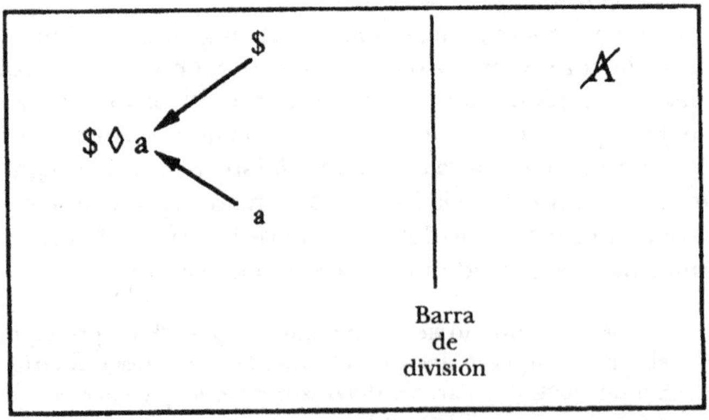

Notas

1. Cf. Freud, S., cap. 7: "L'identification", en "Psychologie des foules et analyse du moi", en *Essais de psychanalyse, op. cit.*, págs. 167-174.

2. Conté, C., "Le clivage du sujet et son identification", en *Le Réel et le Sexuel —de Freud à Lacan—, op. cit.*, pág. 192.

3. Cf. Lacan, J., *L'identification, op. cit.*, seminarios inéditos del 20 y del 27 de junio de 1962.

4. Freud, S., *Totem und Tabu* (1912-1913), G.W. IX, S.E. XIII; trad. Jankélévitch, *Totem et tabou*, París, Payot, 1973 [Versión castellana: "Totem y tabú", en *Obras Completas, op. cit.*, tomo II).

5. Cf. Dor, J., *Le Père et sa fonction en psychanalyse, op. cit.*, cap. 2: "Nature — Culture: la prohibition de l'inceste et le père de la 'horde primitive', págs. 35-38.

6. Freud, S., *Totem et tabou, op. cit.*, pág. 162.

7. Cf. Dor, J., 1º) *Introducción a la lectura de Lacan*, tomo 1. *El inconsciente estructurado como lenguaje, op. cit.*, cap. 13: "La metáfora paterna — El Nombre del Padre — La metonimia del deseo", págs. 103-109; 2º) *Le père et sa fonction en psychanalyse, op. cit.*, cap. 4: "Le père réel, le père imaginaire et le père simbolique: la foncion du père dans la dialectique œdipienne", págs. 51-65.

8. Este tema será abordado ulteriormente. Cf. *infra*, cap. 13: "La sexuación y sus fórmulas", págs. 253 y sigs.

9. Cf. *supra*, cap. 1: "El esquema R", págs. 17 y sigs.

10. Freud, S., cap. 7: "L'identification", en "Psychologie des foules et analyse du moi", en *Essais de psychanalyse, op. cit.*, págs. 169-170.

11. Cf. Dor, J., 1º) *Introducción a la lectura de Lacan*, tomo 1. *El inconsciente estructurado como lenguaje, op. cit.*, cap. 25: "La 'generación' del grafo", págs. 200-212

12. La explicación de esa dialéctica será desarrollada de modo específico más adelante. Cf. *infra*, cap. 9: "Dialéctica de la demanda y del deseo entre el sujeto y el Otro. La topología del toro", págs. 144 y sigs. cap. 10: "El significante, el corte y el sujeto", pág. 178 y cap. 11: "El sujeto, el objeto a y el fantasma $ ◊ a. La topología del cross-cap", págs. 209 y sigs.

13. Cf. *infra, ibíd.*

14. En 1976, en su seminario *L'insu que sait de l'une bévue s'aile à mourre* (1976-1977) del 16 de noviembre de 1976, en *Ornicar?*, Nº 12/13, *Sur la passe*, diciembre de 1976, pág. 9, Lacan describe tres modos de "modificaciones" del toro y aclara que esas transformaciones deben ser puestas en correspondencia con los tres modos de identificación que Freud distingue. El desarrollo de esas operaciones efectuadas sobre un mismo soporte topológico subraya el isomorfismo estructural de los tres tipos de identificación a la vez que ilustra su respectiva singularidad. J.J. Bouquier nos

proporciona su demostración en el estudio: "Retournements de tores et identification", en *Analytica*, vol 46, *Investigations topologiques et interrogations sur la passe*, París, Navarin, 1986, págs. 9-18.

15. Lacan, J., *L'identification, op. cit.*, seminario inédito del 4 de abril de 1962.

16. En ese caso la máscara de una "mantis religiosa". Cf. *ibíd.*

17. *Ibíd.*, seminario inédito del 27 de junio de 1962.

18. Cf. Lacan, J., *L'angoisse, op. cit.*

19. Remitámonos a la siguiente observación que formula Lacan en su seminario del 14 de noviembre de 1962 a propósito del estudio de Freud: *Emmung, Sympton und Angst* (1925), G. W. XIV, págs. 113-205, S.E. XX., págs. 75-174; trad. M. Tort, *Inhibition, symptôme et angoisse*, París, P.U.F., 1968: "[...] cuando entremos en ese texto verán lo que se ve en relación con la angustia: que no hay red porque, justamente, cuando se trata de la angustia, el único sentido que tiene cada malla, si se me permite decirlo como corresponde, es precisamente dejar el vacío en el que hay angustia. Gracias a Dios, en el discurso de *Inhibición, síntoma y angustia*, se habla de todo menos de la angustia."

20. *Ibíd.*, seminario del 21 de noviembre de 1962.

21. Lacan no dejará de repetir esa fórmula. La explica ya en *Le désir et son interprétation, op. cit.* En el seminario del 8 de abril de 1959, en *Ornicar?*, Nº 25, apertura del curso 1982, pág. 31, Lacan aclara: "En el nivel del Otro falta un significante. Si se me permite decirlo así, es ése *el gran secreto del psicoanálisis*: no hay Otro del Otro" (el subrayado es mío); en "Subversion du sujet et dialectique du désir dans l'inconscient freudien" (1960), en *Ecrits, op. cit.*, insiste: "La falta de que se trata es justamente lo que ya hemos formulado: que no haya Otro del Otro". No tiene sentido multiplicar los ejemplos. No obstante, se puede llamar la atención del lector sobre esa demostración magistral que marca la estrecha correlación entre la identificación —y también aquí, precisamente, los tres tipos de identificación freudianos—, el Otro y la tríada: Real, Imaginario y Simbólico anudada en nudo borromeo. Cf. R.S.I. (1974-1975), seminario del 18 de marzo de 1975, en *Ornicar?*, Nº 5, dic-enero. 75/76, págs. 34-35: "[...] lo que confiere a lo simbólico su consistencia es, justamente, que no hay Otro del Otro [...] Les propongo, como cierre de la sesión de hoy, la formulación de la identificación triple tal como la propone Freud. Por otra parte, si hay un Otro real, es sólo en el nudo mismo, y es por eso que no hay Otro del Otro. Identifíquense con lo Imaginario de ese Otro real y se tratará de la identificación de la histérica con el deseo del Otro. Identifíquense con lo simbólico del Otro real, tendrán entonces la identificación con el rasgo unario. Identifíquense con lo real del Otro real, obtendrán lo que he indicado con el Nombre del Padre, donde Freud marca la relación de la identificación con el amor".

TERCERA PARTE

LA ESTRUCTURA DEL SUJETO Y EL OBJETO a

Con estas fórmulas topológicas, de las que ya saben que no consisten sencilla y únicamente en esa especie de referencia intuitiva a la que les acostumbró la práctica de la geometría, les quiero hacer llegar a pensar que estas superficies son estructuras. *

* Lacan, J., *L'identification, op. cit.*, seminario inédito del 30 de mayo de 1962.

8

El interior y el exterior. La topología de la banda de Möbius

Al subrayar "la función privilegiada del falo en la identificación del sujeto",[1] Lacan insiste una vez más en el papel central que desempeña ese proceso en el advenimiento del sujeto y su relación con el significante, a tal punto que la función fálica, por sí sola, impone a partir de lo real que exista justamente el significante de donde procede la estructura del sujeto.

En consecuencia, profundizar en el estudio de la identificación debería permitir la comprensión más explícita de la estructuración compleja de la relación que ordena la conjunción del sujeto con el significante y con su objeto. Lacan nos sugiere una vía heurística para la comprensión de esa articulación, en la medida en que interroguemos más detenidamente la singularidad del proceso psíquico que el principio de la identificación parece resolver:

> ¿Qué relación hay entre ese hecho que hay que admitir, que tenemos un interior, al que denominamos como podemos, psiquismo por ejemplo —Freud escribe incluso *endopsiquismo*, y eso no va de suyo, ¡que la psiquis sea *endo* y que haya que endosar ese *endo*!—, qué relación hay entre ese interior y lo que habitualmente llamamos identificación?[2]

Como señala Jeanne Granon-Lafont:

> La identificación es la respuesta a una pregunta: ¿cómo algo exterior se torna interior, exterior y no obstante central?[3]

Debemos a Lacan el haber desarrollado con solidez la respuesta que correspondía dar a esa pregunta, a través de un andamiaje conceptual tan pertinente como audaz: *la argumentación topológica.*[4]

La topología nos permite comprender cómo determinadas orientaciones de superficie ponen de manifiesto *la existencia de un campo interior que es siempre homogéneo al campo exterior, y recíprocamente.*

Para comenzar, examinemos algunas orientaciones elementales de la superficie de un anillo —el toro[5]— que permiten inferir dos elementos estructurales: la *esfera* y el *agujero.*

Imaginemos que pudiéramos inflar una parte del anillo de modo tal que esa "hernia" vaya adoptando de a poco la configuración de la superficie de una esfera.

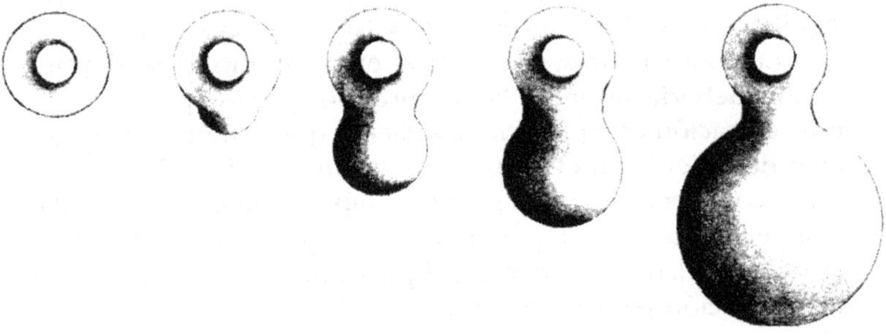

FIGURA 14

Cuando esa deformación alcanza cierta amplitud, la parte restante del toro aparece como un "asa" exterior a la superficie de la esfera.

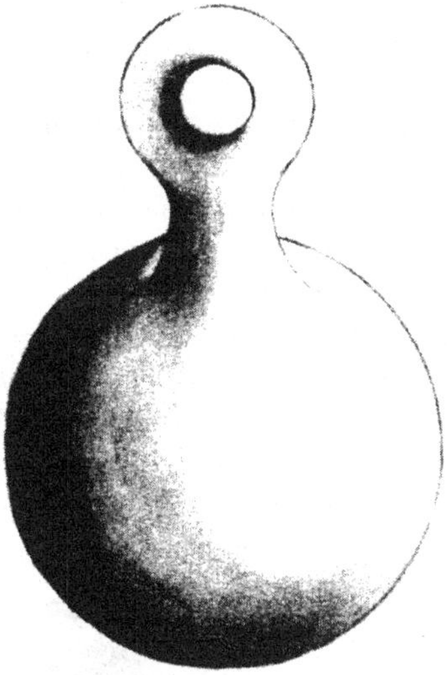

Figura 15

Podemos entonces imaginar con facilidad la invaginación de este asa en el interior de la superficie de la esfera.

Figura 16

Esa invaginación, que ha creado un *agujero* en la superficie de la esfera, permite delimitar un *anillo exterior* y un *anillo interior*, cuya estructura es idéntica puesto que se trata del mismo anillo. En el transcurso de esa manipulación no se ha producido división alguna entre el interior y el exterior. Hemos pasado de uno al otro sin corte ni rotura. Esa continuidad entre el interior y el exterior puede ponerse en evidencia por medio de una manipulación más asombrosa todavía.

En efecto, imaginemos que enganchamos con un dedo, a través de la superficie de la esfera, el anillo central del toro interior. Basta entonces con tirar hacia el exterior para extraerlo. Obtenemos en el exterior el asa del anillo tal cual era exactamente en el interior.

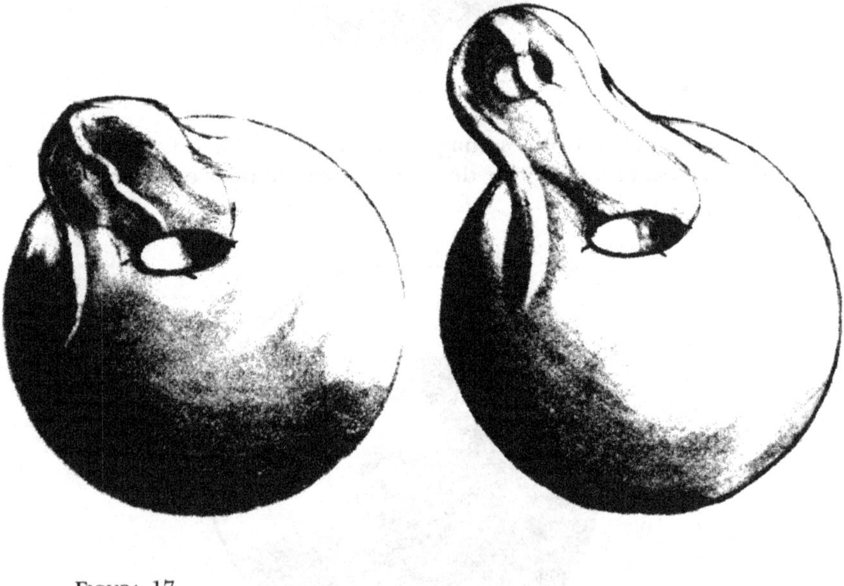

FIGURA 17

Una vez más, el paso del interior al exterior se ha producido sin desgarro alguno, sin rotura alguna de la superficie.

> Lo que era interior, a saber esa manera de progresión del interior del pasillo, se vuelve exterior porque siempre lo fue.[6]

Supongamos ahora que el asa exterior del anillo sea reducida a la medida de un segmento muy corto del anillo inicial. De la misma manera que antes, podemos imaginar que ese corto segmento de anillo se sitúa en el interior de la esfera.

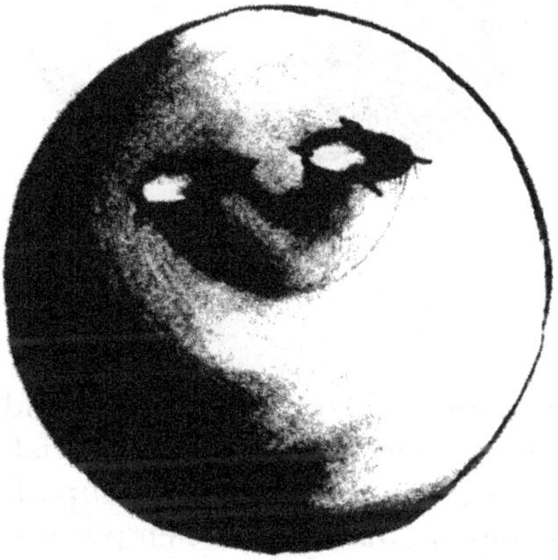

FIGURA 18

Obtenemos así una especie de pequeño túnel interior unido por dos agujeros al exterior de la superficie de la esfera.

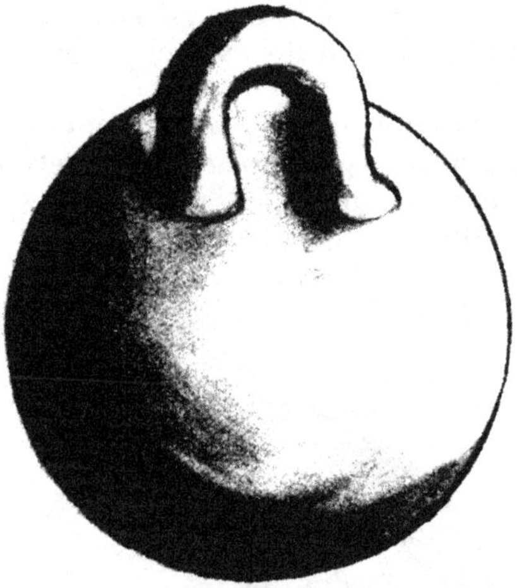

FIGURA 19

Si enganchamos ese corto segmento tirando de él a través de la superficie, reconstituimos el "asa" inicial cuyos agujeros comunican entonces con el interior de la superficie de la esfera.

Todas esas manipulaciones tienen por objeto mostrarnos cómo el interior es siempre homogéneo con el exterior más allá de nuestra intuición espacial inmediata: lo que es interior puede devenir exterior porque siempre lo ha sido y recíprocamente. Sin duda, la banda de Möbius es el objeto topológico más simple que ilustra con mayor claridad esa propiedad.

La banda de Möbius

La banda de Möbius es una superficie unilátera de un borde que se puede obtener a partir de una superficie cuadrilátera llamada *polígono fundamental.*

FIGURA 20

Ese polígono fundamental tiene dos bordes orientados en direcciones opuestas. Para construir la banda de Möbius, basta con suturar esos bordes volviéndolos en la misma dirección, es decir efectuando una torsión.

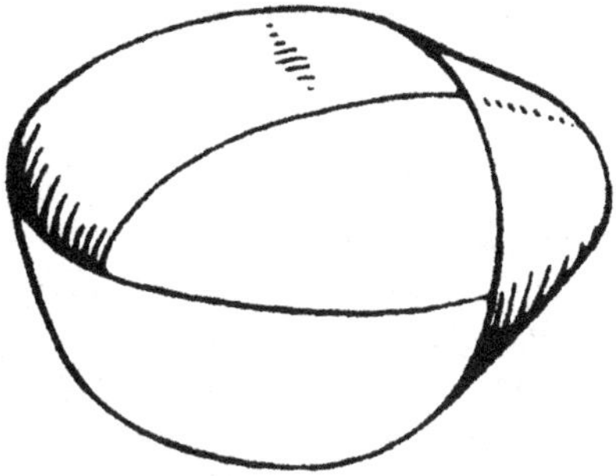

FIGURA 21

Möbius presenta esa singular superficie a la comunidad científica en una nota que figura en el desarrollo de su estudio, *Mémoire sur les polyèdres*, que redacta en 1861, en francés, para competir en el "Gran Premio de Matemáticas" de la Academia de Ciencias sobre el tema: "Perfeccionar en algún punto importante la teoría geométrica de los poliedros".[7] Por primera vez, al parecer, la banda es dibujada de ese modo según una representación plana con líneas rectas que Möbius define como una *superficie unilateral*:

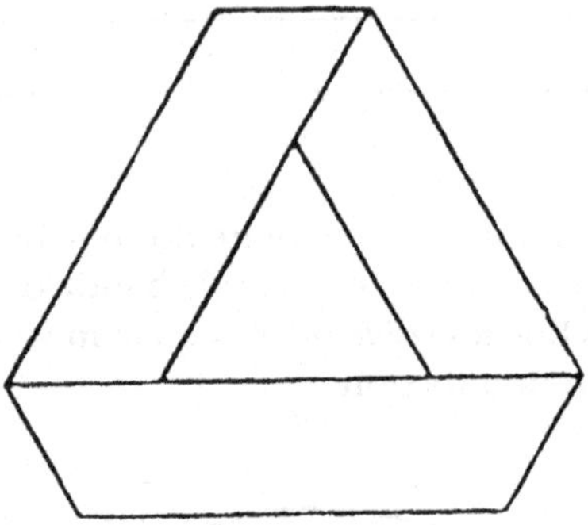

FIGURA 22

Intuitivamente, esa banda pareciera presentar dos caras. No obstante, se trata de una superficie de una sola cara (unilátera) y de un solo borde. Basta con recorrer esa banda a partir de cualquier punto para advertir que se recorre la totalidad de la superficie sin cruzar ningún borde. Si materializamos ese desplazamiento trazando una línea, volvemos al punto de partida sin hacer ningún cruce. En efecto, si cortamos la banda, es decir si reconstituimos el polígono fundamental, encontramos el trazado en las dos caras.

FIGURA 23

Para familiarizarnos con las propiedades particulares de esa superficie, podemos recurrir también a la experiencia propuesta por Lacan en su seminario del 16 de mayo de 1962.[8]

Tracemos en una hoja de papel (superficie bilátera) un círculo que gire en el sentido de las agujas de un reloj:

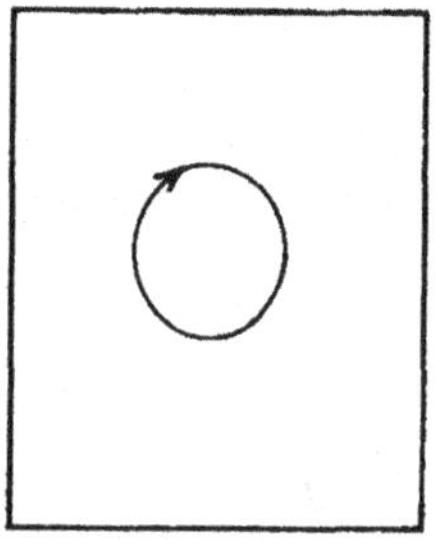

FIGURA 24

Del otro lado, es decir sobre la segunda cara, el círculo girará, necesariamente en el sentido inverso de las agujas del un reloj. Repitamos la misma experiencia sobre una superficie möebiana. Supongamos un personaje que recorre la banda transportando ese mismo círculo que gira en torno de él en el sentido de las agujas del un reloj: cuando el personaje alcance el otro lado de su punto de partida, el círculo girará siempre en el mismo sentido, mientras que en una banda normal el círculo giraría en sentido opuesto:

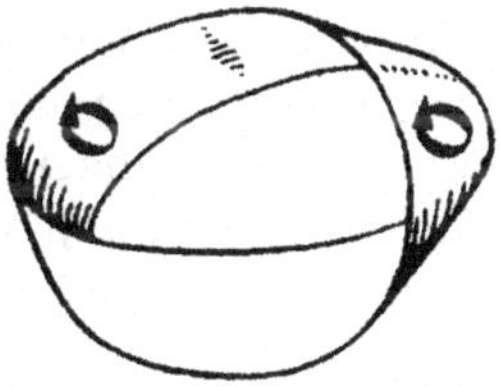

FIGURA 25

El ser infinitamente plano, el pequeño personaje sobre la superficie de Möbius, si transporta consigo un círculo que gire alrededor de él en el sentido de las agujas del un reloj, ese círculo girará siempre en el mismo sentido, de tal modo que del otro lado de su punto de partida lo que se inscribirá girará en el sentido horario, es decir en sentido opuesto a lo que sucedería en una banda normal, en el plano: no está invertido. Por ese motivo, se define a esas superficies como no orientables.[9]

Observemos ahora *cómo un corte puede determinar la topología de una superficie*. Materialicemos, en una banda de Möbius, el recorrido de la superficie con un trazo en el medio a lo ancho de la banda y que vuelve a su punto de partida.

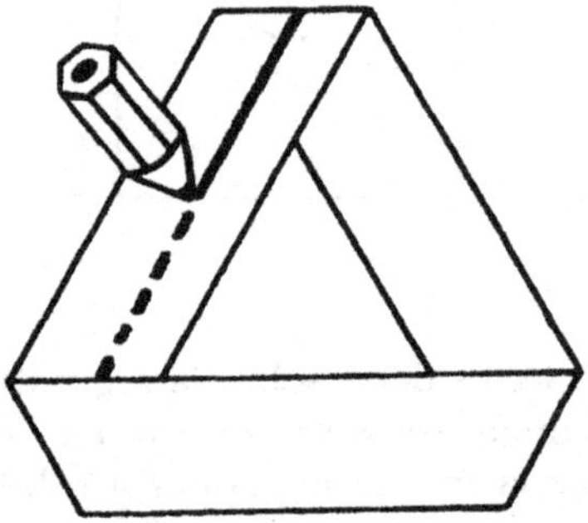

Figura 26

Descompongamos luego la banda siguiendo el trazo hasta el momento en que el corte se cierra sobre sí mismo. Ese corte, que da una única vuelta, parece dejar entera a la superficie puesto que obtenemos una única banda y no dos como uno hubiera esperado intuitivamente. Esa banda, empero, ha cambiado de estructura por completo, puesto que se trata una *banda bifaz* (o bipartida), es decir de una superficie de *dos bordes*, también designada como banda bilátera o *anillo de Jordan*:

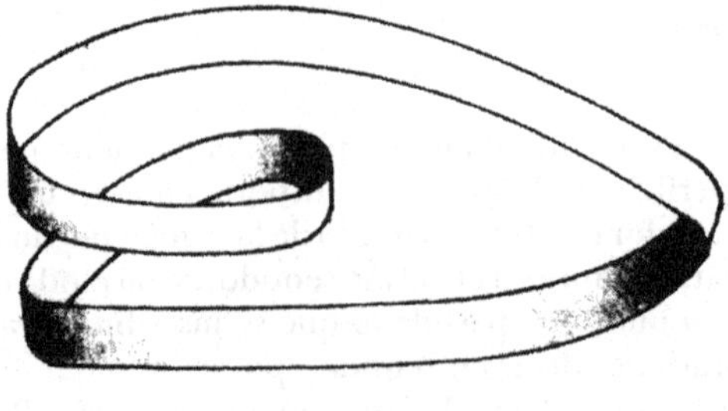

Figura 27

> [...] si con ayuda de una tijera trazan en esa banda de Möbius un corte a igual distancia de los puntos más accesibles de los bordes (tiene un solo borde), si hacen un círculo, el corte se cierra, realizan un círculo, una lazada, una curva cerrada de Jordan. Ahora bien, ese corte no sólo deja entera la superficie sino que transforma la superficie no orientable en superficie orientable, es decir en una banda en la que, si colorean uno de los lados, todo un lado quedará blanco, contrariamente a lo que habría sucedido [...] en la superficie de Möbius entera: todo habría quedado coloreado sin que el pincel cambiara de cara. La simple intervención del corte ha cambiado la estructura omnipresente de todos los puntos de la superficie.[10]

Realicemos de nuevo esa operación sobre la banda de Möbius realizando el corte *a lo largo de uno de sus bordes*. Ese corte, cercano al borde, debe dar dos vueltas para unirse consigo mismo. Al hacerlo, produce una nueva banda de Möbius más angosta que la banda inicial, que se destaca en el centro de una banda de dos caras idéntica a la anterior: el anillo de Jordan. Las dos bandas están encadenadas entonces por el proceso mismo del corte:

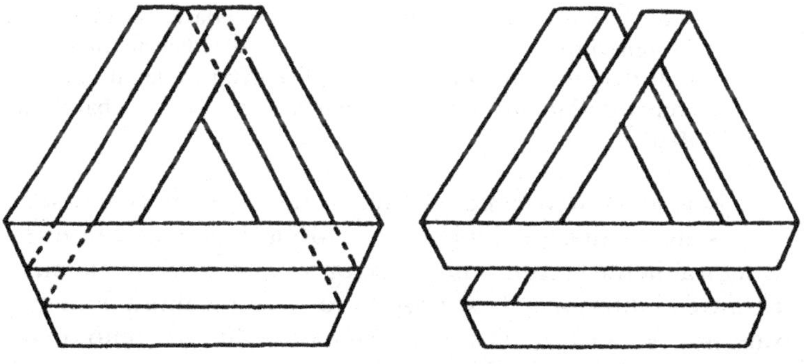

FIGURA 28[11]

Eso lleva a una doble conclusión: no sólo que *el corte determina la estructura topológica de la superficie* sino que, además, podemos decir "que *la banda de Möbius no es sino ese mismo corte*".[12] La prueba de ello, si hiciera falta una prueba, es que si "suturamos" uno de los bordes de la banda bipartida a su otro borde, o sea si suturamos la línea de corte, obtenemos de nuevo la banda de Möbius inicial. De hecho esa sutura, a lo largo de la línea llamada *mediana*, une derecho y revés, de manera que debemos considerar esa línea como una "línea sin puntos",[13] o sea el *puro corte*. Lo que equivale a decir que la banda de Möbius está estructurada como una serie de *líneas sin puntos*:

> Y la razón de eso es que si luego de deslizar un filo, sobre el otro lado de la banda bipartida, procedemos a unir a sí misma la doble lazada de uno de los bordes de esa misma banda, suturaremos a todo lo largo el reverso a su cara derecha.
>
> O si se dice que la banda de Möbius no debe ser imaginada en el ancho ideal en que la banda sufre una torsión de medio giro; a todo su largo el derecho y el revés de la banda son sólo uno. No existe punto alguno en que uno y el otro no se unan. Y la banda de Möbius es sólo el corte de una vuelta, cualquiera (si bien imaginado en la impensable "mediana"), que la *estructura como una serie de líneas sin puntos*.
>
> Eso se confirma al imaginar que se redobla el corte (hacerlo "más cercano" del borde): ese corte dará una banda de Möbius, verdaderamente mediana, que, rebatida, quedará en cadena con la Möbius bipartida [...]: en ese punto se advierte que el a-sentido*3 que resulta del corte simple constituye la ausencia de la banda de Möbius. En consecuencia ese corte = la banda de Möbius.[14]

Más adelante veremos el interés que representa ese tipo de cortes efectuados en una banda de Möbius, que modifican estructuralmente la continuidad recíproca que existía inicialmente entre el interior y el exterior. Pero ya desde ahora podemos valernos de la estructura de la banda de Möbius como de un *soporte metafórico* posible para dar cuenta, a un nivel elemental, de ciertas manifestaciones típicas de la lógica del funcionamiento psíquico.

* Juego de palabras intraducible. Lacan juega sobre la homofonía de ab-sens (donde toma la partícula ab en lugar de a para expresar la privación) que daría a-sentido (o au-sentido) y de absence: ausencia. [T.]

Examinemos, por ejemplo, la noción de *ambivalencia* situándola, para darle toda su consistencia clínica, en el contexto de la neurosis obsesiva en la que, bajo una forma muy significativa, hace estragos en la dialéctica brutal del amor y el odio hacia el objeto del deseo.

En su estudio de 1915 "Las pulsiones y sus destinos",[15] Freud recuerda con alguna insistencia que la oposición amor/odio es, a su criterio, el fenómeno que mejor ilustra la *ambivalencia*.[16] De hecho, esa oposición parece tener en el obsesivo una viscosidad material excepcional de la que parece no poder desprenderse sin rayar con lo trágico o lo grandioso.

Desde 1895, en los "Estudios sobre la histeria"[17] Freud afirmaba a sus pacientes que no arriesgaban gran cosa al emprender una cura analítica ya que, en caso de éxito, éste sólo lograría transformar la grandeza de su miseria neurótica en una desdicha más banal. Pero, agregaba, con un psiquismo sano siempre se está mejor armado para luchar contra esta última.[18]

El obsesivo parece ser especialmente sensible a la nostalgia de lo grandioso de su servidumbre neurótica. Por otra parte, casi podríamos decir de su "servidumbre erótica", ya que su ambivalencia hacia el objeto de su deseo bajo el modo de la transposición del amor en odio se organiza en relación con esa dolorosa medida.

Semejante transposición constituye un caso típico posible del "destino" de la pulsión que Freud designa como "transformación en lo contrario".[19] Por lo general, la polaridad del amor y el odio se regula principalmente en el nivel dialéctico del yo y sus objetos. Freud explica esa dinámica del siguiente modo:

> Cuando el objeto se torna fuente de sensaciones de placer, aparece una tendencia motriz que quiere acercarlo al Yo, incorporarlo en el Yo; en ese caso, también hablamos de la "atracción" ejercida por el objeto que dispensa placer y decimos que "amamos" al objeto. Inversamente, cuando el objeto es fuente de sensaciones de displacer, una tendencia se esfuerza en incrementar la distancia entre él y el Yo [...] Experimentamos "repulsión" hacia el objeto y lo odiamos.[20]

En consecuencia, las cargas y descargas de los objetos deseados se producen sobre el principio de esa dinámica. Por otra parte, como señala Freud: "el empleo más adecuado del término amar se halla en la relación del Yo con su objeto sexual".[21] Inversamente, agrega: "el Yo odia, detesta (...) a todos los objetos que constituyen para él fuentes de sensaciones de displacer, ya signifiquen una frustración de la satisfacción sexual o de la satisfacción de las necesidades de conservación".[22]

Con frecuencia, el obsesivo se entrega con desmesura al servicio de esa alquimia subterránea y preferentemente, al parecer, cuando hay buenas razones para pensar que un daño podría ser si no irreversible, al menos catastrófico. Eso explica por qué con tanta frecuencia, cuando ha sufrido generosamente para conquistar algo, se esfuerza en deshacerlo o volverlo irrecuperable. Desde ese punto de vista, el objeto de amor es un objeto de elección favorable a esa transposición. Jamás faltan los factores inductores susceptibles de iniciar el proceso para que el obsesivo encuentre un terreno favorable a la expresión de su síntoma.

A menudo, lo importante es neutralizar todo signo de llamado de placer que provenga del otro mediante diversos procedimientos de evitación, entre ellos, la repetición fastidiosa de los rituales adopta una significación característica. Por lo general, esa neutralización produce un efecto inverso, es decir la intensificación de los llamados del partenaire amoroso. La mayoría de las veces, esa intensificación inicia entonces la transposición del objeto de amor en objeto de odio, primero bajo el modo de la exasperación y la invasión; luego bajo el modo de la "huida hacia adelante" del obsesivo, demasiado atormentado por la cuestión de la economía de su placer. A lo sumo, basta entonces con una convocación abrupta del deseo del otro inscrita en la garantía de un placer para que se opere la inversión de modo inevitable. Como señala sagazmente Freud:

> El odio mezclado con el amor procede en parte de los estadios preliminares del amor, no del todo superados, y en parte está fundado en reacciones de rechazo por parte de las pulsiones

del yo, reacciones que en los frecuentes conflictos entre los intereses del Yo y los del amor pueden invocar motivos reales y actuales [...] Pero vamos más allá de esa descripción si concebimos que, en ese caso, el odio motivado en la realidad está reforzado por la regresión del amor al estado preliminar sádico, de modo que el odio adquiere un carácter erótico y se garantiza la continuidad de una relación de amor.[23]

Esa última aclaración que aporta Freud nos da una idea de la extraña lógica que hace estragos en el obsesivo. El amor y el odio operan en una continuidad radical. En él, el amor es al odio lo que una cara de una banda de Möbius es a su otra cara aparente. Como lo formula Lacan:

> [...] no hay garantía-amor porque eso sería también garantía-odio.
>
> El amor-odio, es ese fenómeno en donde un psicoanalista, aun no lacaniano, reconoce justamente la ambivalencia, o sea la cara única de la banda de Möbius.[24]

Se pasa de una a otra dimensión sin discontinuidad para volver al punto de partida, del mismo modo en que el obsesivo que pasa del amor al odio encuentra en este último la garantía de su relación de amor. Para él se trata de una simple cuestión de envoltura del objeto.

Notas

1. Lacan, J., *L'identification, op. cit.*, seminario inédito del 21 de febrero de 1962.

2. Lacan, J., *L'insu que sait de l'une bévue s'aile à mourre*, seminario del 16 de noviembre de 1976, en *Ornicar?*, Nº 12/13, *op. cit.*, pág. 5 (subrayado por el autor).

3. Granon Lafont, J., *La topologie ordinaire de Jacques Lacan*, París, Point Hors Ligne, 1985, pág. 51.

4. Esa *argumentación topológica* plantea determinadas cuestiones epistemológicas fundamentales, en particular la de la *referencia*, que constituye su utilización pertinente. He desarrollado ya algunos comentarios referidos al estatuto epistemológico de esos objetos topológicos en la obra de J. Lacan; cf. "Approche épistémologique des paradigmes mathématiques lacaniens", en *Esquisses psychanalytiques*, Nº 15, Jacques Lacan, prima-

vera de 1991, págs. 87-97. Ese análisis introductorio y sumario constituye el bosquejo de un trabajo epistemológico en elaboración que continuará a *L'a-scientificité de la psychanalyse, op. cit.*, a propósito de la transferencia de los algoritmos científicos al campo de la conceptualización psicoanalítica.

5. Analizaremos en profundidad la topología del toro en el capítulo siguiente.

6. Lacan, J., *L'identification, op. cit.*, seminario inédito del 11 de abril de 1962.

7. Cf. 1º) "Introduction" de J. A. Miller, "A. F. Möbius (La première bande)", en *Ornicar?* Nº 17/18, primavera de 1979, págs. 227-277, donde figura la reproducción de las dos páginas del informe original de Möbius (págs. 276-277) consagradas a la banda; 2º) Pont, J. C., *La topologie algébrique des origines à Poincaré*, París, P.U.F., 1974; 3º) según M. Fréchet y K. Fan, *Introduction à la topologie combinatoire*, tomo 1. *Initiation*, París, Librairie Viubert, 1946, pág. 34: "En realidad, fue J. B. Listing el primero en haber estudiado esa superficie en 1861, cuatro años antes que Möbius. Para esta cuestión de atribución, véase H. Tietze": por lo tanto 4º) Tietze, H., *Einige Bemerkungen über das Problem des Kartenfärbens auf einseitigen Flächen*, Jahresber Deutsch Math. Vereinigung, tomo XIX, 1910, págs. 155-159.

8. Cf. Lacan, J., *L'identification, op. cit.*, seminario inédito del 16 de mayo de 1962.

9. *Ibíd.*

10. *Ibíd.*

11. Figura inspirada en el esquema de M. Darmon, en su obra *Essais sur la topologie lacanienne, op. cit.*, pág. 198.

12. Lacan, J., "L'étourdit", en *Scilicet*, Nº 4, París, Seuil, 1973, págs. 26-27 (el subrayado es mío).

13. *Ibíd.*, pág. 27.

14. *Ibíd.* (el subrayado es mío).

15. Cf. Freud, S., *Trieb und Triebschiksale* (1915), G. W. X. págs. 210-232, S. E. XIV, págs. 109-140; trad. J. Laplanche y J. B. Pontalis, "Pulsions et destins des pulsions", en *Métapychologie*, París, Idées-Gallimard, Nº 154, 1981, págs. 11-44 [Versión castellana: "Las pulsiones y sus destinos", en *Obras Completas, op. cit.*, tomo 2].

16. Cf. *ibíd.*, pág. 34: "La permutación de una pulsión en su contrario (material) se observa en un solo caso, el de la permutación del amor en odio. Puesto que con frecuencia amor y odio se dirigen simultáneamente al mismo objeto, esa coexistencia nos proporciona también el principal ejemplo de una ambivalencia del sentimiento" (subrayado por el autor).

17. Cf. Freud, S., Breuer, J., *Studen über Hysterie* (1895), G. W. I, págs. 77-132, S. E. II; trad. A. Berman, *Etudes sur l'hystérie*, París, P. U. F., 1956 [Versión castellana: "Estudios sobre la histeria", en *Obras Completas, op. cit.*, tomo I].

18. Cf. *ibíd.*, pág. 247: "Con frecuencia, he escuchado la objeción de mis pacientes [...]: 'Entonces ¿cómo me podrá ayudar?'. He dado la siguiente respuesta: "Es cierto, no cabe duda de que le sería más fácil al destino que a mí liberarlos de sus males, pero pueden estar convencidos de algo y es que, en caso de éxito, tendrán la ventaja de transformar vuestra miseria [...] en infortunio banal. Con un psiquismo nuevamente sano serán más capaces de luchar contra este último".

19. Cf. Freud, S., "Pulsions et destins des pulsions", en *Métapsychologie, op. cit.*, págs. 25-26.

20. *Ibíd.*, págs. 39-40.

21. *Ibíd.*, pág. 41.

22. *Ibíd.*

23. *Ibíd.*, págs. 43-44

24. Lacan, J., "L'étourdit", en *Scilicet*, Nº 4, *op. cit.*, pág. 32.

9

Dialéctica de la demanda y el deseo entre el sujeto y el Otro. La topología del toro

En la *Introduction à la topologie combinatoire* de Fréchet, se define al toro de la siguiente manera:

> [...] superficie obtenida por la rotación de una circunferencia alrededor de una recta situada en su plano y sin cruzarla.[1]

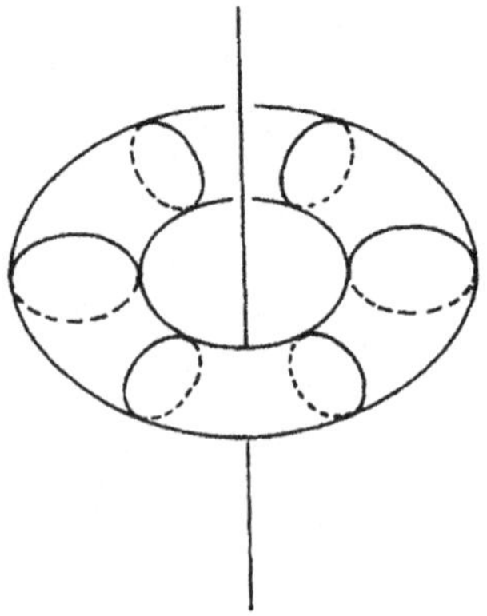

FIGURA 29

El toro se presenta entonces como una superficie de revolución cerrada cuyas propiedades aprovechará Lacan para poner de manifiesto la *función del sujeto*.

Contrariamente a las apariencias, la del toro no es una superficie agujereada sino un cuadrilátero. De todos modos, se trata de una estructura agujereada, es decir una *estructura en anillo* organizada alrededor de un agujero central.

Para poner de manifiesto esa diferencia basta con efectuar dos cortes particulares en el toro:

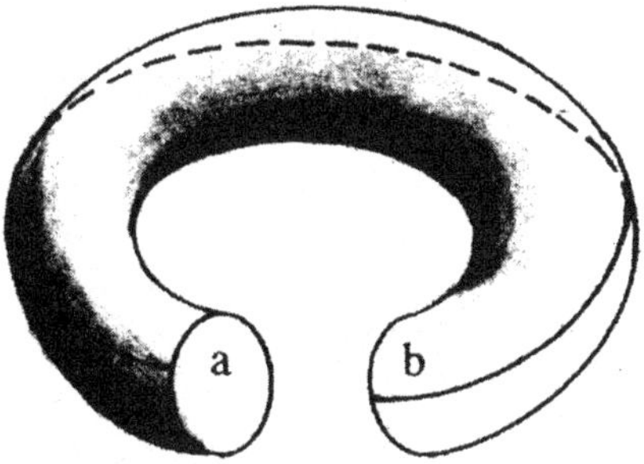

FIGURA 30

Se puede efectuar un primer corte siguiendo el círculo *a*, y un segundo corte según el círculo *b*. De ese modo, obtenemos la extensión del agujero en un *cuadrilátero*. Si orientamos los bordes del cuadrilátero y los suturamos, podemos reconstituir entonces el toro inicial.

El trazado de esos cortes corresponde a la delimitación de circularidades precisas. Una es una lazada pequeña que da la vuelta al anillo (círculo a) y que podemos designar como *círculo pleno*. La otra realiza el recorrido del anillo alrededor del agujero central (círculo b) y la denominaremos *círculo vacío*.

A partir de estas distintas características (superficie cuadrilátera, estructura agujereada, círculo pleno y círculo vacío) podemos poner de manifiesto propiedades nuevas que Lacan utilizará para representar la función del sujeto.

El sujeto, por estar relacionado con el inconsciente, está

interesado de modo fundamental por el automatismo de repetición que tiende a hacer surgir de nuevo lo unario primitivo, en su unicidad significante en cada vuelta de la repetición.[2]

La repetición de ese "uno" puede ser metaforizada como otros tantos circulitos plenos en el toro, o sea una multitud de vueltas sucesivas que se enrollarán en el toro como el hilo en una bobina:

> Esa es entonces la serie de las vueltas que en la repetición unaria hacen que aquello que vuelve sea lo que caracteriza al sujeto primario en su relación significante con el automatismo de repetición.[3]

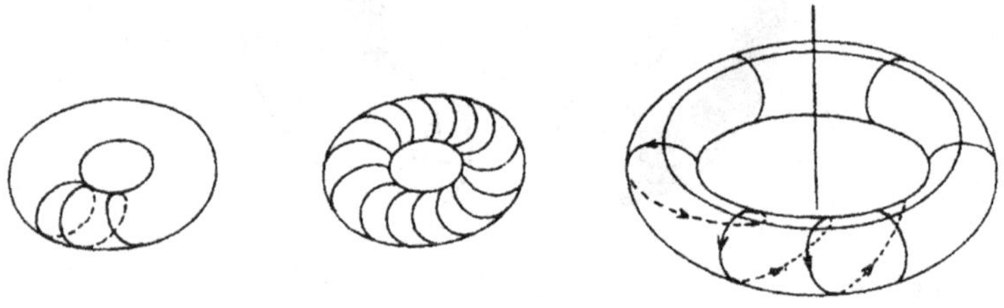

Serie de demandas en un toro

FIGURA 31

Supongamos ahora que ese enrollamiento se efectúe hasta su término, es decir hasta el momento en que el comienzo del primer lazo se haya unido a la extremidad del último. Lacan propone que se represente de ese modo la escansión de la demanda repetitiva, mediante ese conjunto de vueltas sucesivas que se enrollan en la circunferencia del toro como un bobinado.

En esas condiciones, podemos concebir la superficie del toro como la superficie que soporta la función del sujeto. Al recorrer la sucesión de las vueltas de la demanda, el sujeto constituye un círculo generador que, al repetirse, engendra la superficie del toro. Pero como señala Lacan:

> En la medida en que el sujeto recorra la sucesión de las vueltas, se habrá equivocado necesariamente en una de ellas en su cuenta y vemos reaparecer aquí el menos 1 inconsciente en su función constitutiva.[4]

Si el sujeto se ha equivocado necesariamente en una vuelta, es porque se trata de una vuelta que no puede contar en su recorrido, es decir la que efectúa al dar la vuelta al agujero central. Sin dejar de recorrer los círculos *a*, realiza necesariamente la trayectoria del círculo *b*. En consecuencia, si nos representamos los círculos plenos como otras tantas vueltas de la *demanda*, debemos considerar al círculo vacío como relacionado inevitablemente con la *función del deseo*; más exactamente con la metonimia del deseo[5] que se apoya en la repetición. En ese sentido, el círculo vacío no simboliza, hablando con propiedad, el deseo sino más bien su *objeto metonímico*.

Nos vemos obligados a aceptar entonces que el recorrido del sujeto en el toro participa a un tiempo de los círculos plenos y del círculo vacío, lo que produce la posibilidad de determinar un tercer tipo de circularidad que integre a las dos circularidades anteriores. Es decir, una circularidad nueva que recorra a un tiempo la vuelta del agujero central y el espesor del anillo. Se trata del *ocho interior*, que podemos representar de la siguiente manera:

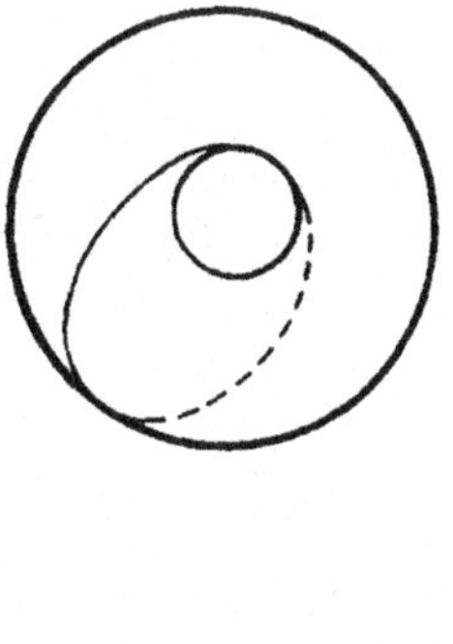

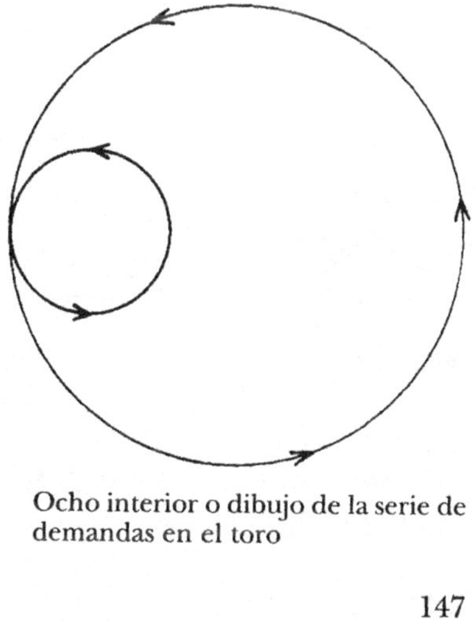

FIGURA 32

Ocho interior o dibujo de la serie de demandas en el toro

Si trazamos ese "ocho interior" en el toro, una vez realizados los cortes *a* y *b*, obtenemos en el despliegue del cuadrilátero dos trazados oblicuos que constituyen su contorno.

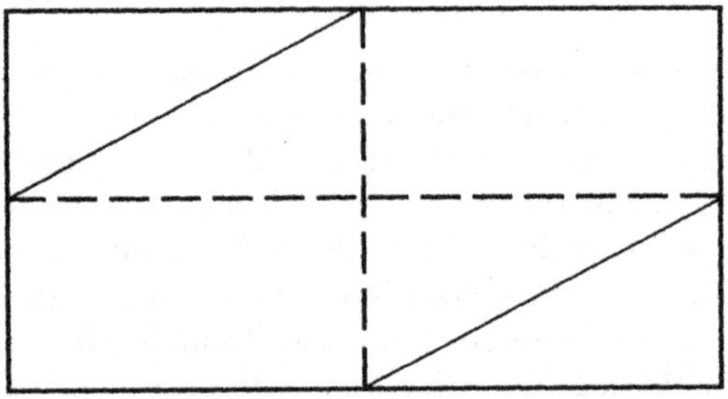

FIGURA 33

Antes de continuar con el examen de las características topológicas del toro, detengámonos en la configuración del ocho interior y en sus propiedades ilustrativas en cuanto a la relación estructural que liga al sujeto con objeto de su deseo, por la mediación significante de las demandas.

Convengamos en representar un conjunto por medio de un *círculo de Euler*. A partir de esa esquematización, podemos construir la unión de dos conjuntos: A y B: A ∪ B.

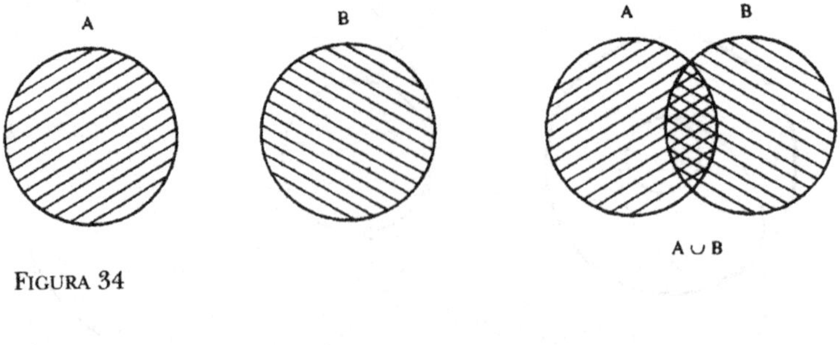

FIGURA 34

De la misma manera, podemos realizar la intersección de los dos conjuntos: A ∩ B.

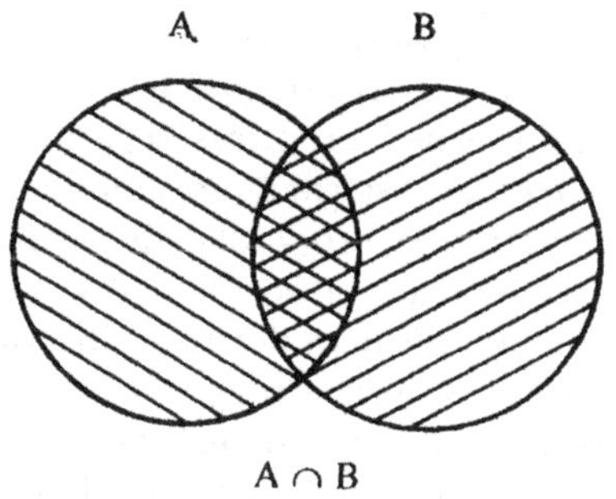

FIGURA 35

El campo de intersección está comprendido entonces en el campo de la reunión. Si efectuamos ahora la operación que consiste en sustraer la intersección de la reunión, obtenemos la *diferencia simétrica.*

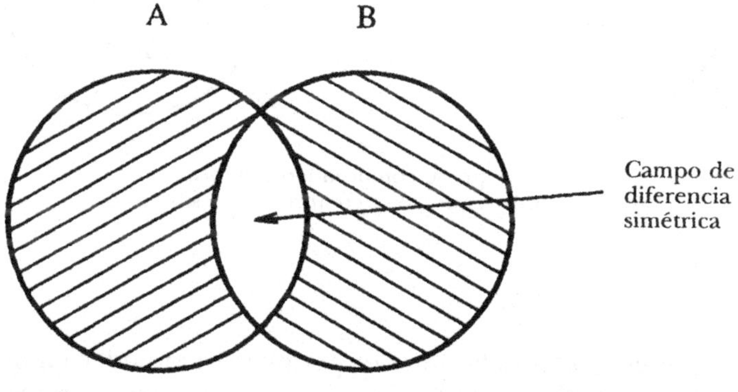

FIGURA 36

No obstante, la configuración de los círculos de Euler no permite resolver un problema que se plantea en el campo de los conjuntos: el de los *conjuntos miembros de sí mismos,* que ha sido ejemplificado notoriamente por Bertrand Russell con su paradoja de los catálogos.[6] Si queremos construir el catálogo de todos los catálogos con la condición de que esos catálogos no se mencionen a sí mismos, entonces llegamos a una situación paradójica. En efecto, si ese catálogo se menciona a sí mismo, no tenemos en cuenta la propiedad de no mencionarse a sí mismo, en consecuencia, esa posibilidad debe ser eliminada. Pero si se la elimina, entonces debemos inscribir ese catálogo que no se menciona a sí mismo, pero si se lo inscribe no se tiene en cuenta la propiedad de no mencionarse a sí mismo...

El *ocho interior* proporciona una configuración adecuada para representar a ese conjunto de todos los conjuntos que no se comprenden a sí mismos.

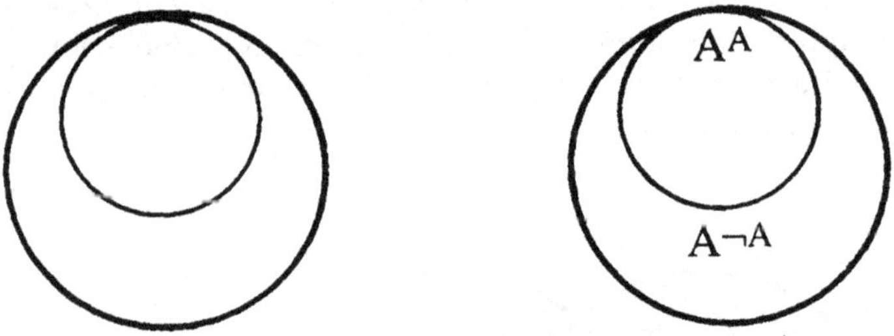

A^A: conjuntos que se comprenden a sí mismos
$A^{\neg A}$: conjuntos que no se comprenden a sí mismos

FIGURA 37

En efecto, el *ocho interior* permite comprender en qué punto el redoblamiento de algo en el interior de sí mismo es al mismo tiempo homogéneo con lo que es exterior.

Esa sugerencia topológica sólo es de interés si centramos el problema en el nivel del significante, con más exactitud en el registro de la relación del significante consigo mismo. ¿Bajo qué condiciones puede un significante significarse a sí mismo? Sólo puede hacerlo con la condición de poder plantearse también como diferente de sí mismo.

Como lo formula justamente Claude Conté:

> Sólo hay paradoja en la medida en que se piense que tales conjuntos [$A\ ^{A}$], deben ser considerados como excluidos de otro grupo de conjuntos [A^{A}] que, por su parte, se comprenden a sí mismos y constituirían a partir de ese hecho un grupo especial de conjuntos de alguna manera redoblados y susceptibles de nombrarse a sí mismos: ilusión que reposa en la creencia de que *a es a* (que la letra a es la misma cuando se le asigna que designe a la letra a) y que el *significante puede significarse a sí mismo.* Pero el significante sólo puede significarse si se repite como diferente de sí mismo: a partir de ahí, los conjuntos [A^{A}] sólo se presentan como posibilidad incluida en la naturaleza misma del significante y deben representarse como un ocho interior, es decir como una manera del significante de volverse a considerar como diferente de sí mismo, lo que, lejos de conferirles un peso especial en el interior de un primer círculo, los homogeneiza con lo que está en el exterior de ese primer círculo.[7]

Imaginemos ahora el trazado de dos círculos de Euler en el toro:

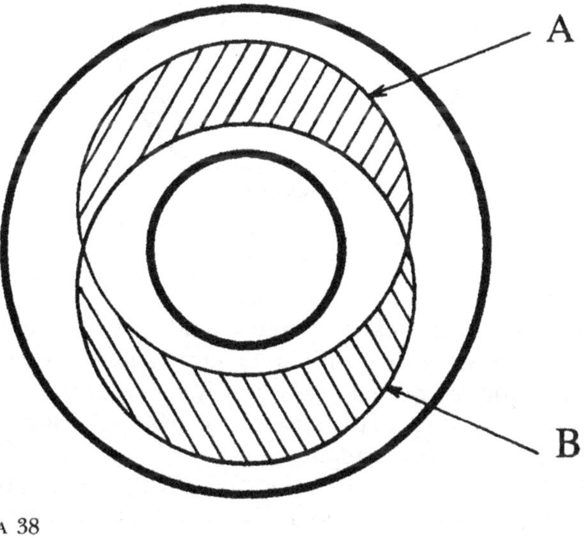

FIGURA 38

Obtenemos un campo de diferencia simétrica, pero sin campo de intersección. Debido a la estructura del toro, observamos que dos campos que se entrecruzan pueden definir entonces su diferencia simétrica aun cuando ya no podamos establecer su unión o su intersección. Por otra parte, el campo en que se espera encontrar su intersección aparece justamente como un campo que está por fuera de ellos. Lo que debía constituir el interior de los dos campos se presenta justamente en el exterior;[8] y eso es algo que podemos comprobar con facilidad, si efectuamos como en los otros casos los cortes adecuados en el toro para desplegar su superficie.

Así, podemos reemplazar los dos círculos de Euler en el toro por el trazado de un *ocho interior*.

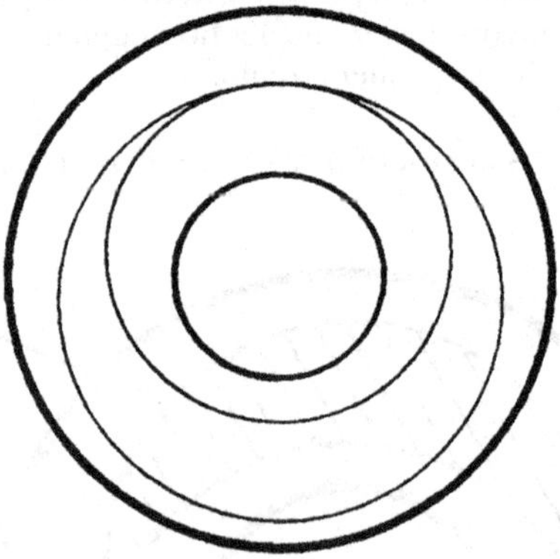

FIGURA 39

El *ocho interior* es una circularidad que se retoma a sí misma en el interior de sí misma. En consecuencia, se trata de un círculo que puede redoblarse y volverse a formar desde el momento en que reducimos cada vez más la distancia de la primera a la segunda lazada.

Si suponemos que los círculos plenos (2) constituyen las vueltas de la demanda y que los círculos vacíos (1) imaginarizan al objeto metonímico del deseo, podemos ver entonces en el toro cómo se constituyen las relaciones estructurales de la demanda y el deseo.

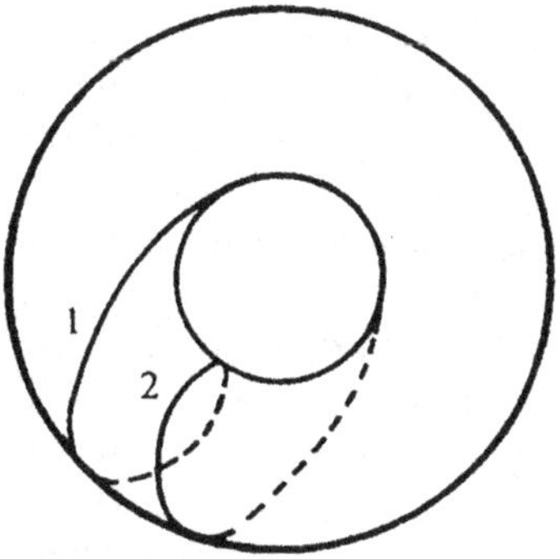

Figura 40

Así aparece de manera evidente la propiedad por la cual una demanda va seguida de otra sin recortar jamás su superficie —luego sin intersección—. El circuito de cada demanda implica para cada una de ellas la vuelta al agujero central, o sea el objeto del deseo integrado a la demanda. *De todas las demandas, ninguna presenta nunca una intersección respecto de otra,* aun cuando tienen el mismo objeto incluido en su perímetro.

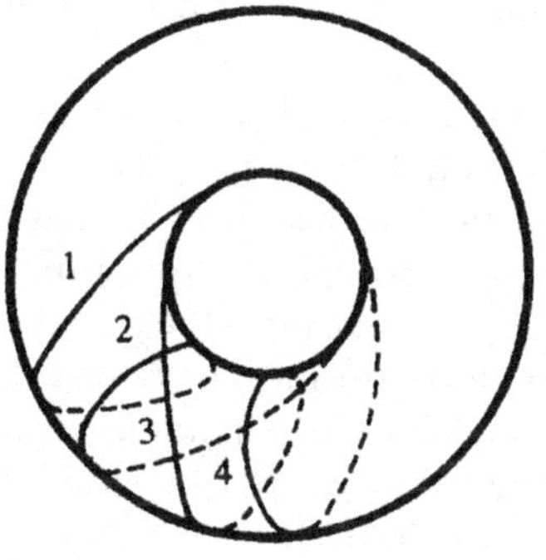

Figura 41

Se ilustra así una propiedad subjetiva fundamental: *la reiteración de las demandas instituye un campo de autodiferencia, diferencia de sí misma que reduplica empero al objeto del deseo sobre sí mismo.*[9]

La subjetivación siempre se inicia sobre un fondo de privación [–1]. Por otra parte, sólo después de todo un ciclo que se opera a partir de esa privación original, puede el sujeto hacer advenir un saber que lo excluye y advierte que nunca alcanza la adecuación para significar lo que lo causa, es decir el *deseo.*

De hecho, apenas adviene el sujeto al orden de lo Simbólico, queda sustraído de él de modo que podríamos decir que el saber del sujeto repite al propio sujeto e incluso que es ésa la posición subjetiva que constituye el único modo de ser del sujeto.[10] Eso produce una dialéctica particular de la necesidad, el deseo y de la demanda, en donde la demanda, por esencia, será siempre inadecuada para significar el objeto del deseo que la causa. Consecuentemente, el deseo sólo podría desplegarse de demandas en demandas sucesivas de acuerdo con una estructura metonímica que represente el todo (el objeto perdido) por la expresión del deseo de la parte (el objeto sustitutivo).[11]

Por lo tanto, cada una de las vueltas de la demanda es "irreductiblemente diferente" (Lacan). En ese punto se trata de la identificación de la función del rasgo unario, esa unidad de la diferencia como tal, imprescindible para posibilitar cualquier cuenta. Entonces, volvemos a encontrar ahí la privación que objetiva originalmente al sujeto en la forma de esa vuelta no contada.

Como lo formula Lacan, la metonimia del deseo confirma una falta fundamental; "la pérdida de la cosa en el objeto".[12] Por lo tanto, en cada una de las experiencias de satisfacción, el deseo del objeto perdido está siempre intrínsecamente ligado al retorno del objeto metonímico a la vez que sostiene la demanda. Pero de todos modos, cada una de las satisfacciones deja al sujeto en una falta que reactualiza de manera permanente el engaño imaginario en el que está capturado: intentar reencontrar en el objeto metonímico el objeto perdido al que siempre se apunta a través del primero.

Lacan nos recuerda que el neurótico suscribe sin reservas a la reiteración sintomática de ese señuelo:

> Si hay [...] algo que nos permite decir en dónde se ha dejado atrapar el neurótico desde el principio, es en esa trampa: intentará que pase en la demanda lo que es el objeto de su deseo, el obtener del Otro, no ya satisfacción de su necesidad, que es para lo que sirve la demanda, sino la satisfacción de su deseo, a saber poseer el objeto, es decir precisamente lo que no se puede pedir —y así es como nace lo que se llama dependencia en las relaciones del sujeto con el Otro— lo mismo que, todavía más paradójicamente, intentará satisfacer la demanda del Otro, poniendo su deseo en conformidad.[13]

Si representamos la *demanda* como la renovación de las vueltas sucesivas de los círculos plenos en el toro ligados a la repetición de la necesidad y *el objeto metonímico* con el círculo vacío recorrido así a través de todas las demandas consecutivas, falta localizar *el objeto del deseo* como tal, imprescindible para metaforizar la dialéctica del deseo del sujeto en relación con el Otro. Para hacerlo, Lacan propone recurrir a una nueva construcción topológica.

Un toro siempre llama potencialmente a un toro "complementario". En efecto, en la medida en que un toro se caracteriza por un círculo generador (círculo pleno) y un círculo de revolución (círculo vacío), siempre puede imaginarse el toro cuyo agujero central estuviera ocupado por el espesor del anillo de un segundo toro cuyo agujero central, recíprocamente estuviera ocupado por el círculo generador del primer toro.

FIGURA 42

En ese montaje de dos toros, el círculo generador del segundo es igual al círculo de revolución del primero, y a la inversa. Por lo tanto, esos dos toros constituyen superficies estrictamente iguales. Basta con practicar en los dos toros los cortes habituales para verificar esa igualdad luego de desplegar las superficies.

Convengamos en designar a ese segundo toro —el toro complementario— como el soporte del Otro. Disponemos entonces de un sustrato metafórico susceptible de representar la articulación dialéctica del deseo y la demanda del sujeto respecto del Otro. Lo que equivale a describir "la carencia de armonía ideal que podría ser exigida del objeto a la demanda y de la demanda al objeto".[14]

Resulta fácil comprender cómo el círculo del deseo del uno (círculo vacío) se confunde con el círculo de la demanda del Otro (círculo pleno) y viceversa. Como lo señala Lacan, en esa transposición se realiza "el nudo donde se atasca toda la dialéctica de la frustración".[15]

La naturaleza de esa construcción representa de modo intuitivo la naturaleza del objeto del deseo, que es fallido por esencia puesto que ese objeto es siempre "el efecto de esa imposibilidad del Otro de responder a la demanda".[16] De esa manera, se expresa la dependencia sintomática del neurótico que espera recibir como respuesta del Otro al que destina sus demandas, el objeto de su deseo. En ese sentido, el neurótico sólo puede descubrir al Otro como el Otro imaginario de la frustración.[17] Esto confirma, desde otro punto de vista, la dependencia mencionada ya en el 'grafo del deseo'[18] donde Lacan insiste en mostrar cómo el sujeto experimenta su primer encuentro con el deseo como el encuentro del deseo del Otro, que sólo puede dar respuesta a su demanda bajo el modo del 'Che vuoi?'".

A pesar de que el Otro instituya la condición del origen del deseo para un sujeto, en ningún caso podría lograr satisfacer su demanda:

> El Otro, para la satisfacción del deseo del sujeto, debe ser definido como sin poder.[19]

No obstante, ese Otro, como condición de posibilidad del origen del deseo, puede ser definido también como "no sin poder".[20] Ese estatuto particular del Otro en la estructura del deseo del sujeto es puesto de manifiesto en el montaje de los dos toros complementarios. En efecto, podemos considerar que el segundo toro, que representa al Otro, es engendrado por la rotación del primero:

> El círculo de revolución del toro de origen al girar en torno de un eje perpendicular al eje del primero, se posicionará como círculo generador del segundo toro y definirá una nueva superficie cuyo círculo de revolución será exactamente el círculo generador del primer toro.[21]

En consecuencia, el engendramiento del segundo toro, puesto que corresponde exactamente al círculo generador del primer toro, significa que el Otro es el lugar donde se suceden las vueltas de la demanda. Dado que todas esas vueltas son diferentes entre sí ya que cada una forma parte de una repetición 'unaria', podemos considerar el segundo toro del Otro como la "metáfora del rasgo unario":[22]

> Ese Otro, como uno [...], una vez recorrida la exigencia de los efectos de la frustración imaginaria, se presenta con ese valor único.[23]

Pero como acabamos de ver, el Otro también puede ser considerado como "no sin poder".[24] En ese sentido, puede ser definido entonces como "*no uno*" y de ese modo dar al sujeto esa dimensión del [-1] que hemos mencionado anteriormente, es decir la condición de posibilidad de su deseo en la relación con el Otro. Por una parte, *la impotencia* del Otro para responder a la demanda del sujeto y en consecuencia para producir el objeto de su deseo, "se origina en un imposible"[25] que no es sino la *limitación de su saber*. Pero por otra parte, ese imposible es también lo que induce el deseo del sujeto, de modo tal que "el deseo se constituye como la parte de la demanda que está oculta al Otro".[26] Así, el Otro aparece como lo que se supone que oculta el objeto pedido por el sujeto: es el "principio de ocultación"[27] del lugar del deseo.

Puesto que es al mismo tiempo *sin poder* y *no sin poder*, en la medida en que el Otro responde, sólo puede hacerlo bajo el modo "nada es seguro" y a partir de esa modalidad se define la dimensión oculta de algo que se constituirá para el sujeto como objeto del deseo:

> Así, el deseo se constituye en primer lugar por su naturaleza como lo que está oculto al Otro por estructura; es justamente lo imposible para el Otro lo que deviene deseo del sujeto.
>
> El deseo se constituye como la parte de la demanda que está oculta al Otro. Ese Otro que, justamente, no garantiza nada en tanto Otro, en tanto lugar de la palabra, adquiere su incidencia edificante en ese punto. Deviene el velo, la cobertura, el principio de ocultación del lugar mismo del deseo y en ese punto el objeto se pondrá a cubierto, si hay una existencia que se constituye ante todo es ésa y sustituye a la existencia del propio sujeto dado que éste, por estar suspendido del Otro, está también suspendido del hecho de que del lado del Otro nada es seguro salvo, justamente, que oculta, que cubre algo que es ese objeto, ese objeto que quizá todavía no sea nada en tanto que se tornará el objeto del deseo.[28]

De esa manera, Lacan circunscribe el objeto del deseo como una nada "en tanto está oculta al Otro".[29] La consistencia del objeto del deseo no es más que un envoltorio vacío susceptible de devenir el lugar de todo objeto (objeto metonímico) respecto del cual el sujeto reitera su búsqueda fundamental. En cierto modo, el verdadero estatuto del deseo se funda en el desfallecimiento del Otro que, por no ser ni omnipotente ni omnisciente, jamás garantiza nada seguro.

La estructura del toro permite metaforizar de una manera aun más sutil la problemática del deseo del sujeto.

Consideremos el círculo generador, es decir el *círculo pleno* que, como lo recuerda Lacan, representa "la insistencia significante de la demanda repetitiva",[30] que designaremos como 'D'. Denominenos ahora 'd' al círculo de revolución o *círculo vacío* que representa el camino metonímico del deseo que el sujeto recorre sin saberlo en la sucesión de las vueltas de la demanda. A partir de esos dos círculos es posible efectuar una circularidad que siga a un tiempo las espirales de la demanda a la vez que efectúa la vuelta al agujero central. Definamos esa nueva circularidad como D + d, o sea *la adición de la demanda y el deseo*, que "permite simbolizar la demanda con lo que en ella subyace de deseo".[31]

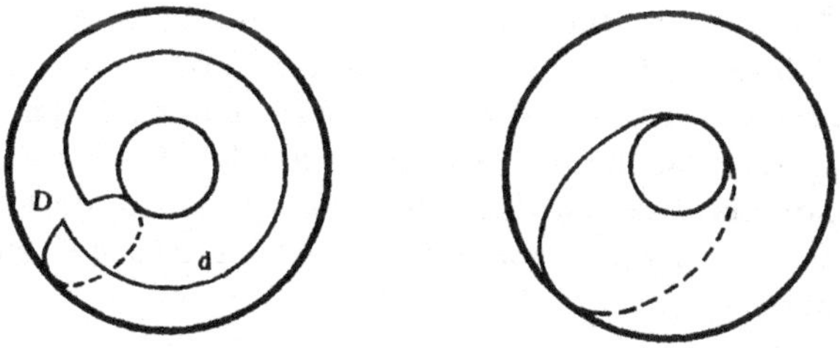

FIGURA 43[32]

En consecuencia, esa nueva circularidad —también llamada "ocho interior"— simboliza la función del deseo como tal, ya que aquí el sujeto está representado por la superficie topológica del toro.

Como señala Lacan, no importa que tomemos la obra de Freud en el comienzo o en el final, siempre observaremos que en ella la función del deseo está atravesada por una constante: la referencia al Edipo. En algunos aspectos, el Edipo se funda en la conjunción de la demanda y el deseo a través del mito de la "horda primitiva". El sujeto debe enfrentarse con lo que subyace en el Edipo que es la demanda del Otro y su deseo. Ahora bien, esa demanda del Otro interviene aquí como una prescripción absoluta:

> No desearás a aquella que ha sido mi deseo [...] eso funda en su estructura lo esencial, el punto de partida de la verdad freudiana. Y es ahí, a partir de ahí como, de algún modo, todo deseo posible está obligado a esa suerte de rodeo irreductible [...] que hace que el deseo deba incluir en sí ese vacío, ese agujero interno especificado en esa relación con la ley original.[33]

Encontramos ese vacío del agujero central en la circularidad del "ocho interior". De ese modo, la impotencia del Otro para responder arraiga para el sujeto en un imposible constituido por esa prescripción absoluta: "No desearás lo que ha sido mi deseo". Pero consecuentemente, toda demanda del sujeto se confronta de modo ineludible con la siguiente demanda del Otro: "No quiero saber nada de lo que tú me pides".

El deseo del sujeto se constituirá, precisamente, en la intersección de esas dos demandas. Por eso mismo, la demanda del sujeto sólo se liberará de la demanda del Otro en la medida en que pueda enterarse de ese no-saber en el lugar del Otro. No es casual, entonces, que el neurótico se singularice en torno de ese punto:

> La manera válida para el neurótico de resolver el problema de ese campo del deseo en tanto que está constituido por ese campo central de las demandas que, justamente, se entrecruzan y por eso deben ser excluidas, consiste en que él considera que la manera satisfactoria es que ustedes sepan.[34]

Ahí donde el no neurótico libera su demanda de la demanda del Otro, el neurótico, al enterarse de que el Otro no *puede* nada, desplegará en cambio todos sus esfuerzos para que el otro *sepa*. Eso de lo que él no quiere saber nada. Y Lacan concluye:

> De no ser así, no haría psicoanálisis.[35]

Pero agrega de inmediato:

> El neurótico está subjetivamente en la posición crítica que lo caracteriza no porque tenga un yo más o menos retorcido: está en esa posición crítica debido a una posibilidad estructurante radical de identificar su demanda con el objeto del deseo del Otro o de identificar su objeto con la demanda del Otro.[36]

Pero Lacan subraya que si esa dialéctica intersubjetiva opera plenamente en el neurótico es porque existe una *disimetría fundamental* de la demanda y el objeto en el sujeto en relación con la demanda y con el objeto en el Otro.

Nos referiremos una vez más a la estructura del toro[37] y a las dos extraordinarias circularidades que hemos identificado como: **"D"**, *círculo pleno* de la demanda y **"d"**, *círculo vacío* del circuito del objeto metonímico del deseo. De esas dos circularidades **[D + d]** resulta la circularidad que retoma en una misma continuidad el círculo pleno y el círculo vacío, y que representa la función del deseo como tal.

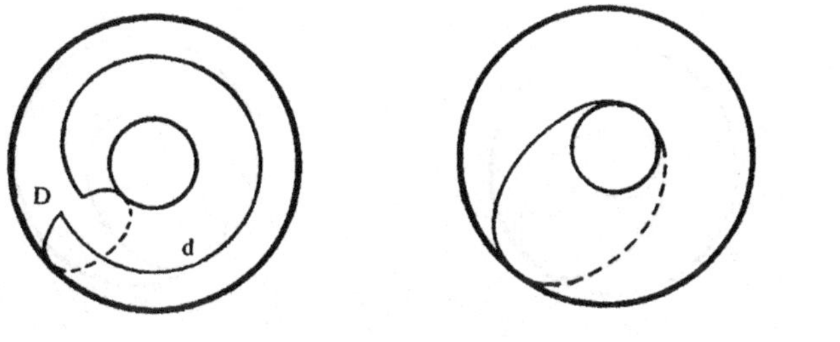

FIGURA 44[38]

Si practicamos cortes siguiendo esos tres tipos de circularidad, obtendremos en la superficie del polígono fundamental tres trazados significativos:

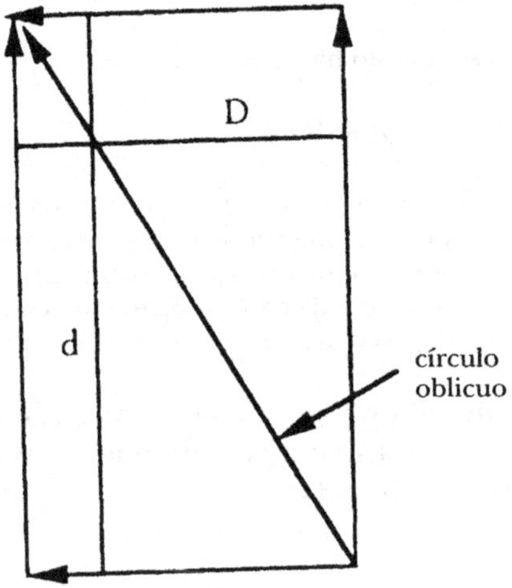

FIGURA 45[39]

Nos detendremos ahora en el trazado del "círculo oblicuo" (Lacan) **D + d**. Supongamos dos toros en los que transportaremos esos dos círculos "oblicuos" de corte: en uno de ellos, un corte orientado a la derecha; en el otro, un corte orientado a la izquierda.

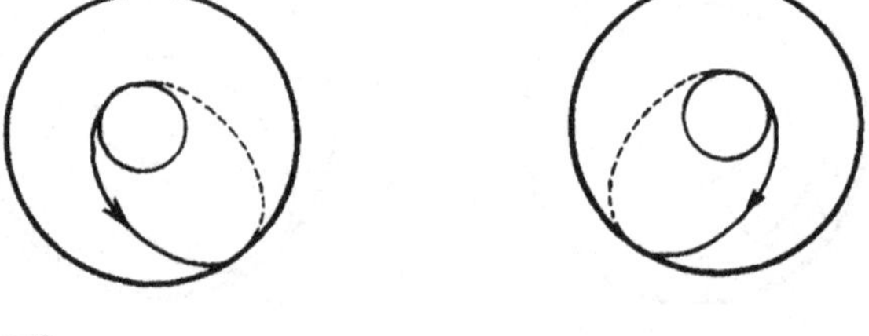

FIGURA 46[40]

Transportemos luego el corte del toro 2 al del toro 1 para hacerlos coincidir:

FIGURA 47[41]

A pesar de su simetría aparente, esos dos cortes no son superponibles. Esa *disimetría* se evidencia por la orientación del corte **D** + **d**.

Veamos ahora qué sucede en dos toros complementarios. Luego de trazar **D** + **d** en la superficie del toro 1, imaginemos que ejercemos una torsión en el toro complementario 2, de modo tal que se superponga con el toro 1; operación tanto más realizable cuanto que esos objetos no son superficies rígidas. Obtenemos así sobre el toro 2 la proyección del trazado **D** + **d** que estaba representado inicialmente en el toro 1. Obtenemos entonces dos circularidades: **D** + **d** y **D'** + **d'**.

va fig.
pág. 160 del original

FIGURA 48

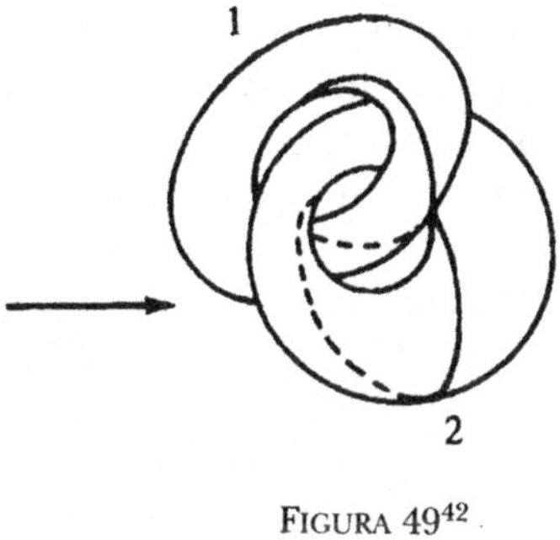

FIGURA 49[42]

Separemos ahora los toros 1 y 2. Observamos que esas dos circularidades están orientadas de idéntica manera:

FIGURA 50[43]

Por lo tanto, son superponibles, lo que se puede verificar con facilidad si transportamos el trazado sobre un solo toro tratando de hacerlos coincidir:

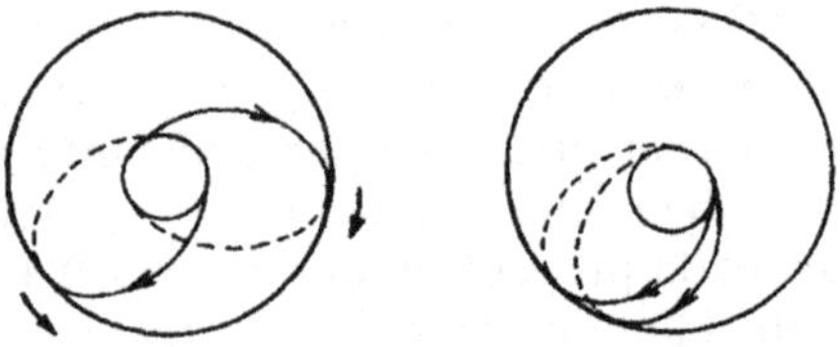

FIGURA 51[44]

Esa superposición de las circularidades "oblicuas" de los dos toros puede ponerse de manifiesto de otra manera. Descompongamos los dos toros complementarios en sus polígonos fundamentales: el círculo pleno del primero es igual al círculo vacío del segundo y viceversa.

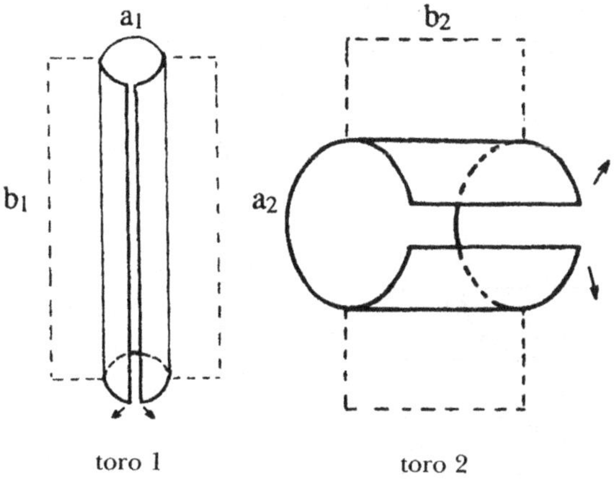

FIGURA 52[45]

Si transportamos la circularidad **D + d** sobre el toro 1, obtenemos un trazado oblicuo homólogo en el polígono fundamental.

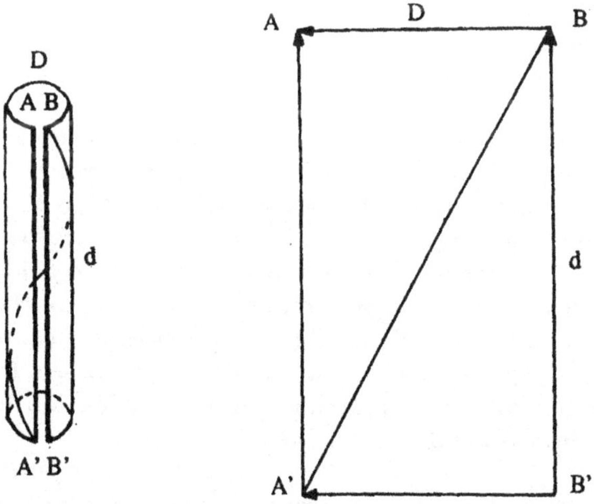

FIGURA 53[46]

El calco de esa circularidad en el toro 2 se traducirá también por un trazado oblicuo en el polígono fundamental.

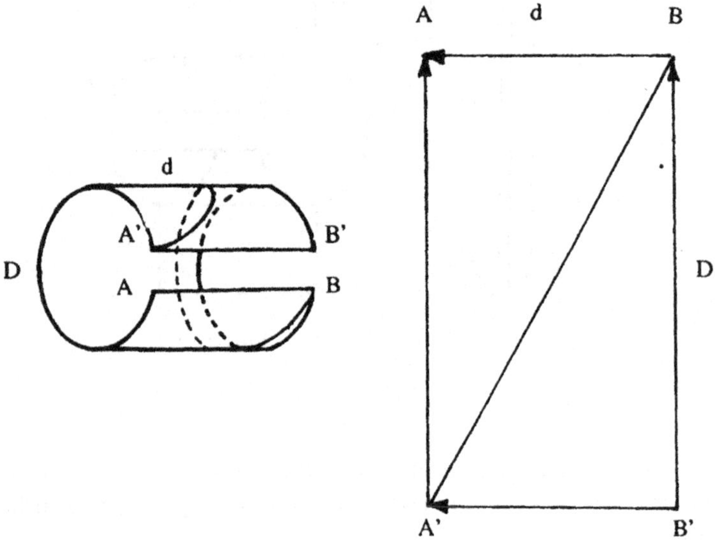

FIGURA 54[47]

Resulta fácil verificar que ambos trazados oblicuos son superponibles con exactitud, lo cual permite suponer entonces la existencia de una simetría entre **D + d** y **D' + d'**. Si interpretamos respectivamente la configuración de los toros complementarios 1 y 2 como representaciones del *sujeto* y el *Otro*, en razón de esa simetría se nos impone la siguiente conclusión: *el deseo del sujeto es el deseo del Otro*, puesto que la circularidad "oblicua" representa, como tal, la función del deseo. Eso equivale a decir que existe un isomorfismo entre la función del deseo del sujeto y la del deseo del Otro.[48]

En la medida en que el significante debe repetirse al menos una vez para alcanzar su forma significante,[49] Lacan nos recuerda que esa repetición es sólo la forma fundamental de la experiencia de la demanda:

> Justamente, si no fuera en vano que la demanda se repitiera, no habría significante, porque no habría demanda. Si tuvieran eso que la demanda rodea en su lazada, no habría necesidad de demanda. No hay necesidad de demanda si la necesidad está satisfecha [...] Hemos definido la demanda por el hecho de que se repite y que sólo se repite en función del vacío interior que circunscribe, ese vacío que la sostiene y la constituye [...] Sencillamente, para que la demanda sea demanda, a saber que se repita como significante, es preciso que sea decepcionada: si no lo fuera, no habría soporte para la demanda.[50]

El vacío rodeado por la demanda no es exactamente la "nada" que circunscribe como objeto del deseo (*objeto a*), que se debe situar en el nivel del agujero central del toro. La demanda se repite metonímicamente en función de ese vacío constitutivo que la sostiene y, de ese modo, determina el contorno del objeto del deseo que se le escapa continuamente, lo que produce esa "nada fundamental" (Lacan).

Analicemos de nuevo el circuito de la demanda que se repite en el toro dando la vuelta, para enlazarse, al agujero central bajo la forma de "ocho interior".

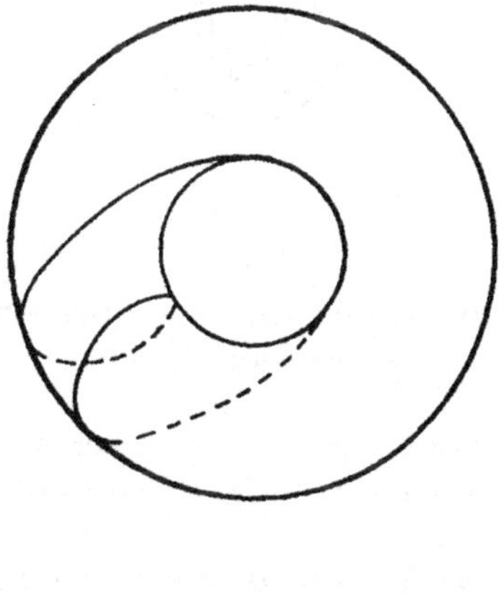

FIGURA 55[51]

Realicemos ahora una operación idéntica a la anterior en un toro complementario, o sea la torsión del toro 2 sobre el toro 1 y la proyección, sobre el primero, de la circularidad inscrita en el segundo.

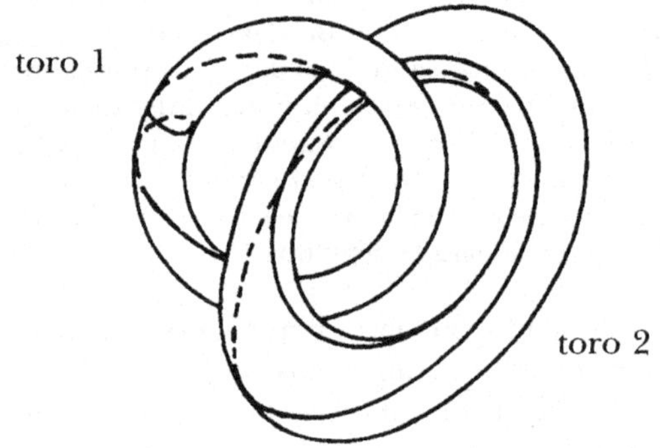

FIGURA 56[52]

Obtenemos entonces una circularidad diferente de la anterior.

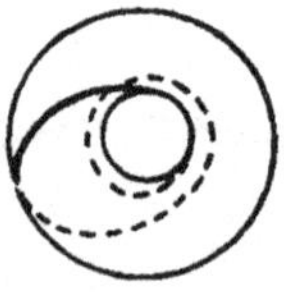

FIGURA 57[53]

Las dos circularidades ya no son superponibles. Se presentan en una relación de inversión directa:

Toro 1: 2 veces D + 1 vez d
Toro 2: 1 vez D' + 2 veces d'

Esa disimetría aparece de manera aun más notoria si

descomponemos los toros 1 y 2, y sus respectivas circularidades, en sus polígonos fundamentales.

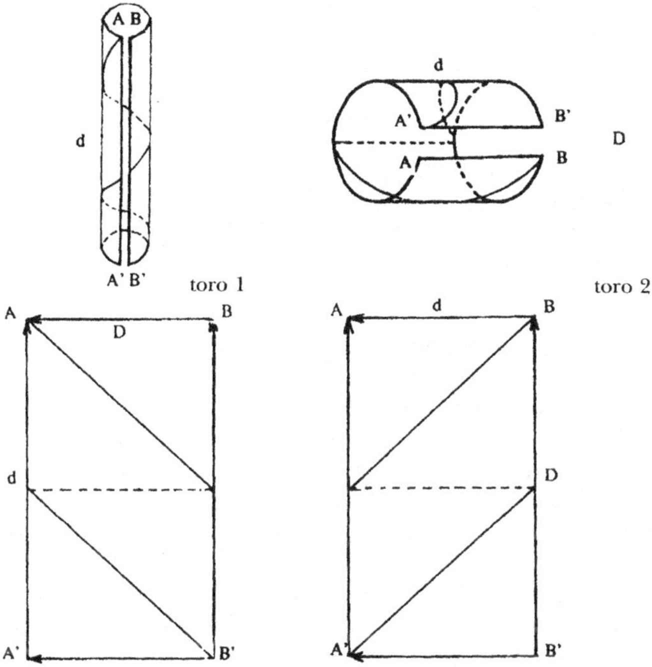

FIGURA 58[54]

Una vez más, si interpretamos el toro 1 como la representación del sujeto y el toro 2 como la representación del Otro, llegamos a la conclusión de una *disimetría entre el sujeto y el Otro*, que da cuenta de la inversión entre el deseo y la demanda. Inversión que, según Lacan, constituye:

> [...] la forma más radical que podemos darle a lo que acaece en el neurótico: lo que el neurótico busca como objeto, es la demanda del Otro; lo que el neurótico demanda cuando deman-

da aprehender "a", el inaprehensible objeto de su deseo, es "a", el objeto del Otro.[55]

En su seminario del 6 de junio de 1962, Lacan enriquece esa conclusión con las siguientes observaciones:

> Hemos reconocido ahí una correspondencia que de ahora en más es familiar para nosotros, en la medida en que lo que podemos decir de la relación del neurótico con el Otro en tanto que condiciona en último término su estructura es, justamente, esa equivalencia cruzada de la demanda del sujeto con el objeto del Otro, del objeto del sujeto con la demanda del Otro. Se intuye ahí, en una especie de impasse o por lo menos de ambigüedad, la realización de la identidad de los dos deseos.[56]

Esa disimetría del deseo y la demanda en la relación del sujeto con el Otro ilustra fielmente el modo de dependencia característico que observamos en la neurosis. Esta refuerza siempre la disimetría puesta en juego en la identificación especular que opera ya en el sujeto en el "estadio del espejo".[57]

En el transcurso de ese proceso inaugural, el sujeto se identifica a partir de una *imagen especular*, que es la de su cuerpo, percibida en el espejo. De esa manera, ese esbozo de la subjetividad, del "yo" (je) que se inicia con la identificación especular, se construye "en una línea de ficción, por siempre irreductible",[58] en el sentido de que *la imagen especular i (a) no es justamente, en sentido estricto, la imagen del sujeto.* En consecuencia, en la medida en que el sujeto se *re-conoce* en esa imagen, podemos tener la garantía absoluta de que se *desconoce*. Por otra parte, Lacan señala en ese proceso el origen de lo que él designa como el *desconocimiento crónico de sí por sí.* Al reconocerse en la imagen del espejo, el sujeto se identifica con una imagen totalmente disimétrica: no hay ninguna parte identificable entre su lado derecho y su lado izquierdo. Esa identificación especular da cuenta entonces de un *desconocimiento de esa disimetría.*[59]

A través de ese desconocimiento podemos adivinar ya la anticipación de toda la alienación del Yo:

> Para comenzar a iluminar ese camino, digamos que "a", el objeto del fantasma, "a", el objeto del deseo, no tiene imagen y que el callejón sin salida del fantasma del neurótico consiste en que, en su búsqueda de "a", el objeto del deseo, encuentra "i(a)". Ese es el origen de toda la dialéctica a la que los introduzco desde el comienzo de mi enseñanza, a saber que [...] la comprensión de la imagen especular depende del siguiente hecho y me sorprende que a nadie se la haya ocurrido glosar la función que le atribuyo: la imagen especular es un error, no es simplemente una ilusión, un engaño de la gestalt cautivante en donde el acento hubiera estado marcado por su agresividad, es un profundo error en tanto que el sujeto se *des-conoce* en ella, si se me permite la expresión, en tanto que el origen del yo y su desconocimiento fundamental están reunidos aquí en la ortografía; y en la medida en que el sujeto se engaña, cree que tiene frente a él su imagen; si supiera verse, si supiera —eso que es la simple verdad— que sólo existen relaciones deformadas, en modo alguno identificables, entre su lado derecho y su lado izquierdo, no se le ocurriría identificarse con la imagen del espejo.[60]

¿Qué ocurre en el neurótico? Tiende a confundir la disimetría demanda-deseo con la disimetría especular, y a través de esa colusión se efectúa el *extravío de la función del fantasma* propio del sujeto:

> [...] sea que destruya o no esa imagen i (a) de una manera simbólica o imaginaria, eso jamás hará que el neurótico autentifique con ningún corte subjetivo el objeto de su deseo por la sencilla razón de que aquello a lo que apunta [...] i (a) no tiene armonía por la sola razón de la disimetría fundamental de "i" con "a" que no la tolera [...] Lo que hace que el neurótico [...] simbolice algo en ése su camino, busque en el fantasma la imagen especular, lo explica el hecho que materializo para ustedes: la disimetría que aparece en la relación de la demanda y [[61]] el objeto en el sujeto respecto de la demanda y el objeto en el Otro, esa disimetría que sólo aparece a partir del momento en que existe, hablando con propiedad, demanda, es decir dos vueltas ya, si se me permite expresarme así, del significante y pareciera expresar una disimetría de igual naturaleza que la que es soportada por la imagen especular.[62]

De hecho, la disimetría en el toro es de naturaleza idéntica a la disimetría especular puesta en evidencia por la imagen del espejo.

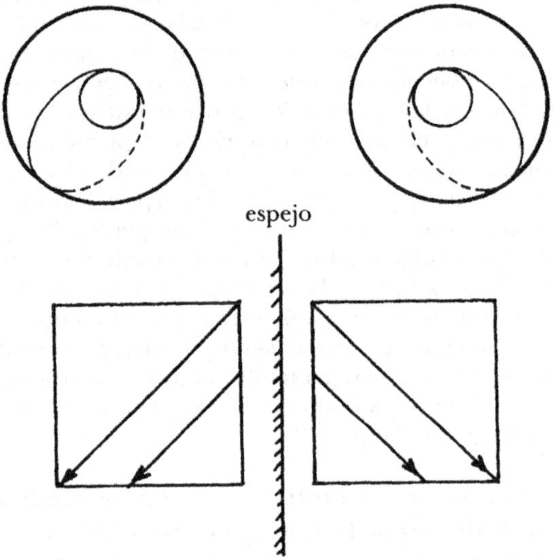

FIGURA 59[63]

¿Cómo y por qué es conducido el sujeto a ese extravío neurótico en la relación que mantiene con el objeto de su deseo? En el proceso de identificación especular, lo que se pone en juego es sin duda la relación del sujeto con sus objetos, comenzando por el hecho de que la imagen del espejo se le presenta, al menos en un determinado momento, como la de un otro, o sea un objeto con el que el sujeto está en relación como con cualquier otro objeto. En consecuencia, el proceso de identificación especular está por completo atravesado por la dinámica que liga al sujeto con **el objeto a** de su deseo. No obstante, existe una diferencia entre **a**, objeto del deseo, e **i (a)**, imagen del objeto, puesto que **a** es un objeto que no tiene imagen: *no es especularizable*. Eso no impide que el sujeto apunte empero a **a** a través de **i (a)**, hecho que constituye justamente "la vía en la que se obstina el neurótico".[64] De ese modo la disi-metría que interviene en la identificación especular vela la verdadera naturaleza de la relación del sujeto con el objeto de su deseo. No es de sorprender, entonces, que confunda esa disimetría con la de la demanda y el deseo, que regula la relación del sujeto con el Otro.

No obstante, a través de esa disimetría podemos comprender cómo puede el sujeto encontrar una salida a la relación neurótica que mantiene con el objeto y con el Otro. Si el desconocimiento de la disimetría especular está inscrito en el fundamento de la identificación inaugural, la disimetría demanda-objeto puede, en cambio, ser captada totalmente por el sujeto, que es llevado a descubrir que **el objeto a** de su deseo no tiene relación alguna con la disimetría del soporte especular. Puede lograrlo por medio de una operación de *corte subjetivo*, en la medida en que el propio sujeto, estructurado por el significante, que se torna corte del objeto del deseo, lo que está expresado en la siguiente fórmula:

$ ◊ a
corte
de

Como lo recuerda Marc Darmon, el soporte topológico que permite ilustrar esa operación es el *cross-cap*, en el que podemos realizar un corte en forma de *ocho interior* para materializar **$ ◊ a**:

> La doble lazada es el resultado del trabajo de transformación topológica que realiza Lacan sobre los círculos de Euler. Representa el corte del significante diferente de sí mismo, o de la demanda que da la vuelta al objeto pero que, por esa razón se desdobla en deseo ligado a esa demanda. Ese corte en el toro no circunscribe objeto alguno, pero en el cross-cap separa la arandela del objeto a. Por lo tanto el rombo debe ser leído como el corte en doble lazada, borde de la banda de Möbius del Sujeto $ o del **objeto a**.[65]

Notas

1. Fréchet, M. y Fan, K., *Introduction à la topologie combinatoire*, vol. I. *Initiation, op. cit.*, pág. 4.

2. Cf. *supra,* en cap. 4: "Del rasgo unario al significante", págs. 83 y sigs.

3. Lacan, J., *L'identification, op. cit.*, seminario inédito del 7 de marzo de 1962.

4. *Ibíd.*

5. Cf. Dor, J. *Introducción a la lectura de Lacan*, tomo 1. *El inconsciente estructurado como lenguaje, op. cit.*, cap. 13: "La metáfora paterna — El Nombre del Padre. La metonimia del deseo", págs. 103-109.

6. Cf. *supra,* cap. 3: "El cogito y su sujeto", págs. 71 y sigs. Cf. también Dor, J., *L'a-scientificité de la psychanalyse*, tomo 1. *L'aliénation de la psychanalyse, op. cit.*, pág. 95 y sigs.

7. Conté, C., *Le Réel et le Sexuel —de Freud à Lacan—, op. cit.*, pág. 209 (subrayado por el autor. Modifiqué las denominaciones de los conjuntos en función de los esquemas anteriores). Esta cuestión será desarrollada más adelante en el capítulo 10: "El significante, el corte y el sujeto", cf. *infra*, págs. 178 y sigs.

8. Cf. Darmon, M., *Essais sur la topologie lacanienne, op. cit.*, pág. 210: "[...] basta con colocar el círculo sobre un toro de una determinada manera para mostrar que A se reduce a no A, y que el objeto escapa a la circunscripción del toro; lo que se puede captar en el toro es no el objeto mismo sino la diferencia de los significantes y, cuando se trata de un significante, de su diferencia consigo mismo, es decir, su autodiferencia."

9. Tal como lo formula M. Darmon, *ibíd.*, "En la intersección escapa el objeto puesto que hay continuidad entre esa intersección y el exterior de los círculos. La doble lazada en el toro muestra cómo, en la repetición de la demanda que retorna sobre sí misma, el objeto cercado se pierde, al revelarse el interior homogéneo con el exterior".

10. Cf. Dor, J., *Introducción a la lectura de Lacan*, tomo 1. *El inconsciente estructurado como un lenguaje, op. cit.*, cap. 16: "La división del sujeto: la alienación en el lenguaje", págs. 122-130.

11. Cf. *ibíd.*, cap. 20: "La necesidad — El deseo — la demanda", págs. 159-167.

12. Lacan, J., *L'identification, op. cit.*, seminario inédito del 14 de marzo de 1962.

13. *Ibíd.*

14. *Ibíd.*

15. *Ibíd.*

16. *Ibíd.*

17. Cf. Darmon, M., *Essais sur la topologie lacanienne, op. cit.*, pág. 207: "Por medio de los dos toros encadenados, Lacan representa al sujeto y al

Otro en la dialéctica neurótica. La significación de los círculos [...] se invierte, la demanda de uno es el deseo del Otro, el deseo del uno es la demanda del Otro, o sea el esquema de la frustración [...] La vuelta simple [...] sobre uno de los toros puede ser reproducida por calco sobre el toro del Otro y, entonces, se demuestra que ambos toros son superponibles [...] Pero si ahora efectuamos en el toro, ya no la lazada simple sino la doble lazada cuya verdadera función hemos aprendido y que es la verdadera demanda [...] los toros dejan de ser superponibles. Demanda y objeto están invertidos en el nivel del Otro. La demanda del sujeto corresponde al objeto a del Otro, el objeto a del sujeto se torna la demanda del Otro".

18. Cf. Dor, J., *Introducción a la lectura de Lacan*, tomo 1. *El inconsciente estructurado como un lenguaje*, *op. cit.*, cap. 25: "La 'generación' del grafo", págs. 200-212.

19. Lacan, J., *L'identification, op. cit.*, seminario inédito del 14 de marzo de 1962.

20. *Ibíd.*

21. Ringenbach, A. M., "Le tore et la mise en jeu de la dissymétrie", en *Littoral*, N º10, *La Sensure*, octubre de 1983, Érès, pág. 135.

22. Lacan, J., *L'identification, op. cit.*, seminario inédito del 14 de marzo de 1962.

23. *Ibíd.*

24. Cf. *supra*, cap. 3: "El cogito y su sujeto", págs. 71 y sigs.

25. Lacan, J., *L'identification, op. cit.*, seminario inédito del 21 de marzo de 1962.

26. *Ibíd.*

27. *Ibíd.*

28. *Ibíd.*

29. *Ibíd.*

30. *Ibíd.*

31. *Ibíd.*, seminario inédito del 28 de marzo de 1962.

32. Figuras inspiradas en los esquemas representados por A. M. Ringenbach en su estudio "Le tore et la mise en jeu de la dissymétrie", en *Littoral*, Nº 10, *op. cit.*, pág. 137.

33. Lacan, J., *L'identification, op. cit.*, seminario inédito del 21 de marzo de 1962.

34. *Ibíd.*

35. *Ibíd.*

36. *Ibíd.*, seminario inédito del 30 de mayo de 1962.

37. El análisis de la cuestión de la simetría y la disimetría en el toro que se hará a continuación retoma la exposición desarrollada por A. M. Ringenbach en su estudio "Le tore et la mise en jeu de la dissymétrie", en *Littoral*, Nº 10, *op. cit.*

38. Cf. *supra*, en este mismo cap., fig. 43, pág. 159 , nota 32.

39. Figura inspirada en el esquema representado por A. M. Ringenbach en su estudio "Le tore et la mise en jeu de la dissymétrie", en *Littoral*, Nº 10, *op. cit.*, pág. 137.

40. *Ibíd.*, pág. 138.

41. *Ibíd.*

42. *Ibíd.*

43. *Ibíd.*, pág. 139.

44. *Ibíd.*

45. *Ibíd.*, pág. 136.

46. *Ibíd.*, pág. 140.

47. *Ibíd.*

48. Cf. Lacan, J., *L'identification, op. cit.*, seminario inédito del 30 de mayo de 1962.

49. Cf. *supra*, en este mismo cap. pág. 150.

50. Lacan, J., *L'identification, op. cit.*, seminario inédito del 30 de mayo de 1962.

51. Figura inspirada en el esquema representado por A. M. Ringenbach en su estudio "Le tore et la mise en jeu de la dissymétrie", en *Littoral*, Nº 10, *op. cit.*, pág. 141.

52. *Ibíd.*

53. *Ibíd.*

54. *Ibíd.*, pág. 142.

55. Lacan, J., *L'identification, op. cit.*, seminario inédito del 30 de mayo de 1962. Lacan agrega que la economía del deseo se presenta neuróticamente de dos maneras: "El acento está puesto de modo diferente según las dos vertientes de la neurosis. Para el obsesivo, el acento está puesto en la demanda del Otro, considerado como objeto de deseo; para la histérica el acento está puesto en el objeto del Otro, considerado como soporte de su demanda".

56. *Ibíd.*, seminario inédito del 6 de junio de 1962.

57. Cf. Dor, J., *Introducción a la lectura de Lacan*, tomo 1. *El inconsciente estructurado como lenguaje, op. cit.*, cap. 12: "El estadio del espejo y el Edipo", págs. 90-101

58. Lacan, J., "Le stade du miroir comme formateur de la fonction du Je telle qu'elle nous est révélée dans l'expérience psychanalytique" (comunicación presentada ante el XVI Congreso Internacional de Psicoanálisis, en Zurich, el 17 de julio de 1949), en *Ecrits, op. cit.*, pág. 94 [Versión castellana: "El estadio del espejo como formador de la función del Yo [Je] tal como se nos revela en la experiencia psicoanalítica", en *Escritos, op. cit.*, tomo 1).

59. Lacan, J., *L'identification, op. cit.*, seminario inédito del 13 de junio de 1962. Lacan considera que habría que distinguir, entonces, dos imaginarios: el verdadero y el falso. "El falso no se sostiene en esa suerte de

subsistencia a la que quedan atados todos los espejismos del 'des-conocer' [...] el sujeto se "des-conoce" en la relación con el espejo."

60. *Ibíd.*, seminario inédito del 30 de mayo de 1962.

61. Cf. *supra*, en este mismo cap., págs. 159 y sig. (nota agregada por mí).

62. Lacan, J., *L'identification, op. cit.*, seminario inédito del 30 de mayo de 1962. Cf. también Darmon M., *Essais sur la topologie lacanienne, op. cit.*, pág. 208: "No es sólo la ilusión sino además el error especular lo que hace buscar al neurótico el objeto a través de la imagen especular i (a). No es que confunda ambos, sino que busca el uno por la destrucción o la fijación del otro, de i (a), de este modo, lo único que logra con frecuencia es llegar a la destrucción del deseo del Otro. Es el fantasma sádico en el obsesivo, que, como dice Lacan, sin ser perverso, aspira a la perversión.

63. Figura inspirada en el esquema representado por A. M. Ringenbach en su estudio "Le tore et la mise en jeu de la dissymétrie", en *Littoral*, Nº 10, *op. cit.*, pág. 147.

64. Lacan, J., *L'identification, op. cit.*, seminario inédito del 30 de mayo de 1962.

65. Darmon, M., *Essais sur la topologie lacanienne, op. cit.*, pág. 256 (el subrayado es mío).

10

El significante, el corte y el sujeto

Uno de los objetivos que ha perseguido obstinadamente Lacan fue intentar proponernos una argumentación todo lo rigurosa que fuera posible —si bien árida[1]— acerca de la lógica de los procedimientos que contribuyen a la determinación del sujeto por el significante.

¿Cómo depende la estructura del sujeto de la relación que mantiene con el orden significante?

Esa pregunta exige el esclarecimiento consecuente de algunos puntos. Y precisamente con esa perspectiva, Lacan se esfuerza por apoyarse en distintas propiedades puestas de manifiesto por operaciones topológicas realizadas sobre superficies, para aclarar más a fondo la intrincación de la estructura del sujeto con la lógica del significante. Por otra parte, su procedimiento es coherente puesto que ya desde 1953, en su célebre *Informe de Roma*,[2] Lacan nos señala que los espacios topológicos y sus transformaciones demuestran ser los más apropiados para dar cuenta de la estructura del sujeto en su relación con el significante:

> [...] cuando queremos alcanzar lo que había en el sujeto antes de los juegos seriales de la palabra y lo que es primordial para el nacimiento de los símbolos, lo encontramos en la muerte, de donde su existencia toma todo el sentido que tiene. En efecto, es como deseo de muerte como se afirma para los otros; si se identifica con el otro, es coagulándolo en la metamorfosis de su

imagen esencial, y ningún ser es evocado nunca por él sino entre las sombras de la muerte.

Decir que este sentido mortal revela en la palabra un *centro exterior al lenguaje* es más que una metáfora y manifiesta una estructura. Esa estructura es diferente de la espacialización de la circunferencia o de la esfera en la que algunos se complacen en esquematizar los límites de lo vivo y su medio: *responde más bien a ese grupo relacional que la lógica simbólica designa topológicamente como un anillo.*

De querer representarlo intuitivamente, parece que más que a la superficialidad de una zona, *es a la forma tridimensional* de un toro a lo que habría que recurrir, en virtud de que su exteriodidad periférica y su exterioridad central no constituyen sino una única región.[3]

En consecuencia, debemos recorrer tres etapas esenciales. Por una parte, identificar el significante con un corte que se corta a sí mismo. Por otra parte, mostrar cómo el corte, en tanto tal, puede engendrar una superficie. Por último, establecer en qué sentido podemos considerar la estructura del sujeto como análoga a la estructura de una superficie topológicamente definida por el corte: lo que implica identificar al sujeto y a su estructura como resultados directos del efecto de corte operado por el significante.

Ya hemos dado un ejemplo de la manera en que se podía "captar (...) cómo el corte engendra la superficie":[4] el caso de un corte mediano efectuado en una banda de Möbius que transforma esa superficie unilátera en superficie bilátera: el anillo de Jordan.[5]

Veremos ahora cómo se efectúa la transformación del toro en superficie möbiana como consecuencia de un corte efectuado según el trazado de la doble lazada en "ocho interior". Más adelante, veremos también cómo un corte operado en la superficie del plano proyectivo lo descompone en dos superficies nuevas: una banda de Möbius y un casquete esférico.[6]

El significante como corte

La concepción del significante como *corte* es inaugural en la obra de Lacan en la medida en que es coextensiva con la hipótesis del *inconsciente estructurado como lenguaje*. En realidad, la propia idea de un encadenamiento de significantes —la "cadena significante"— sólo adquiere todo su valor operatorio en la lingüística estructural a partir de la noción de corte. Por otra parte, Ferdinand de Saussure nos lo señala explícitamente en esos términos:

> La lengua es [...] comparable a una hoja de papel: el pensamiento es el anverso y el sonido el reverso; no se puede cortar el anverso sin cortar al mismo tiempo el reverso; lo mismo sucede en la lengua, no se podría aislar el sonido del pensamiento ni el pensamiento del sonido.[7]

En consecuencia, como señala De Saussure: "la lengua elabora sus unidades constituyéndose entre dos masas amorfas".[8] Por lo tanto, se considera a la cadena hablada como una cadena doble, de modo que toda delimitación introducida en la vertiente de los conceptos implica una delimitación subsecuente en la cadena de los sonidos, que de ese modo produce el signo lingüístico, es decir una unidad de significación que asocia un significante a un significado:

> Ya sea que se considere el significado o el significante, la lengua no comporta ni ideas ni sonidos que preexistirían al sistema lingüístico, sino tan sólo diferencias conceptuales y diferencias fónicas resultantes de ese sistema.[9]

Entonces, el significante nace, justamente, del corte que lo asocia a un concepto. El surgimiento del significante es indisociable del engendramiento del signo como tal, en su totalidad y bajo el efecto de ese corte.

Sabemos que Lacan ha modificado bastante esa concepción saussureana al introducir aportes capitales fundados en su enfoque de la experiencia del inconsciente.[10] Una primera innovación consiste en reconocer, desde un principio, la existencia de un flujo de significantes y de un flujo de significados en contraposición con la conceptualización saussureana que establecía dos masas amorfas de pensamientos y de sonidos. Por otra parte, Lacan pone el acento en la *primacía del significante sobre el significado*[11] invirtiendo la escritura del algoritmo de De Saussure. Para Lacan, entonces, ya no se trata de considerar el "corte" como lo que uniría un significante a un significado determinándolos en un mismo movimiento productor del signo. Por el contrario, insiste en poner de manifiesto una nueva delimitación que define como *punto de acolchado*,[12] al considerar que la relación del significante con el significado es "siempre fluida, siempre pronta a deshacerse",[13] como lo atestigua la experiencia psicótica, que no cesa de mostrar un defecto o un fracaso en el anudamiento de esa relación. El punto de acolchado es la operación que detiene "el deslizamiento (...) indefinido de la significación"[14] al cortar o incluso al recortar cabos.

En realidad, la noción lacaniana de *puntada* retoma el concepto saussureano de "valor del signo"[15] llevando más lejos sus consecuencias. Si, como lo formula De Saussure, "en una lengua cada término adquiere su valor por oposición con todos los otros términos"[16], la significación no llega nunca, antes del final de la articulación significante. Lo que constituye una forma diferente de insistir, como lo hace Lacan, en la función de la *posterioridad*, para indicarnos precisamente que la significación no surge nunca si no es del final de la articulación significante. Al producir la secuencia significativa, la articulación significante prevalece entonces, sobre la cadena de los significados. La articulación significante *corta* la significación propiamente dicha por medio del acolchado al ordenar, a posteriori, la red de los significados. Sin embargo, por más que el punto de acolchado organice en la cadena fonemática cierto número de cortes, no hay que ver en ello más que uno de los aspectos de la relación del corte con el significante.

Debemos considerar ahora la cadena de los significantes como corte original operado sobre lo Real que, de ese modo, impondrá al ser de la necesidad su estructura de sujeto. En otras palabras, Lacan nos invita a concebir la dimension de un *corte que se corta a sí mismo*: la cadena significante que interviene como primer corte, a la vez que estructura cada uno de los significantes de esa cadena como otros tantos segundos cortes resultantes de ese corte original:

> Efectos de significante, el corte ha sido en primer lugar para nosotros, en el análisis fonemático del lenguaje, esa línea temporal, con más exactitud, sucesiva de los significantes que los he habituado a llamar, hasta ahora, la cadena significante. Pero ¿qué sucedería ahora si los invito a considerar la propia línea como corte original? [...] Si la línea misma es corte, entonces, cada uno de sus elementos será sección de corte, y en suma es eso lo que introduce ese elemento vivo, si se me permite decirlo así, del significante que he denominado el ocho interior, a saber justamente la lazada.[17]

¿En qué nos basamos para establecer una analogía entre la estructura del significante y la del *ocho interior*, o sea una circularidad que se retoma a sí misma?

Sin duda, la cadena significante es una sucesión de segmentaciones que produce en lo Real una discontinuidad significativa bajo la forma de un corte. Pero cada significante de esa cadena está también separado del que le precede y del que le sigue. En consecuencia, él mismo es corte en esa línea de corte, por lo tanto corte del corte. En ese sentido, el *ocho interior* es un sustrato metafórico apropiado para representar ese *corte significante en lo Real que se corta a sí mismo* para garantizar su función significante.

Esto plantea algunos problemas en la relación del significante con lo Real. Lo Real, precisa Lacan, es "lo que vuelve siempre al mismo lugar".[18] ¿Cómo comprender que lo Real confronta siempre al sujeto con *la igualdad* si, por una parte, es el significante el que da acceso a lo Real; si, por otra parte lo Real se distingue del significante y si, por último, el significante es siempre diferente de sí mismo?

El significante introduce ya un corte sobre lo Real, aunque sólo fuese para dar con él, es decir, para que lo Real sea revelado por un significante. No obstante, ese primer corte no es, por sí solo, suficiente, ya que, sin ese encuentro entre el significante y lo Real, nada nos garantiza la *igualdad*. En su esencia, el significante es siempre *pura diferencia* puesto que es lo que no son los otros. Como lo recuerda Lacan: "ningún significante, aunque fuera (...) reducido a su forma mínima, la que denominamos la letra, *podría significarse a sí mismo*".[19]

Esa particularidad, que Lacan elevó a la dignidad de axioma, subyace justamente en la oposición que puede existir entre las dos fórmulas siguientes:

Un signo es lo que representa algo para alguien[20]

y

Un significante representa un sujeto para otro significante.[21]

De hecho, el significante no es el signo y, en ese sentido, jamás podría ser postulado como idéntico a sí mismo. El célebre ejemplo que evoca De Saussure a propósito del expreso "Génova-París 8.45 de la tarde"[22] sólo es, en realidad, una *identidad aparente* del significante. El expreso de las 8.45 —explica De Saussure— está totalmente definido por su identidad significante. Sean cuales fueren los distintos trenes que se suceden cada día a las 8.45 y que son necesariamente diferentes en su material y por lo tanto en la composición misma de su estructura real, "el expreso de las 8.45" es siempre "el expreso de las 8.45", con el mismo derecho con que podemos decir *A es A*. Ahora bien, "A es A no significa nada. Justamente, de lo que se trata es de esa nada, ya que esa nada tiene valor positivo para decir lo que eso significa".[23]

Y Lacan evoca el ejemplo del magdaleniense que marca en un hueso, al volver de cada una de sus cacerías, la repetición de sus sucesivas expediciones, a la vez idénticas, ya que siempre se trata de matar a un animal, pero al mismo tiempo diferentes en su singularidad:

> Mato uno, es una aventura, mato otro, es una segunda aventura que puedo distinguir de la primera por determinados rasgos, pero que se le parece esencialmente por estar marcada

por la misma regla general. Al cuarto, puede haber un embrollo: ¿qué la distingue de la segunda, por ejemplo? A la vigésima, ¿cómo voy a encontrarme, o incluso, sabré acaso que he matado veinte?[24]

Esas muescas grabadas en el hueso prehistórico pueden considerarse como el testimonio de la aparición del significante. Si bien cada una de esas muescas no es idéntica a otra, eso no quiere decir que *funcionan* como diferentes porque *son* diferentes. Quiere decir, en cambio, que la diferencia significante es distinta de lo que remite a la diferencia cualitativa. Por lo demás, aunque esa diferencia cualitativa subrayara la mismidad significante, esta última se constituiría "justamente por el hecho de que el significante como tal sirve para connotar la diferencia en el estado puro, y la prueba de ello es que en su primera aparición el Uno designa con toda evidencia la multiplicidad actual".[25] Y Lacan agrega:

> Decide el significante, él introduce la diferencia como tal en lo real, y justamente en la medida en que en modo alguno se trata de diferencias cualitativas.[26]
>
> [...] a diferencia del signo [...] lo que distingue al significante es únicamente el hecho de ser lo que todos los otros no son; lo que implica esa función de la unidad en el significante es justamente ser sólo diferencia. La unidad en su función significante se estructura, se constituye, en tanto diferencia.[27]

De este modo, con el significante, volvemos a encontrar la noción de *rasgo unario*. El *significante* se distingue del *signo* al manifestar tan sólo la presencia de la diferencia como tal. En consecuencia, como lo precisa Lacan, "lo primero (...) que implica es que la relación del signo con la cosa está borrada".[28] Daría prueba de eso el sutil comentario que desarrolla a propósito de la *marca* y de su borrado. En tanto tal, la marca no nos hace saber nada, aunque fuese para Robinson Crusoe la del *paso** de Viernes. En cambio, desde el momento en que hubo

* Juego de palabras intraducible. Lacan juega sobre la homonimia

un esfuerzo por hacer desaparecer la huella, podemos estar seguros de tener que vérnoslas con un *sujeto real.*

> [...] en esa desaparición de la marca, lo que el sujeto busca hacer desaparecer es su pasaje, propio, de sujeto. La desaparición es redoblada por la desaparición buscada que es la del acto mismo de hacer desaparecer.[29]

Supongamos ahora que, una vez borrada la huella, el sujeto rodea su emplazamiento con un cerco, es decir con una marca susceptible de servirle de referencia: en ese caso, estamos en presencia de un *significante,* es decir de un *trazo que ha borrado lo esencial de la cosa.* No obstante, Lacan se ocupa de aclarar que eso implica todo un proceso que comporta el retorno del último tiempo sobre el primero, de modo que no podría haber articulación de un significante sin los tres tiempos siguientes:

> Una vez constituido el significante, por fuerza ha habido antes otros dos. Un significante es una marca, una señal, una escritura, pero no se lo puede leer solo. Dos significantes es un trabalenguas, un despropósito. Tres significantes, es el retorno de aquello de que se trata, es decir del primero. Cuando el paso [pas]* marcado en la huella es transformado en la vocalización del quien lo lee como "no" [pas: paso; no], ese "no" [pas] —a condición de que se olvide que quiere decir paso— puede servir en primer lugar en lo que se llama el fonetismo de la escritura para representar "no", y por lo mismo para transformar el "hay marca de *pasos*" eventualmente en "*no* hay marcas".[30]

El análisis del borrado de la huella, más allá del hecho de que reafirma la naturaleza del significante como pura unidad de la diferencia, nos remite de modo directo a la relación del sujeto con el significante, es decir "hacia la emergencia de esos

---

entre paso (pas) y no; sin (pas). Con lo cual también se podría interpretar: "...para Robinson Crusoe la del "no" Viernes. En la cita de Lacan, se dejó el "pas" explicitando entre paréntesis para hacer posible su lectura. [T.]

* Véase la nota de traductor anterior. [T.]

momentos de fading ligados precisamente a ese latido en eclipse de lo que sólo aparece para desaparecer y reaparece para desaparecer de nuevo, que es la marca del sujeto como tal".[31] En ese sentido, *un significante representa a un sujeto para otro significante.*

En consecuencia, un significante no podría significarse a sí mismo, y la repetición de un mismo significante lo pone en evidencia de manera ejemplar. De ser repetido, el significante se inscribe necesariamente como diferente de él mismo. En esas condiciones, los enunciados tautológicos del tipo ***A es A*** deben ser cuestionados y relegados al rango de "creencia":[32]

> Si planteo que no hay tautología posible, no es en tanto que A primera y A segunda quieren decir cosas diferentes [...] es en el propio estatuto de A donde está inscrito que A no puede ser A.[33]

En otras palabras, la identidad sólo parece poder ser expresada si se establece primero la diferencia. En el ejemplo propuesto por Lacan: "la guerra es la guerra",[34] no podemos considerar entonces que los dos significantes remiten a significados idénticos. El primero no es el mismo que el segundo: necesariamente, se inscribe una diferencia entre ambos y Lacan dará cuenta de ella por medio del trazado del *ocho interior.*

Cuando el término se repite, la banda se cierra sobre sí misma. Ahora bien, hemos visto que entre esos dos círculos existe siempre el espacio posible de una banda de Möbius,[35] lo que explica la presencia de un vacío en el interior de los círculos. Cuando se lo formula como lo hace Jeanne Granon-Lafont, se impone una conclusión:

> No sólo no hay adhesión entre significante y significado [...] sino que su relación se construye alrededor de un vacío, que es el de la referencia. Necesariamente, un primer significante quiere decir algo sólo para otro significante, y la significación está siempre marcada por el vacío que ciñe.[36]

A partir del *ocho interior*, volvamos ahora al corte significante que se corta a sí mismo en lo Real para garantizar su función significante. El campo limitado por un significante no puede ser circunscrito solamente por un simple círculo. Así, un primer trazo de corte que se cierra sobre sí mismo sólo sirve para volver a encontrar lo Real como tal: "una curva cerrada, es lo Real revelado".[37] En consecuenia, para que lo Real encontrado aparezca como la igualdad, hay que admitir que el corte significante vuelva una vez sobre sí mismo. De ahí resulta el algoritmo del ocho interior para metaforizar el corte del significante bajo su forma acabada, o sea el corte que se corta a sí mismo:

> [...] el corte no puede saber que se ha cerrado, que no vuelve a pasar por sí mismo sólo porque lo Real, en tanto distinto del significante, es la igualdad. En otras palabras, sólo lo Real forma al corte [...] pero, como lo pueden ver de modo radical, es preciso que el corte se vuelva a cortar [...], el corte es un trazo que se corta, sólo después de formarse sobre el fundamento, al cortarse, ha dado con lo Real, que es el único que permite connotar como la igualdad, lo que se encuentra respectivamente bajo la primera y luego bajo la segunda lazada.[38]

De ese modo, la identificación del significante con el corte en ocho interior está destinada, como lo formula Lacan, a "ilustrar la relación del significante consigo mismo, es decir a conducirnos a la relación del significante con el sujeto, si es que el sujeto puede ser concebido como su efecto".[39]

Falta identificar ahora ese corte en doble lazada con la función del sujeto **$** como "puro corte" (Lacan).

El sujeto como corte

Hemos visto antes cómo Lacan se basaba en la superficie topológica del toro y en sus propiedades para poner de manifiesto la función del sujeto.[40] En lo esencial, lo que constituye el soporte estructural decisivo susceptible de ilustrar esa función del sujeto respecto del objeto de su deseo es la singularidad del trazado en doble lazada efectuado en el toro.

Recordemos que la subjetivación se inicia sobre un fondo de *privación* (–1), es decir la vuelta que el sujeto no puede contar al efectuar la vuelta al agujero central en el ciclo de la repetición significante de sus demandas. De ese modo, se esboza ya la circularidad en doble lazada transportada a la superficie del toro.

La dialéctica deseante recíproca entre el sujeto y el Otro también está circunscrita con el trazado del ocho interior proyectado en dos toros complementarios. Por una parte, la demostración de una simetría entre **D + d** y **D' + d'**, o sea dos lazadas dobles, nos propone una articulación explicativa de la esencia del deseo del sujeto en su relación con el Otro: *el deseo del sujeto es el deseo del Otro.* Por otra parte, esa misma circularidad recíprocamente intrincada entre un toro y el otro expresa la lógica del la respectiva inversión de la demanda y el objeto entre el sujeto y el Otro.

Sin lugar a dudas, si bien el toro constituye un sustrato topológico adecuado para representar la función del sujeto, la tarea de hacer presente esa función en la superficie de un objeto como ése le corresponde sobre todo al *ocho interior*.

Por otra parte, hemos mostrado la existencia de una equivalencia estructural entre el corte en doble lazada y la banda de Möbius.[41] Si establecemos ahora la transformación de un toro en banda de Möbius por medio de un corte en ocho interior, tendremos entonces fundamento, con Lacan, para utilizar esa propiedad de equivalencia como un sustrato, tanto más pertinente cuanto que está no sustantificado, *para definir la estructura del sujeto mismo como "puro corte".*

La transformación del toro en banda de Möbius[42] es el resultado de una operación particularmente sencilla cuyo principio ya hemos descrito. Un primer corte en doble lazada transforma al toro en una banda de dos caras, o sea una banda de Möbius de doble torsión denominada anillo de Jordan.[43] Entonces, existe una primera identidad entre el toro cortado según un ocho interior y la banda de Möbius cortada por una cesura mediana de una sola vuelta.

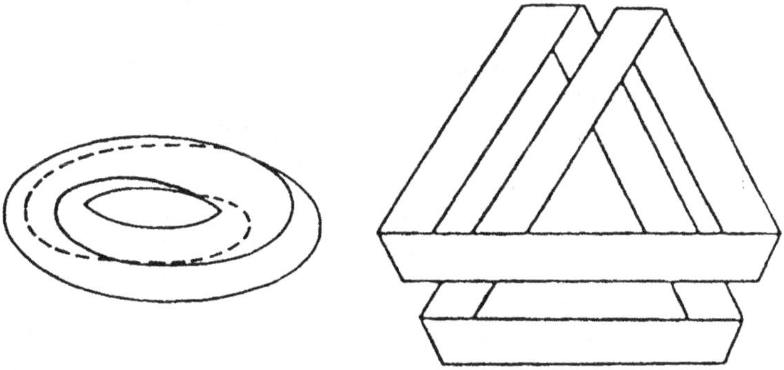

FIGURA 60

Como sabemos, si efectuamos esa operación una segunda vez, reconstituímos una banda unilátera —la banda de Möbius de una sola torsión— puesto que esas dos bandas (bipartida y unilátera) están encadenadas por el proceso mismo del corte. Eso no hace sino confirmar *la identidad estructural de la superficie tórica y de la superficie möbiana puesta de manifiesto* por el corte en ocho interior.

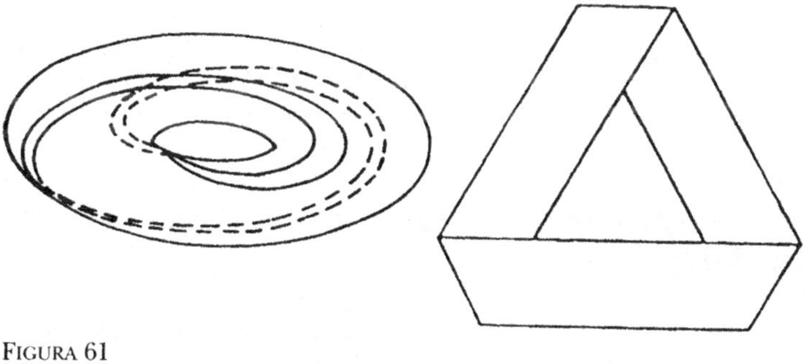

FIGURA 61

En "El aturdidicho" Lacan describe esa equivalencia en una síntesis singularmente sorprendente:

> Tomemos un toro (una superficie que forme "anillo"). Salta a la vista que si lo pellizcamos con los dedos por toda su longitud

a partir de un punto para volver a él, el dedo que, primero, estaba arriba, quedará, abajo, al final, es decir, habiendo operado una media vuelta de torsión durante la realización de la vuelta completa del toro, obtenemos una banda de Möbius: con la condición de que se considere la superficie achatada de esa manera como una superficie que confunde las dos láminas producto de la superficie primera [...]

Su relación con la banda de Möbius que representaba antes de que le hiciéramos corte es... que el corte la ha producido.

Ahí está el truco del juego de manos: aunque se vuelva a coser el mismo corte, no se volverá a producir la banda de Möbius, puesto que no era más que la "finta" de un toro achatado, lo que pasa es que, por medio de un deslizamiento de las dos láminas, la una sobre la otra (lo mismo da en cualquiera de los dos sentidos), la doble lazada de uno de los bordes, al encontrarse frente a frente consigo misma, su costura constituye la "verdadera" banda de Möbius .

En ese punto, la banda obtenida del toro se revela como la banda de Möbius bipartida —por un corte no de doble vuelta sino que se cierra en una sola vuelta (hagámoslo mediano para captarlo... imaginariamente).

Pero lo que se pone de manifiesto al mismo tiempo es que la banda de Möbius no es más que ese mismo corte, corte por el que desaparece de su superficie [...]

Resta que ese corte sólo tiene esa equivalencia por bipartir una superficie que limita el otro borde: precisamente con una vuelta doble, o sea lo que hace la banda de Möbius. En consecuencia, la banda de Möbius es eso que, por operar sobre la banda de Möbius, la vuelve a llevar a la superficie tórica.[44]

El ser hablante (parlêtre), el inconsciente y el acto analítico

Desde todo punto de vista, entonces, la banda de Möbius *vía* el corte en doble lazada es apropiada para simbolizar al *sujeto dividido* por el orden significante. Falta confirmar, empero, el isomorfismo de la estructura del sujeto como "puro corte" con el orden del discurso.

Recordemos que Lacan, en su seminario *La identificación*, ordena en reiteradas ocasiones[45] el corte como la estructura misma del significante. De ese modo la banda de Möbius, por lo tanto el mencionado corte, constituye un soporte topológico específico para poner de manifiesto una serie de articulaciones fundamentales referidas a la relación del sujeto con el significante: ya sea que se trate de dar cuenta de *la oposición significante/significado* y de la captura del sujeto en esa oposición bajo la forma de la *escisión entre el decir y lo dicho*; ya de elucidar más tarde el proceso de *la inscripción de la cadena significante inconsciente con el envés del discurso inconsciente*, es decir la estructura misma del inconsciente; ya se trate, por último, de establecer cómo *el solo corte del dicho puede engendrar la transformación de una estructura*, o sea el estatuto que corresponde conferirle a la interpretación y, de modo más general, al *acto analítico en el espacio de la cura.*

Marc Darmon señala cuán grande es la dificultad para llegar a concebir la configuración tópica de un espacio susceptible de representar esas puras diferencias que son los significantes:

> [...] es algo realizado con la banda de Möbius constituida por "*líneas sin puntos*". En esa banda de Möbius el "*dicho*" hace corte, el efecto de ese dicho, de ese corte, es el sujeto. El significado del decir, por su parte, ex-siste al dicho, es decir que debe ser situado en otra parte, más allá del borde de la banda.[46]

De hecho, el recurso a la superficie möbiana, sin dejar de basarse en la oposición saussureana significante/significado, permite extrapolar las propiedades que ella supone en concordancia con lo que la experiencia del inconsciente implica: esto es, no sólo la primacía del significante sobre el significado sino también el acolchado de la articulación significante que ordena a posteriori la red de los significados. En consecuencia, la metáfora de la inscripción significante/significado en las dos caras de una superficie bilátera (el derecho y el revés de la hoja de papel), en la medida en que denota el carácter arbitrario de la génesis del signo, está radicalmente subvertida por la mediación topológica lacaniana.

En virtud de las singulares propiedades de esa superficie

unilátera que es la banda de Möbius, se impone la comprensión de una nueva relación significante/significado. La articulación significante/significado no deja de presentar su relación arbitraria pero toma en cuenta, además, efectos paradójicos que resultan de la captura del sujeto en la cadena del discurso, en la sola medida en que el reverso y el anverso se continúan uno con el otro. Como lo hace notar Jeanne Granon-Lafont, justamente la vuelta extra que debe hacerse al revés para volver a alcanzar el punto de partida, distribuirá de una manera totalmente nueva los puntos de unión de los significantes con los significados:

> [...] localmente, en cada instante del recorrido sobre la banda hay dos caras situables. En ese sentido, el significante y el significado se oponen, pero de hecho su diferencia se apoya tan sólo en un factor temporal. Un significante significa algo en un momento dado, en un determinado contexto de discurso, pero no podría dársele a un significante su significado en ese mismo instante. El significado no deja de deslizarse en el reverso y, a fin de cuentas, una vez que ha sido efectuada una vuelta completa, será otro significante, esta vez en el anverso, el que definirá al primero. Un significante siempre remite a otro significante, representa al sujeto, para otro significante.[47]

Freud, en su estudio de 1915 sobre "Lo inconsciente",[48] pone el acento en la *doble inscripción* en los siguientes términos:

> Si queremos considerar seriamente una tópica de los actos psíquicos, debemos dirigir nuestro interés a una cuestión que surge a ese respecto y que nos pone en dificultades. Si un acto psíquico (limitémonos a considerar aquí un acto de la naturaleza de una representación) es objeto de una transposición del sistema *Ics* al sistema *Cs* (o *Pcs*), ¿hemos de admitir que una nueva fijación queda ligada a esa transposición, por decirlo así, una segunda inscripción de la representación de que se trata, inscripción que, en consecuencia, puede estar también contenida en una nueva localización originaria? ¿O debemos creer más bien que la transposición consiste en un cambio de estado que se realiza sobre el mismo material y en la misma localización? Esa cuestión puede parecer abstrusa, sin embargo, es necesario plantearla si

queremos formarnos una idea más precisa de la tópica psíquica, de la dimensión de profundidad de lo psíquico.[49]

El problema de la "doble inscripción" planteado por Freud no sólo constituye uno de los argumentos más importantes que fundamenta la tesis de una *tópica* psíquica sino que, además, la hipótesis con la que se asocia para intentar justificarla se apoya justamente en el terreno de la experiencia del inconsciente:

> La primera de las dos posibilidades consideradas —en donde la fase *Cs* de la representación significa una nueva inscripción, situada en otro lugar, de esa misma representación— es, a no dudarlo, la más burda pero también la más cómoda. La segunda hipótesis, la de un cambio de estado *funcional* sencillamente, es de entrada la más verosímil, pero es menos flexible, menos fácil de manipular. La primera, la hipótesis tópica, está asociada con la hipótesis de una separación tópica de los sistemas *Ics* y *Cs y también con la posibilidad de que una representación pueda estar presente de modo simultáneo en dos lugares del aparato psíquico,* e inclusive, cuando no está inhibida por la censura, pueda pasar regularmente de un lugar al otro, eventualmente *sin abandonar su primer emplazamiento, su primera inscripción.* Eso puede parecer extraño pero se basa en impresiones surgidas de la práctica psicoanalítica.[50]

Freud, al proseguir el análisis del problema planteado por la "doble inscripción", logra incorporar un argumento explicativo, justificado por la observación clínica de la esquizofrenia, que lo lleva a definir el carácter bipartito de la representación psíquica por medio del par: *representación de cosa / representación de palabra.*[51] En consecuencia, la inscripción de la representación en el aparato psíquico queda tanto más esclarecida cuanto que encuentra una vía de solución directamente isomorfa con el punto de vista tópico:

> Ahora creemos saber de pronto en qué se distingue una representación consciente de una representación inconsciente. Esas dos representaciones no son, como habíamos pensado, inscripciones diferentes del mismo contenido en lugares psíquicos diferentes, ni tampoco estados funcionales diferentes de

carga en el mismo lugar: la representación consciente comprende la representación de cosa —más la representación de palabra que le corresponde, la representación inconsciente es la representación de cosa sola.[52]

A pesar de la agudeza de los desarrollos freudianos, éstos son aún bastante problemáticos, por lo que Lacan se propone aportarles algunas aclaraciones. En particular, falta salvar un obstáculo para conducirnos de la *Vorstellung* freudiana —aunque esté bipartida entre "representación de cosa" y "representación de palabra"— a la dimensión del *significante.* Lacan produce su articulación magistral a través de una sostenida reflexión que desarrolla en relación con la noción de *Vorstellungsrepräsentanz.* La traducción que elige para dar cuenta de esa categoría freudiana —representante de la representación— señala de modo directo la contingencia del aspecto *significante*[53] que puede aislarse de ese modo en la "representación freudiana" y con ello cuestiona el debate lexicológico iniciado por algunos autores en torno de esa noción respecto de la pertinencia de la traducción *representante representativo* o *representante representación.*[54]

Por otra parte, Marc Darmon señala con razón que el intento de solución desarrollado por Leclaire y Laplanche[55] en el terreno del "retorno a Freud" lacaniano no es satisfactorio. Si bien el algoritmo de la metáfora propuesta por Lacan es susceptible de dilucidar el mecanismo de la represión[56] y por lo tanto la inscripción y la constitución de la cadena inconsciente, en modo alguno es posible —tal como lo dejan suponer Laplanche y Leclaire— concebir la barra saussureana como la barrera de acceso al inconsciente:

> Lacan jamás ha hecho de la barrera saussureana el umbral del inconsciente.[57]

A partir de la lógica del "grafo del deseo",[58] Lacan nos indica, en cambio, que un significante no es idéntico según que forme parte de la cadena inconsciente o que, por el contrario, intervenga en el discurso consciente. Y ello debido, precisamente, a las relaciones de oposición que mantiene con los otros significantes de las respectivas cadenas en las que se inserta.

Como lo observa con acierto Elisabeth Roudinesco, en ese punto la posición de Lacan no presenta ambigüedades; ahí se diferencia radicalmente de Laplanche.[59] Para el primero hay una primacía del lenguaje sobre el inconsciente, para el segundo, el inconsciente es la condición del lenguaje:

> [...] el inconsciente es un discurso estructurado como un lenguaje y netamente separado del enunciado consciente [...] Lacan hace del inconsciente una *segunda estructura,* es decir una cadena significante siempre inscrita ya en un lenguaje, sea cual fuere la forma de ese lenguaje. Esa cadena cohabita con el discurso consciente según el modelo de una superficie torsionada o de una *banda de Möbius*: se pasa de una a otra cara con continuidad, sin tener la impresión de cambiar de cara. Al plantear implícitamente la primacía del lenguaje sobre el inconsciente, Lacan intenta aportar una respuesta a la alternativa freudiana de la transposición de las representaciones.[60]

Una vez más, el soporte de la banda de Möbius desanuda el problema planteado por esa "doble inscripción" al sugerir que se considere la cadena inconsciente como el envés de la cadena consciente. Justamente, debido a la ausencia de discontinuidad presentada por esa superficie unilátera, comprendemos con facilidad cómo los "retoños del inconsciente" emergen en el discurso consciente al que subvierten, por ejemplo, bajo la forma de lapsus, olvidos y chistes. En consecuencia, Lacan tiene buenos fundamentos para justificar que el "síntoma (...) representa el retorno de la verdad (...) El síntoma sólo se interpreta en el orden del significante (que) sólo tiene sentido en su relación con otro significante".[61]

Consecuentemente, de esa conceptualización topológica del inconsciente se desprende toda una concepción totalmente original del estatuto de la interpretación y del acto analítico.

Remitámonos por un momento a "Radiofonía". Lacan apresa la interpretación y le confiere de modo específico el estatuto de corte realizado en esa banda de Möbius que soporta la "doble inscripción" de la cadena inconsciente y la cadena consciente:

> Freud [...] se pregunta si la inscripción del significante se desdobla o no del hecho de que haya inconsciente (pregunta a la que nadie podría dar sentido alguno fuera de mi comentario de Freud, es decir de mi teoría).
>
> Sin embargo, ¿qué pasaría si lo más problemático fuese, para quien repite sin cesar su balbuceo desde el banquillo, el hacer consciente el corte interpretativo? Revelaría entonces la topología que lo gobierna en un cross-cap, o sea en una banda de Möbius. Ya que esa superficie, a cuyo reverso se tiene acceso desde cualquier punto, sin que haya que cruzar de borde (por lo tanto de una única cara), queda provista de un derecho y un revés sólo después de ese corte. En consecuencia, la doble inscripción freudiana no pertenecería al ámbito de ninguna barrera saussureana sino al de la práctica misma que plantea esa cuestión, a saber el corte en que, al desistir de él el inconsciente, da cuenta que sólo consistía en él, o sea que cuanto más interpretado es el discurso, más se confirma como siendo inconsciente. A tal punto que sólo el psicoanálisis descubriría que hay un envés del discurso — a condición de interpretarlo.[62]

Como ya hemos visto, ese corte interviene de tal modo que transforma la banda original en una banda bipartida, por lo tanto de dos caras y provista *de un borde*. En consecuencia, *lo que constituye el inconsciente* (el reverso) *es precisamente la interpretación* al "actualizarlo" como el envés del discurso consciente (el derecho). De ahí se deduce que el decir (el "corte interpretativo" en la banda) cambia la estructura sin modificar la naturaleza del soporte: el dicho.

> Mi topología no es de una sustancia que se debe establecer más allá de lo real que motiva una práctica. No es teoría.
>
> Pero debe dar cuenta del hecho de que hay cortes del discurso tales que modifican la estructura que ese discurso recibe originalmente.[63]

Entonces, *el corte es el acto analítico por excelencia*. De ello se sigue que, justamente, *la intervención del analista sanciona la abertura del inconsciente a la vez que la vuelve a cerrar*. Por eso, como lo especifica Marc Darmon:

> [...] la presencia del analista es [...] necesaria para poner de manifiesto la existencia del inconsciente como otra cara separada por un borde, en el preciso momento en que ese inconsciente se vuelve a cerrar; en efecto, las formaciones del inconsciente cuando sobrevienen en el discurso del analizante no necesitan ningún cruce de borde, puesto que el revés y el derecho están en continuidad en todos los puntos. Lo que produce ese borde es el corte de la interpretación.[64]

De ese modo, la estructura topológica de borde que caracteriza al inconsciente se impone como una formulación operatoria fundamental frente a determinadas interpretaciones de las concepciones freudianas que tienden a "sustancializar" al inconsciente como un "continente" (por ejemplo el ello como reservorio de las pulsiones) munido de una abertura intermitente. La configuración tópica, a la vez estructural y topológica, que elabora Lacan a partir de la articulación del sujeto con el significante desbarata completamente cualquier intento de representación antropomórfica del inconsciente.

Aparte de que, en su comentario de Freud, Lacan ya nos invita a discernir el *Es* y el *Ello* del inconsciente propiamentre dicho y de su sujeto,[65] el único medio de concebir al inconsciente del sujeto constituido en el campo del Otro consiste, precisamente, en comprenderlo como "la cara del revés producida por el corte de la interpretación en una banda de Möbius".[66] En consecuencia, sólo puede haber acto analítico en el lenguaje.

En tales condiciones, no es de sorprender que Lacan promueva la eficacia del acto analítico en el terreno mismo del *equívoco significante*. De hecho, la escansión de un solo significante, al hacer aparecer el equívoco, subraya la posibilidad de una doble vuelta, es decir la potencialidad de una doble oposición significante/significado:

> El dicho inicial, en lo ideal lo primero que se le ocurre al analizante, sólo produce efectos de estructura en la medida en

que el decir "aparesca"*, o sea, si la interpretación hace apareser.

¿En qué consiste el apareser? En que al producir los cortes "verdaderos": entiéndase en el sentido estricto de cortes cerrados que no son, la topología no permite que se reduzcan a eso, ni el punto fuera de la línea ni, lo que es lo mismo, el no producir más que agujero imaginable.[67]

Como lo hemos descrito antes, semejante operación de corte libera al significante del significado circunscribiendo la cadena significante y, sobre todo, el vacío que ella encierra a la manera de una banda de Möbius. En ese sentido, la interpretación según Lacan es susceptible entonces de poner de manifiesto el deseo del sujeto:

> Es el decir que recobran, al fijar su deseo, los cortes que sólo se sostienen como no cerrados por ser demandas [...[
>
> Ese decir procede tan sólo del hecho de que el inconsciente, por estar "estructurado *como un* lenguaje", es decir la lengua que habita, está sometido al equívoco con que cada lengua se distingue [...]
>
> Esos equívocos en los que se inscribe lo accesorio de una enunciación, se concentran en tres puntos nodales [...] pero [...] puesto que ninguno de ellos se impone como el primero, se mantendrá el orden en que lo expondremos y más bien con una banda doble que con una sola vuelta.[68]

Y Lacan evoca tres figuras representativas del equívoco significante que están también corroboradas en el "interlineado" del texto de Freud: la *homofonía*, la *gramática* y la *lógica*.[69] A través del fenómeno de la *repetición*, localiza una vez más en el trazado del *ocho interior* la lectura posible del deseo inconsciente del sujeto y su identificación en el proceso del corte, y a eso se reduce el acto analítico. En su seminario *La lógica del fantasma*, Lacan insiste en el fenómeno de esa repetición como la repetición de un rasgo que confirma la huella de una línea que retorna sobre sí misma, o sea *la doble lazada constitutiva del sujeto*:

* Contracción de los verbos aparecer y ser, posibilitada en francés por la homofonía del infinitivo: aparecer: paraître (parétr) y ser: être (étr). [T.]

> El trazo en que se sustenta lo que se repite, en tanto que repitiente, debe cerrarse, debe volver a encontrarse en su origen: aquél (ese trazo) que por su existencia marca de ahí en más lo repetido como tal. Esto, este trazado, es justamente el de la doble lazada, o también el que he denominado, cuando lo introduje por primera vez, el "ocho invertido".[70]

Debemos tener presente que ese efecto retroactivo inherente a la lazada que se retoma a sí misma determina una diferencia; el elemento que se repite nunca es el mismo. Por otra parte, ese circuito en doble lazada delimita un vacío en donde la diferencia entre lo repetido y lo repitiente está marcada por el espacio estructurado en forma möbiana que pone de manifiesto el elemento no contado pero estructuralmente presente: el uno *más* que "merece incluso la denominación de *Uno de más* (...) designado como esencial para toda determinación significante".[71] Con referencia a la topología del toro,[72] encontramos ahí esa famosa vuelta que el sujeto no puede contar en su recorrido, es decir la que efectúa alrededor del agujero central, circunscribiendo así la reduplicación del objeto del deseo sobre sí mismo, objeto cercado continuamente por la reiteración de las demandas pero eternamente perdido.

En ese sentido, el acto analítico en calidad de corte es susceptible de hacer aparecer el espacio del deseo del sujeto —al poner de manifiesto la superficie möbiana— a la vez que lo vuelve a cerrar en el mismo momento que lo produce. En consecuencia, el corte interpretativo es radicalmente isomorfo con la estructura del inconsciente. Como lo hace notar Jeanne Granon-Lafont, el corte en doble lazada "revela el espacio ignorado de la superficie de la banda, que está referido al deseo. Esa manera de sacar a luz un 'ignorado' que, empero, estaba ahí desde siempre en sus efectos, es paralelo al modo de existencia del inconsciente".[73] De esta manera, comprendemos mejor cómo "la interpretación analítica burla al destino en el sentido de que reintroduce, mediante el juego del lenguaje, el equívoco y la metáfora ahí donde pesaba el destino de un sentido coagulado y fijado. Hace oír un sentido diferente".[74]

Eso explica la importancia de la escansión significante que

puntúa el desarrollo de las sesiones en el marco de la dirección de la cura. Por lo tanto, se justifica la pertinencia de las sesiones llamadas de "duración variable" como una exigencia que depende de la lógica del corte interpretativo.[75] Pero por otra parte esto guarda relación con la deformación caricaturesca que, aún en la actualidad, está en primera plana bajo la designación de las llamadas "sesiones cortas", injustamente imputadas a las consecuencias de la enseñanza de Lacan.

En este punto, podemos diferenciar netamente la práctica de "las sesiones de duración variable" de la de las "sesiones cortas". Como lo observa con gran acierto Patrick Guyomard en su estudio "El tiempo del acto. El analista entre la técnica y el estilo": "La práctica de las llamadas sesiones cortas está fundadas tan sólo en la posibilidad de las sesiones largas".[76] Algunos analistas formados en la escuela de Jacques Lacan parecen haber olvidado ciegamente —¿o económicamente?— el principio lógico que regula esa dialéctica.

Precisamente, en lo que se refiere a la mencionada práctica de Lacan, resulta muy difícil encontrar consignados en su obra algunos elementos explícitos de justificación "técnica" susceptibles de esclarecerla. Eso tiene por lo menos una explicación: Lacan parecía no acordar mucho crédito a la idea misma de una "técnica" —en el sentido en que Freud había establecido el uso de ese término—. El análisis ha sido siempre para él ante todo una cuestión de "práctica"; en especial una práctica de la verdad, esa verdad que, según nos recuerda, habla por sí misma[77] y corresponde al analista "puntuar la dialéctica"[78] de esa verdad en el discurso del paciente.

Semejante concepción de la práctica de la verdad en el campo del análisis supone que, por lo menos, adhiramos a la hipótesis del "inconsciente estructurado como un lenguaje" que Lacan se ha esforzado en demostrar en su famoso "retorno a Freud" inaugurado en 1953 con su célebre "Discurso de Roma". Es el estudio de la obra de Lacan que mejor permite comprender los lineamientos justificativos de la práctica de las sesiones "de duración variable".

> Así, se trata de una *puntuación* oportuna que confiere su sentido al discurso del sujeto. Por esta razón, la *suspensión de la sesión*, que en la técnica actual se reduce a un alto puramente cronométrico y, como tal, indiferente a la trama del discurso, juega el rol de una *escansión* que tiene el valor de una intervención para precipitar los momentos decisivos.[79]

Puntuación, escansión y *suspensión* constituyen entonces las tres operaciones que regulan la lógica del tiempo de la sesión. En consecuencia, como lo recuerda Lacan, podemos concebir el acto analítico como algo que "confiere a la palabra del sujeto su puntuación dialéctica"[80] al detener el sentido del decir:

> Testigo invocado de la sinceridad del sujeto, depositario del proceso verbal de su discurso [...] el analista tiene algo de escriba.
> Pero sigue siendo el dueño de la verdad de la que ese discurso es el proceso. El es, ante todo, el que puntúa, como hemos dicho, su dialéctica [...] La suspensión de la sesión no puede dejar de ser experimentada por el sujeto como una puntuación de su progreso.[81]

Por lo tanto, el tiempo de la sesión parece estar acompasado sólo con la medida del "latido" del inconsciente cuya abertura opera en la palabra del sujeto si el analista sabe puntuar su articulación. Como consecuencia de ello, la propia interpretación analítica encuentra su eficacia por referencia a esa escansión:

> La interpretación no se funda en ninguna asunción de los arquetipos divinos sino en el hecho de que el inconsciente tenga la estructura radical de un lenguaje [...] Para descifrar la diacronía de las repeticiones inconscientes, la interpretación debe introducir en la sincronía de los significantes que ahí se combinan algo que de pronto haga posible la traducción.[82]

El analista que interpreta no hace nunca sino "citar" un decir que ya está en el sujeto, es decir una secuencia significante que desconocía antes de que la palabra del paciente la articulase. Cuando se la comprende de este modo, la interpretación encuentra su coherencia propia al intervenir bajo el modo del "corte" significante. Aparece, en consecuencia, como una *puntuación* singular que tiene el efecto de hacer advenir un sentido a partir del sinsentido de la polisemia significante que opera en las asociaciones del paciente. Desde esa perspectiva, la interpretación puede oficiar como escansión y, en tanto tal, operar en calidad de suspensión de la sesión.

Lacan aporta otra precisión fundamental respecto de la interpretación. Si bien la circunscribe en la vertiente de la "cita", a la vez la sitúa también en el terreno de la *alusión* o el *equívoco*.[83] De hecho, debido a su función, puede tener la estructura de un equívoco puesto que implica la adecuación de dos secuencias significantes cuyo carácter heterogéneo desenmascara. La homofonía representa su ilustración más sencilla.

Pero nada de ello justifica el que se la ejerza a la manera caricaturesca del puro y simple juego de palabras significante, uso que algunos "lacanianos" han difundido sádicamente. Una cosa es puntuar el decir del paciente. Otra es explotar, bajo el modo de la guillotina interpretativa, la primera homofonía significante que aparece para concluir —con un oportunismo escandaloso— en la suspensión del tiempo de la sesión.

La práctica de las sesiones cortas tampoco se podría justificar con el argumento frecuentemente invocado del "tiempo lógico".[84] Sin duda, Lacan puso el acento en ese tiempo lógico —"el instante de la mirada, el tiempo para comprender y el momento de concluir"—[85] que, a su criterio, dialectizaba la dinámica de la cura y el plazo de su fin. Jamás ha confundido, en cambio, ese ordenamiento del tiempo con el de la duración de la sesión propiamente dicha.[86]

Notas

1. Cf. Lacan, J., *L'identification, op. cit.*, seminario inédito del 30 de mayo de 1962: "Les pido disculpas por hacerles seguir un camino que puede parecerles árido, es indispensable que les haga conocer sus distintos pasos para mostrarles lo que podemos deducir de ellos".

2. Cf. Lacan, J., "Fonction et champ de la parole et du langage en psychanalyse" (Informe del Congreso de Roma celebrado en el Instituto di Psicologia della Università di Roma el 26 y el 27 de septiembre de 1953),

en *Ecrits, op. cit.*, págs. 237-322 [Versión castellana: "Función y campo de la palabra y del lenguaje en psicoanálisis", en *Escritos, op. cit.*, tomo 1].

3. *Ibíd.*, págs. 320-321.

4. Lacan, J., *L'identification, op. cit.*, seminario inédito del 30 de mayo de 1962.

5. Cf. supra, cap. 8: "El interior y el exterior. La topología de la banda de Möbius", págs. 127 y sigs.

6. Cf. *infra*, cap. 11. "El sujeto, el objeto a y el fantasma $ ◊ a. La topología el cross-cap", págs. 209 y sigs.

7. de Saussure, F., *Cours de linguistique générale, op. cit.*, pág. 157.

8. *Ibíd.*, pág. 156.

9. *Ibíd.*, pág. 166.

10. Cf. Dor, J., *Introducción a la lectura de Lacan*, tomo 1. *El inconsciente estructurado como lenguaje, op. cit.*, cap. 5: "El valor del signo lingüístico y la puntada en Lacan", págs. 46-51.

11. Cf. *ibíd.*, cap. 6: "Metáfora-metonimia y supremacía del significante", págs. 56-62

12. Cf. *ibíd.*, cap. 5: "El valor del signo lingüístico y la puntada en Lacan", págs. 46-51.

13. Lacan, J., *Les psychoses, op. cit.*, seminario del 6 de junio de 1956, pág. 297.

14. Lacan, J., "Subversion du sujet et dialectique du désir dans l'inconscient freudien", en *Ecrits, op. cit.*, pág. 805.

15. Cf. Dor, J., *Introducción a la lectura de Lacan*, tomo 1. *El inconsciente estructurado como un lenguaje, op. cit.*, cap. 5: "El valor del signo lingüístico y la puntada en Lacan", págs. 46-51.

16. Cf. De Saussure, F., *Cours de linguistique générale, op. cit.*, págs. 167-168: "A partir del momento en que se comparan los signos entre sí [...] ya no se puede hablar de diferencia; la expresión sería inapropiada, puesto que sólo puede ser aplicada con corrección a la comparación de dos imágenes acústicas [...] al comportar dos signos cada uno un significado y un significante, no son diferentes, son sólo distintos. Entre ellos sólo hay *oposición*. Todo el mecanismo del lenguaje [...] descansa en oposiciones [...] y en las diferencias fónicas y conceptuales que esas oposiciones implican [...] En la lengua [...] lo que distingue a un signo es lo que lo constituye. La diferencia produce el carácter, como produce el valor y la unidad" (subrayado por el autor).

17. Lacan, J., *L'identification, op. cit.*, seminario inédito del 30 de mayo de 1962.

18. Lacan, J., cf. *ibíd.*; cf. también "La Troisième", en *Lettres de l'Ecole freudienne*, Nº 16, *op. cit.*, pág. 183: "Lo he dicho primero bajo la siguiente forma: lo Real es lo que vuelve siempre al mismo lugar. ¿Debe ponerse el

acento sobre 'vuelve'? Es el lugar que descubre, el lugar de la apariencia [semblant]."

19. Lacan, J., *La logique du fantasme, op. cit.*, seminario inédito del 23 de noviembre de 1966 (el subrayado es mío).

20. Lacan, J., *L'identification, op. cit.*, seminario inédito del 6 de diciembre de 1961 (el subrayado es mío). Lacan toma esa definición de Ch. S. Pierce, en *Ecrits sur le signe*, París, Seuil, 1978, pág. 121.

21. *Ibíd.* (el subrayado es mío). Cf. también *supra*, cap. 4: "El rasgo unario", págs. 83 y sigs., nota 31. Aquí, Lacan asimila las dos fórmulas para marcar la radical distinción entre significante y signo: "El significante, *al revés* del signo, no es lo que representa algo para alguien, es lo que representa precisamente un sujeto para otro significante". Insiste y repite casi palabra por palabra esa fórmula en su último seminario sobre *L'identification*, el 27 de junio de 1962: "[...] aquí, debo recordarles una vez más la definición de la que he partido este año, relativa al significante: el significante *no es* el signo [...] El significante, ya se los dije, *contrariamente* al signo, que representa algo para alguien, es lo que representa al sujeto para otro significante" (el subrayado es mío).

22. De Saussure, F., *Cours de linguistique générale, op. cit.*, pág. 151.

23. Lacan, J., *L'identification, op. cit.*, seminario inédito del 6 de diciembre de 1961.

24. *Ibíd.*

25. *Ibíd.*

26. *Ibíd.*

27. *Ibíd.*, seminario inédito del 29 de noviembre de 1961.

28. *Ibíd.*, seminario inédito del 6 de diciembre de 1961.

29. *Ibíd.*, seminario inédito del 24 de enero de 1962.

30. *Ibíd.*

31. *Ibíd.*

32. *Ibíd.*, seminario inédito del 6 de diciembre de 1961.

33. *Ibíd.*

34. *Ibíd.*

35. Cf. *supra*, cap. 8: "El interior y el exterior. La topología de la banda de Möbius", págs. 127 y sigs.

36. Granon Lafont, J., *La topologie ordinaire de J. Lacan, op. cit.*, págs. 37-38.

37. Lacan, J., *L'identification, op. cit.*, seminario inédito del 30 de mayo de 1962.

38. *Ibíd.* Como lo formula M. Darmon en *Essais sur la topologie lacanienne, op. cit.*, pág. 201: "Las dos lazadas expresan la diferencia del significante que se repite como diferente de sí mismo. El punto de sección del corte por sí mismo introduce la dimensión de lo Real como lo que vuelve siempre al mismo lugar".

39. Lacan, J., *L'identification, op. cit.*, seminario inédito del 30 de mayo de 1962.

40.Cf. *supra*, cap. 9: "Dialéctica de la demanda y el deseo entre el sujeto y el Otro. La topología del toro", págs. 144 y sigs.

41. Cf. *supra*, cap. 8: "El interior y el exterior. La topología de la banda de Möbius", págs. 127 y sigs.

42. En lo relativo a la equivalencia estructural del toro y la banda de Möbius, remitirse al excelente estudio de A. M. Ringenbach, "Sur la compatibilité de la bande de Möbius et du tore", en *Littoral*, Nº 23/24, *La déclaration de sexe*, octubre de 1987, Erès, págs. 157-202.

43. Cf. *supra*, cap. 8: "El interior y el exterior. La topología de la banda de Möbius", págs. 127 y sigs.

44. Lacan, J., "L'étourdit", en *Scilicet*, Nº 4, *op. cit.*, págs. 26-27.

45. Cf. por ejemplo el seminario inédito del 16 de mayo de 1962: "El paso que intento hacerles dar ya ha comenzado a ser esbozado, es el paso donde *se anuda la discontinuidad con lo que pertenece a la esencia del significante, a saber la diferencia* [...]

"El significante reaparece como distinto de lo que él repite, y lo que puede ser considerado como distinguible es la interpolación de la diferencia en la medida en que podemos establecer como fundamento de la función significante la identidad del 'a y a', a saber que la diferencia está en el corte, o en la posibilidad sincrónica que constituye la diferencia significante" (el subrayado es mío).

46. Darmon, M., *Essais sur la topologie lacanienne, op. cit.*, pág. 43 (subrayado por el autor).

47. Granon Lafont, J., *La topologie ordinaire de J. Lacan, op. cit.*, pág. 37.

48. Freud, S., "Sas Unbewusste" (1915), G. W. X. págs. 264-303, S. E. XIV, págs. 159.215; trad. J. Laplanche y J. B. Pontalis, "L'inconscient", en *Métapsychologie, op. cit.*, págs. 65-123. [Versión castellana: "Lo inconsciente"; en *Obras Completas, op. cit.*, tomo II].

49. *Ibíd.*, págs. 77-78 (subrayado por el autor).

50. *Ibíd.*, págs. 79-80 ('Cs', 'Ics' y 'funcional' subrayado por el autor; el resto del subrayado es mío).

51. Cf. *ibíd.*, pág. 118: "Vemos ahora lo que podemos llamar la representación de objeto consciente escindirse en *representación de palabra y representación de cosa*" (subrayado por el autor).

52. *Ibíd.*

53. En lo relativo al problema fundamental de la resonancia significante de la *Vorstellung*, cf. el excelente análisis desarrollado por G. Le Gaufey en su artículo "Représentation freudienne et signifiant lacanien", en *Littoral*, Nº 14, *Freud, Lacan: quelle articulation?*, noviembre de 1984, Erès, págs. 41-56.

54. Cf. Laplanche J. y Pontalis, J.B., *Vocabulaire de la psychanalyse, op. cit.*, págs. 412-414.

55. Cf. Laplanche, J. y Leclaire, S. "L'inconscient: une étude psychanalytique", en *L'inconscient* (4to. coloquio de Bonneval), Desclée de Brouwer, 1966, págs. 95-130.

56. Cf. Dor, J., *Introducción a la lectura de Lacan*, tomo 1. *El inconsciente estructurado como lenguaje, op. cit.*, cap 13: "La metáfora paterna — El Nombre del Padre — La metonimia del deseo", págs. 103-109.

57. Darmon, M., *Essais sur la topologie lacanienne, op. cit.*, pág. 41. En *La lógica del fantasma, op. cit.*, seminario inédito del 16 de noviembre de 1966, Lacan aclara el siguiente punto: "[...] les he dado la fórmula. Lo que nos exige la tarea de conferirle su estatuto lógico, pero para mostrarles de inmediato el ejemplo de la urgencia de esa tarea, o tan sólo de su necesidad, observen que se ha confundido esa relación de cuatro:

$$\frac{S'}{S} \nearrow \frac{S}{s}$$

(la S', las dos S y la s del significado) con esa relación de proporción donde uno de mis interlocutores [...] el autor de una teoría de la argumentación, promoviendo de nuevo una retórica abandonada, articula la metáfora, viendo allí la función de la analogía y funda la función de la metáfora en la relación del significante con otro en tanto que un tercero lo reproduce haciendo surgir un significado ideal. En su momento le he respondido. Sólo de una metáfora tal puede surgir la fórmula que ha sido dada, a saber: S' sobre la s minúscula de la significación entronizadas en un primer registro de inscripción [...] cuyo otro registro, que sustantificaría al inconsciente, estaría constituido por esa extraña relación de un significante con otro significante, y se nos agrega que eso daría cuenta de la estabilidad del lenguaje:

$$\frac{\frac{S'}{s}}{\frac{S}{S}}$$

Esa fórmula denominada del "lenguaje reducido", creo que ahora lo saben, descansa en un error que es el de inducir en la relación de cuatro la estructura de una proporcionalidad. En consecuencia, resulta difícil ver qué puede resultar de ello, puesto que la relación del $\frac{S}{S}$ se torna entonces más bien difícil de interpretar. Pero en esa referencia a un lenguaje reducido no vemos más intención [...] que la de reducir nuestra fórmula de que el inconsciente está estructurado como un lenguaje —fórmula que, más que nunca, ha de ser tomada al pie de la letra [...] es erróneo estructurar así sobre un supuesto mito del lenguaje reducido deducción alguna del inconsciente por la siguiente razón: *es propio de la naturaleza de todo y de ningún significante el no poder en caso alguno significarse a sí mismo*" (el subrayado es mío).

58. Cf. Dor, J., *Introducción a la lectura de Lacan*, tomo 1. *El inconsciente estructurado como un lenguaje*, *op. cit.*, cap. 25: "La 'generación' del grafo", págs. 200-212.

59. Sobre el debate Lacan/Laplanche, cf. el excelente comentario de E. Roudinesco, en *Histoire de la psychanalyse en France*, 2. 1925-1985, París, Seuil, 1986, págs. 318 y sigs.

60. *Ibíd*, págs. 322-323 (subrayado por el autor).

61. Lacan, J., "Du sujet enfin en question" (1966), en *Ecrits*, *op. cit.*, pág. 234 [Versión castellana: "Del sujeto por fin cuestionado", en *Escritos*, *op. cit.*, tomo 1).

62. Lacan, J., "Radiophonie", en *Scilicet*, Nº 2/3, *op. cit.*, págs. 70-71.

63. Lacan, J., "L'étourdit", en *Scilicet*, Nº 4, *op. cit.*, pág. 34.

64. Darmon, M., *Essais sur la topologie lacanienne*, *op. cit.*, pág. 236.

65. J. Lacan analiza esa distinción en *La logique du fantasme*, *op. cit.*, cf. seminario inédito del 11 de enero de 1967: "[...] así como vimos que el Ello es un pensamiento corroído por algo, que es no el retorno del ser sino como un *deser*, asimismo la inexistencia en el nivel del inconsciente es algo que está corroído por un *yo pienso* que no es *yo* (je). Y ese yo pienso que no es *yo* (je) [...] —si pudiera reunirse por un instante con el Ello— lo he indicado como un *Ello habla* [...] Sin duda, el modelo del inconsciente es de un Ello habla pero a condición de tener en claro que no se trata de ningún ser" (el subrayado es mío).

66. Darmon, M., *Essais sur la topologie lacanienne*, *op. cit.*, pág. 237.

67. Lacan, J., "L'etourdit", en *Scilicet*, Nº 4, *op. cit.*, págs. 44-45.

68. *Ibíd.*, págs. 47-48 (subrayado por el autor)

69. Cf. *Ibíd.*, págs. 48-49.

70. Lacan, J., *La logique du fantasme*, *op. cit.*, seminario inédito del 15 de febrero de 1967.

71. *Ibíd.*

72. Cf. *supra*, cap. 9: "Dialéctica de la demanda y el deseo entre el sujeto y el Otro. La topología del toro", págs.144 y sigs.

73. Granon Lafont, J., *La topologie ordinaire de J. Lacan*, *op. cit*, pág. 39 (subrayado por el autor).

74. Guyomard, P., *La jouissance du tragique. Antigone, Lacan et le désir de l'analyste*, París, Aubier, 1992, pág. 55.

75. Retomo en ese punto algunos de los argumentos formulados en un estudio sobre "Les séances à temps variable", en *Nouvelle revue de psychanalyse*, Nº 41, L'épreuve du temps, París, Gallimard, primavera de 1990, págs. 236-242.

76. Guyomard, P., "Le temps de l'acte. L'analyste entre la technique et le style", en Mannoni, M. *Un savoir qui ne se sait pas*, París, Denoël, 1985, pág. 161 [Versión castellana: "El tiempo de la acción. El analista entre la técnica y el estilo", en M. Mannoni, *Un saber que no se sabe*, Bs., As., Gedisa, 1986].

77. Cf. Lacan, J., "La science et la vérité", en *Ecrits, op. cit.*, págs. 867-868: "Yo, la verdad, hablo [...] Eso quiere decir sencillamente lo que hay que decir de la verdad, de la única, a saber que no hay metalenguaje [...] que ningún lenguaje podría decir lo verdadero sobre lo verdadero, puesto que la verdad se funda porque habla y no tiene otro medio para hacerlo".

78. Lacan, J., "Fonction et champ de la parole et du langage en psychanalyse", *ibíd.*, pág. 313.

79. *Ibíd.*, pág. 252 (el subrayado es mío).

80. *Ibíd.*, pág. 310.

81. *Ibíd.*, pág. 313.

82. Lacan, J., "La direction de la cure et les principes de son pouvoir" (1958), en *Ecrits, op. cit.*, págs. 595-594 [Versión castellana: "La dirección de la cura y los principios de su poder", en *Escritos, op. cit.*, tomo 2].

83. J. Lacan propone tres tipos de equívocos en particular para sostener la interpretación: el equívoco por homofonía, el equívoco gramatical y el equívoco lógico. Cf. "L'étourdit", en *Scilicet*, Nº 4, *op. cit.*, págs. 48 y sigs.

84. Lacan, J., "Le temps logique et l'assertion de certitude anticipée", en *Ecrits, op. cit.*, págs. 197-213.

85. *Ibíd.*, págs. 204 y sigs.

86. En lo relativo a esa distinción, hay un excelente comentario desarrollado por P. Guyomard en "Le temps de l'acte. L'analyste entre la technique et le style", en M. Mannoni, *Un savoir qui ne se sait pas, op. cit.*, págs. 170 y sigs.

11

El sujeto — El objeto a y el fantasma $ ◊ a. La topología del cross-cap

Lacan utiliza el *plano proyectivo* y principalmente la configuración particular que ese objeto adopta bajo la designación de *cross-cap*, para representar las articulaciones específicas que vinculan al sujeto con el objeto de su deseo debido a las propiedades singulares que su superficie presenta.

Las propiedades topológicas del cross-cap pueden ser puestas en evidencia fácilmente, si nos ocupamos de examinar por separado los distintos elementos que constituyen esa superficie compuesta, o sea la adjunción de una superficie unilátera —la *banda de Möbius*— y una superficie bilátera: un *disco*.

El cross-cap es una superficie topológica agujereada, o sea una *superficie unilátera de un borde*. Esa superficie se obtiene a partir del objeto topológico que le sirve de sustrato: el *plano proyectivo*, que es una superficie cerrada unilátera pero sin borde. Para pasar del plano proyectivo al cross-cap basta con retirar del plano proyectivo un casquete de su parte esférica, que puede ser remitida a la configuración de un disco. La deducción de esa superficie constituye un agujero que, a su vez, produce un borde. En ese sentido el cross-cap es, entonces, un plano proyectivo agujereado que, como veremos, es estrictamente homeomorfo con la estructura de una banda de Möbius.

El plano proyectivo es una superficie de cuatro dimensiones y por ello es totalmente recalcitrante a nuestra intuición sensible. No obstante, podemos tratar de proponer una representación de él por medio de determinados procedimientos artificiales que realizan una inmersión de esa superficie radicalmente abstracta en un espacio euclidiano de tres dimensiones. El resultado de este zambullimiento culmina en una construcción "bastarda" puesto que una parte de esa superficie es realmente irrepresentable en la medida en que pone en continuidad recíproca un anverso y un reverso, esto, a pesar de que la superficie no se encuentra nunca en intersección consigo misma.

Lacan introduce la referencia al plano proyectivo y al cross-cap en su seminario *La identificación.* Pero utiliza ese objeto topológico como soporte metafórico propicio para la explicación de determinados procesos metapsicológicos referidos a la estructura del sujeto mucho más por la práctica de sus virtudes mostrativas que por sus virtudes formales. De hecho, apelar a la *práctica* del plano proyectivo y de su homólogo, el *cross-cap*, equivale a poner el acento una vez más en el hecho de que las incursiones topológicas de Lacan encuentran lo esencial de su justificación en la manipulación misma de los objetos en cuestión. Lo que interesa con respecto de la obra de Lacan es entonces mucho más la estructura del "objeto como tal" que los fundamentos matemáticos que presiden la concepción de *espacio plano proyectivo.*[1]

La estructura del plano proyectivo puede abordarse sencillamente por medio de dos procedimientos de construcción diferentes. El primero se efectúa sobre la base de una generalización de operaciones abstractas efectuadas a partir de una semiesfera. El segundo, en cambio, implementa el principio de una elaboración puramente concreta realizable con un material elemental.[2]

Primer procedimiento de construcción[3]

A partir de una semiesfera como la representada en la figura siguiente, podemos imaginar que a todo punto del borde le corresponde un punto diametralmente opuesto, de modo que definiríamos una serie de puntos antípodos AA', BB', CC', DD', etcétera.

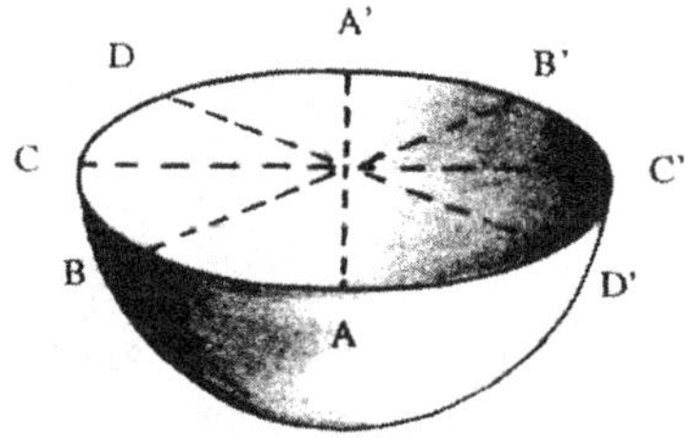

Figura 62

Si esa semiesfera está constituida por una materia flexible y deformable, podemos suturar los pares de puntos sucesivos en el borde de la esfera, por ejemplo estirando el borde de la esfera en A hasta el borde de la esfera en A':

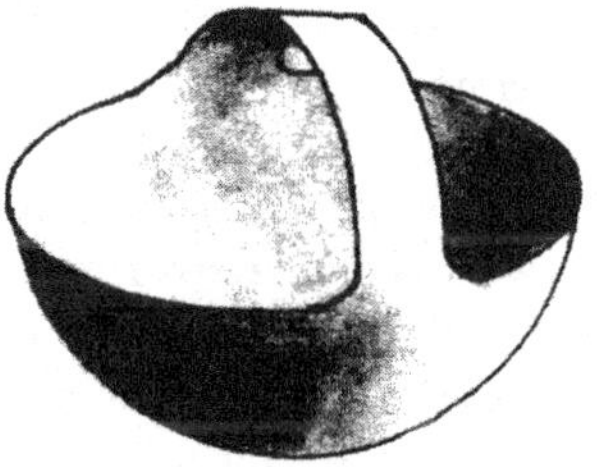

Figura 63

De este modo, queda formada una especie de asa como la de un canasto. Repitamos la misma operación tomando esta vez, en el mismo movimiento, un segundo punto consecutivo: por ejemplo, los puntos A y B que suturaremos con los puntos A' y B'. Si procedemos como anteriormente, es decir estirando el borde A hacia A' y el borde B hacia B', la primera asa sufrirá una torsión cuando estiremos el fragmento de borde B hacia B'. En efecto, el estiramiento de B hacia B' sólo puede realizarse mediante un cambio de dirección del fragmento de superficie constituido por el asa inicial.

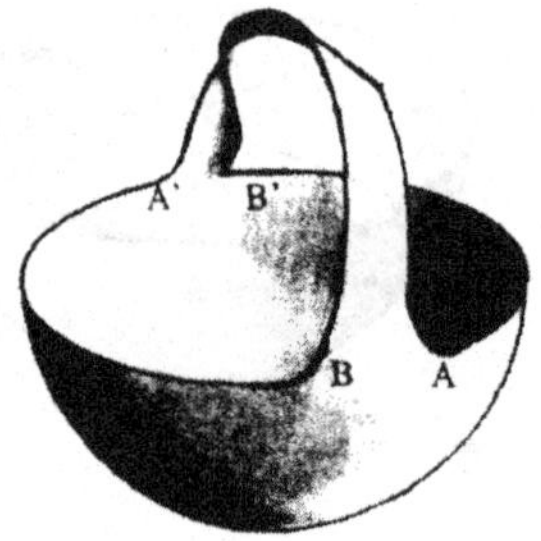

FIGURA 64

Imaginemos ahora esa misma operación para la infinidad de los puntos que constituyen el borde de la semiesfera. Obtenemos esa misma torsión del asa sobre sí misma una infinidad de veces hasta el atravesamiento completo de la superficie por sí misma.

Sin lugar a dudas, esa operación es irrepresentable en nuestro espacio de tres dimensiones. No obstante, siempre podemos concebirlo con cierta abstracción. De hecho, si bien podemos representar el principio de ese movimiento mediante esquemas, jamás podremos construir esos esquemas hasta su última instancia. La siguiente figura nos ofrece el principio de esos esquemas:

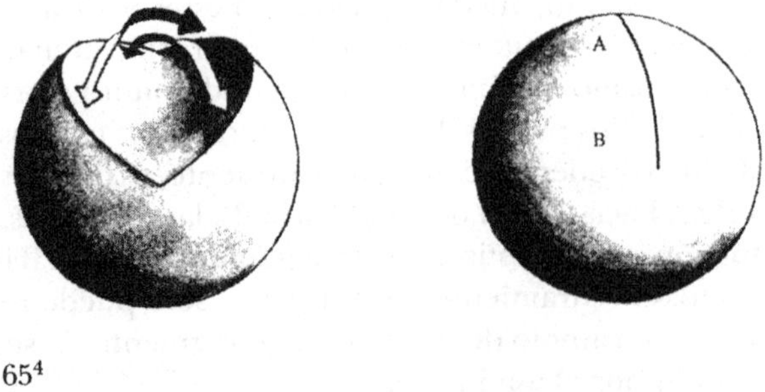

FIGURA 65[4]

A esa *superficie cerrada unilátera* la denominamos el *plano proyectivo*. Una superficie como ésa exige algunos comentarios. Nuestra intuición sensible nos lleva a concebir espontáneamente la línea AB (figura 65) como una *línea de cesura*, es decir una línea de intersección. En realidad, no existe ningúna intersección real. Justamente, la particularidad de esa superficie irrepresentable radica en no tener ninguna línea de corte. Unicamente nuestra intuición sensible de tres dimensiones nos hace pensar en un pliegue (AB) en donde dos superficies estarían pura y simplemente superpuestas. En realidad, no sucede nada de eso.

La superficie en cuestión es una superficie abstracta en total continuidad. Como una banda de Möbius, su anverso está siempre en continuidad con su reverso. Una expresión figurada de Lacan nos permite comprender esa particularidad. En efecto, Lacan designa con frecuencia el plano proyectivo (y el cross-cap) con la expresión "mitra de obispo" que podemos representar de la siguiente manera:

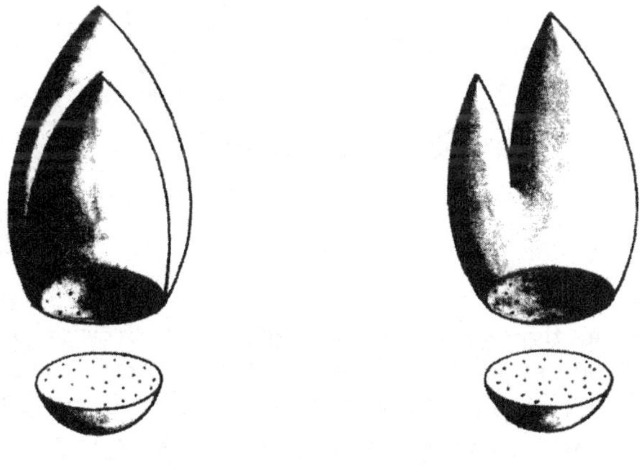

FIGURA 66

Ese objeto no nos es del todo desconocido. Para imaginar un plano proyectivo a partir de una mitra de obispo se debe llegar a concebir la factura del gorro de la siguiente manera. En primer lugar, imaginemos que se sutura un casquete esférico en continuidad con la abertura de la mitra. Si luego suponemos que los dos elementos de la parte superior están suturados entre sí de modo tal que el elemento de adelante esté en continuidad con el elemento de atrás según la trayectoria de una banda de Möbius, obtenemos un plano proyectivo. En efecto, si esa continuidad se estructura según la organización de una banda de Möbius, el exterior de la mitra estará necesariamente en continuidad con el interior y viceversa.

Podemos esquematizar entonces esa mitra topológica según la siguiente figura:

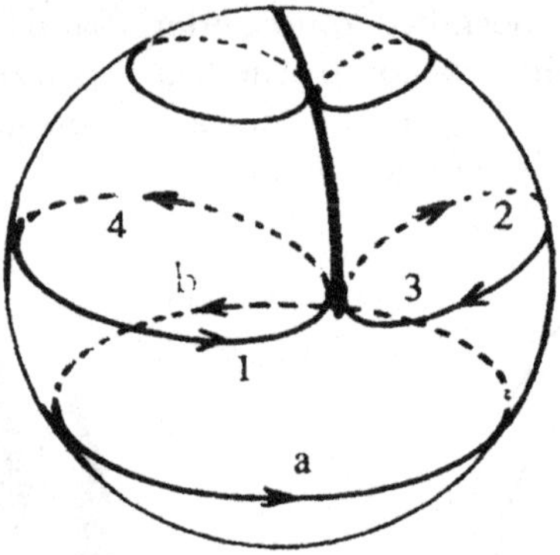

FIGURA 67

En esta figura podemos identificar dos tipos de trayectorias susceptibles de ser realizadas en la superficie. Una primera trayectoria está materializada por el recorrido a → b; una segunda trayectoria por el recorrido: 1 → 2 → 3 → 4.

La trayectoria a → b, a nivel del casquete esférico, no plantea ningún comentario especial. La hormiguita —cara a los topólogos— que partiera del punto a, en el exterior de la superficie, aparecería en el punto b, siempre en el exterior de la superficie. Lo mismo sucedería si tuviera que efectuar una trayectoria idéntica en el interior de la superficie de ese casquete esférico: la trayectoria permanecería continuamente interior del punto a al punto b, hasta el retorno al punto a.

En cambio, si examinamos ahora la trayectoria: 1 → 2 → 3 → 4, las cosas son totalmente distintas. Supongamos que esa misma hormiguita parte de 1, en el exterior de la superficie por adelante. Llega a la línea abstracta de intersección, la atraviesa y se vuelve a encontrar detrás, en 2, pero en el interior de la superficie. Al seguir su camino hacia 3, se sigue manteniendo en el interior, pero otra vez por delante. Al atravesar de nuevo la línea de intersección, se encuentra en 4, es decir detrás, pero esta vez en el exterior de la superficie, en donde ya puede alcanzar su punto de partida en 1.

Por lo tanto, la hormiga ha pasado del exterior al interior y del interior al exterior sin haberse topado en ningún momento con alguna frontera o límite. Esa es, entonces, la particularidad fundamental de esa superficie que, por ese motivo, se define como superficie unilátera. Esa superficie recuerda de modo manifiesto la estructura topológica de una banda de Möbius. Por otra parte, si efectuamos un corte siguiendo esa trayectoria de la hormiga en doble lazada (ocho interior), el plano proyectivo se descompone de inmediato en dos elementos:

— una banda de Möbius;

— un casquete esférico que, por deformación, puede reducirse a un disco chato.[5]

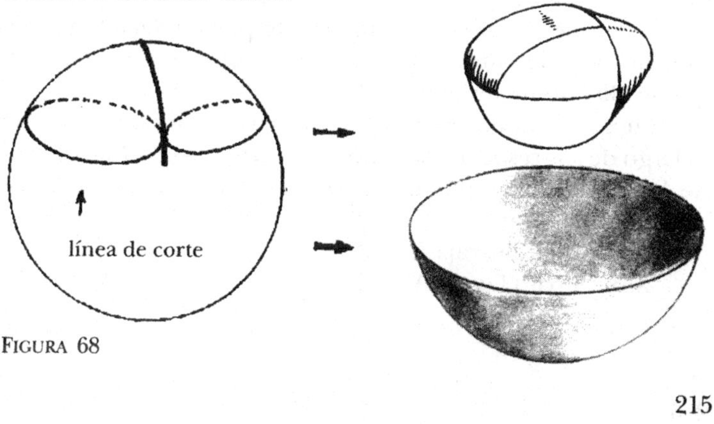

FIGURA 68

Segundo procedimiento de construcción

Esa descomposición conduce directamente a imaginar un segundo modelo de elaboración del cross-cap, cuyo principio de construcción se basará en un procedimiento de recortado y pegado. Esta segunda técnica de elaboración no sólo presenta la ventaja de ser muy sencilla sino que además pone de manifiesto de una manera clara la estructura interna del plano proyectivo. Por añadidura, justifica de modo ejemplar la equivalencia de la relación abstracta anterior:

Plano proyectivo = banda de Möbius + casquete esférico.

En efecto, podemos concebir una técnica de montaje que ilustre con la mayor exactitud el porqué el interés principal de ese objeto topológico reside en su corte; o sea, algo que sólo puede captarse verdaderamente al practicarlo uno mismo sobre el objeto. Y lo que es más, esa técnica permite mostrar —como veremos— cómo el corte metaforiza la relación del sujeto con el objeto de su deseo, es decir la estructura del fantasma que la fórmula lacaniana **$ ◊ a** nos muestra.

Por último, ese corte realizado en el plano proyectivo dilucida una referencia al *esquema R* que ordena ya en 1953 las relaciones entre lo *Simbólico*, lo *Imaginario* y lo *Real* y a propósito del cual, una nota de *Los Escritos*, nos precisa que se trata del despliegue de un plano proyectivo.[6]

Ese método de construcción consiste en recortar dos discos de diámetros idénticos lo más grandes posible. La dimensión de los discos es importante porque facilita las manipulaciones al neutralizar la rigidez del soporte a condición de que se elija un material flexible.

Luego se superponen los dos discos y se les hacen rajas a lo largo de sus respectivos radios: A → B y A' → B'. Cada borde de las rajas así obtenidas en los discos es numerado de la siguiente manera:

— 1 y 2 para la raja A → B,

— 3 y 4 para la raja A' → B'

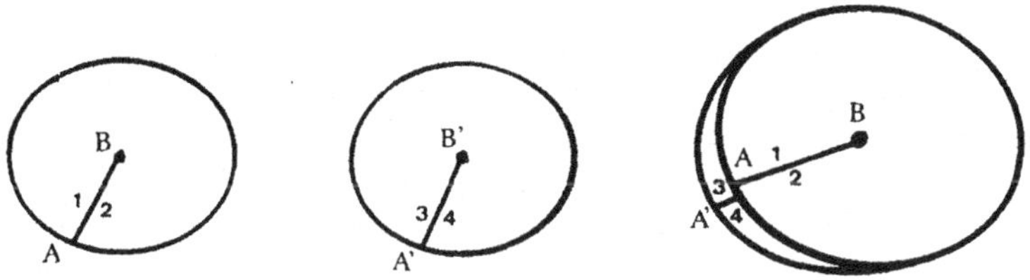

FIGURA 69

Cuando los cortes A → B y A' → B' se superponen con exactitud, se puede pegar entonces el borde 1 y el borde 4 con cinta adhesiva. Si pudiéramos ejecutar los objetos en un espacio de cuatro dimensiones, habría que pegar entonces el borde 2 con el borde 3. Al ser esto imposible, debemos recurrir a un artificio técnico. Al ser materialmente irrepresentable la continuidad del borde 2 con el borde 3 sin cortar la continuidad de los bordes 1 y 4, podemos pegar el borde 2 a los bordes 1 y 4 que ya están en continuidad; luego el borde 3, del otro lado, con los mismos bordes continuos 1 y 4. Por medio de ese artificio, obtenemos entonces un atravesamiento de las superficies según una línea de intersección A → B arbitrariamente existente:

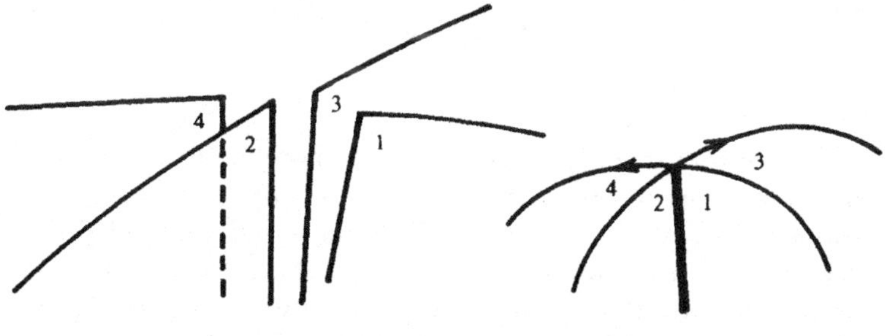

FIGURA 70

El artificio del pegado está destinado a poner en continuidad superficies que no se entrecruzan, o sea la continuidad 1 →

4 y la continuidad 2 → 3 que representan el autoatravesamiento de una superficie sin entrecruzamiento. De esa manera, nos encontramos con una trayectoria möebiana sin discontinuidad del interior al exterior y del exterior al interior, como el recorrido de la hormiga antes mencionado.

En esa etapa de la construcción podemos efectuar entonces dos tipos de trazados en los dos discos así unidos, tal como lo muestra la figura 71:

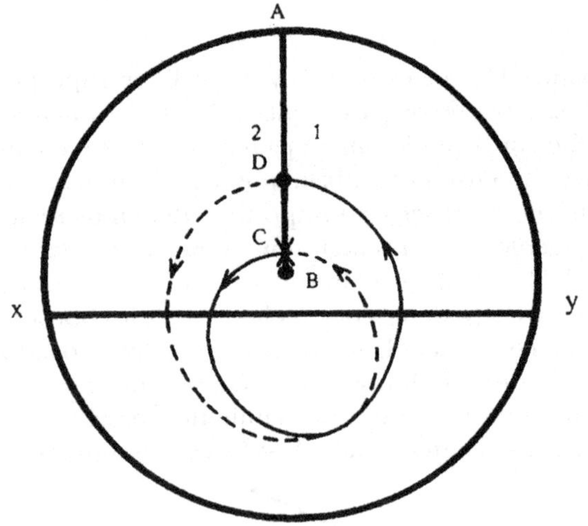

FIGURA 71

El primer trazado está representado por la línea x → y, que pasa ligeramente por debajo del punto central B. El segundo trazado es una curva que se desarrolla alrededor del punto central B de un modo particular. Ese trazado parte de la línea imaginaria de entrecruzamiento en el punto C y se prolonga en *línea entera* en el disco superior girando alrededor del punto B hasta su nuevo encuentro con la línea imaginaria de entrecruzamiento en el punto D. Se continúa luego en el otro disco, detrás, en línea de puntos y vuelve al punto de partida C. En consecuencia, se trata de un trazado de la doble lazada en ocho interior.

Una vez efectuados esos dos tipos de trazados, basta con pegar los dos discos juntos, por su periferia externa. Cuando los dos discos quedan así solidarios el uno del otro, obtenemos la materialización de un *plano proyectivo*.

El interés de ese objeto reside en que pone de manifiesto sus propiedades, las que aparecen de inmediato desde el momento en que se efectúan dos cortes según los trazados característicos previamente descritos.

El primer corte, según el trazado x → y, determina dos objetos específicos: un *casquete esférico* y un *cross-cap*:

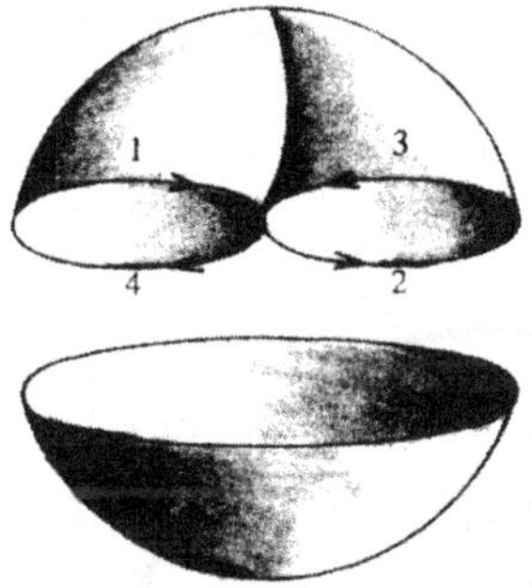

FIGURA 72

El cross-cap está representado por la parte superior del plano proyectivo así cortado. Se trata de una superficie que está en continuidad como lo atestigua el recorrido 1 → 2 → 3 → 4 ya mencionado, y ésa es una característica que no debe perderse de vista; es decir que se trata de un recorrido en que se pasa del exterior al interior y luego del interior al exterior sin atravesar jamás frontera o borde alguno. En ese sentido, la estructura del cross-cap es una estructura möbiana.

Para efectuar el segundo corte, hay que reconstituir el plano proyectivo volviendo a pegar el casquete esférico al cross-cap. Ese segundo corte sigue el trazado que gira alrededor del punto B. Partiendo del punto C, se trata de cortar el disco superior en el sentido de las agujas de un reloj hasta el punto D sobre la línea de entrecruzamiento imaginaria. En ese punto, se debe recordar que se trata de un atravesamiento de superficie, lo que plantea la necesidad de prolongar el corte en el disco inferior siguiendo siempre el trazado que gira en el sentido de las agujas de un reloj hasta retornar al punto C.

Si estuviéramos manipulando un verdadero plano proyectivo, el disco así recortado se desprendería de sí mismo puesto que las superficies se atraviesan sin entrecruzarse. En la construcción anterior, tuvimos que pegar los bordes 1 y 4 y luego los bordes 2 y 3 para simular la continuidad. Para que el disco central se desprenda, es preciso entonces recortar el artificio construido entre C y D. Se obtienen así dos objetos singulares: por una parte, una corona; por otra, un disco chato con propiedades particulares:

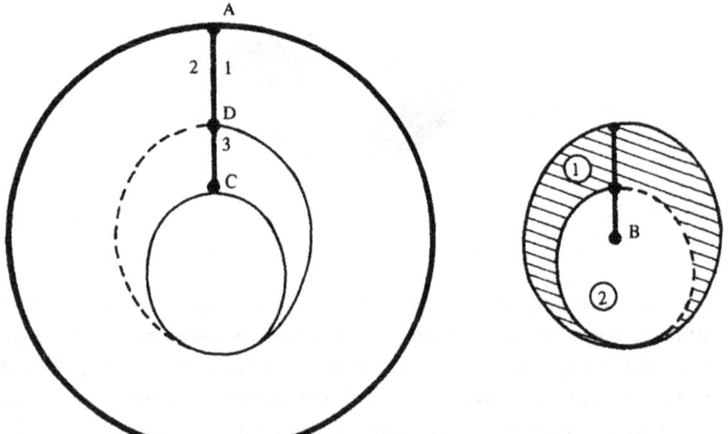

FIGURA 73

Estudiemos la estructura de la corona. A partir de cualquier punto de esa superficie, si la recorremos girando en un sentido dado, y respetando el pasaje impuesto por la línea de entrecruzamiento, se vuelve al punto de partida habiendo recorrido toda la superficie. Por lo tanto, se trata de una *banda de Möbius*.

El disco recortado, por su parte, comporta en su centro el punto B, que confirere al cross-cap la particularidad de ser una superficie *unilátera* (una sola cara). Sin embargo ese disco es *bilátero* (dos caras) y contiene la línea de intersección. En la figura 73, la parte sombreada corresponde a la parte del disco que comporta un único espesor (①) mientras que la otra comporta dos espesores (②).

A partir de ese disco, si volvemos a poner en continuidad los bordes 1 y 4 y luego los bordes 2 y 3, podemos imaginar un cono que tiene, una vez más, la estructura del cross-cap.

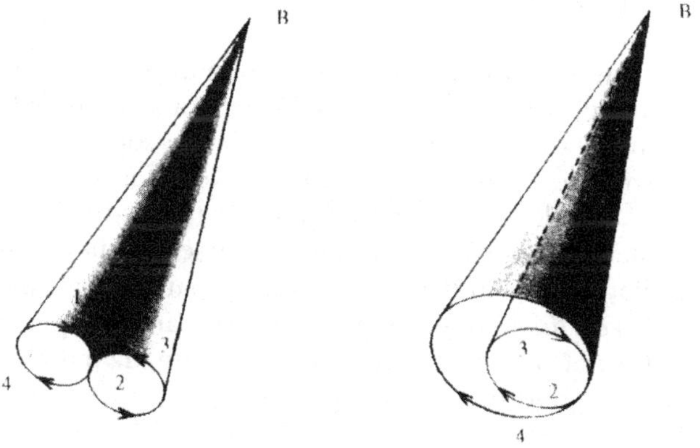

FIGURA 74[7]

De hecho, partiendo de ese punto B, se puede efectuar el recorrido de toda la superficie del cono según la trayectoria: 1 → 2 → 3 → 4.

Al término de la construcción del cross-cap resulta más fácil comprender cómo operan determinados efectos de corte.

Por otra parte, Lacan presta especial atención a esos objetos topológicos, en su constante investigación sobre la estructura del sujeto y, más en particular, sobre la relación del sujeto con el deseo y con el significante:

> Cuando adoptamos la vertiente de interrogar los efectos del deseo por medio del abordaje del significante, para nosotros se trata de concebir cómo el campo del corte, la abertura del corte, al organizarse en superficie, hace surgir para nosotros las diferentes formas en que pueden ordenarse los tiempos de nuestra experiencia del deseo.[8]

Más explícitamente, al describir el cross-cap, Lacan prosigue en los siguientes términos:

> Esa superficie así estructurada es particularmente propicia para hacer funcionar ante ustedes el elemento más inaprehensible que se denomina el deseo en tanto tal, también denominado la falta.[9]

Hemos visto anteriormente que uno de los cortes efectuados en el cross-cap (cf. figura 73) separaba un disco bilátero que incluía el punto "en cuyo derredor se soporta la posibilidad misma de la estructura entrecruzada del gorro o del cross-cap",[10] es decir, entonces, el punto B (cf. figura 73) que permite a una superficie bilátera transformarse, de nuevo, en superficie unilátera. Lacan designa ese punto particular como el "*punto fuera de línea*" imposible de representar pero que lo autoriza a definir el cross-cap como "una determinada manera de organizar un agujero":[11]

> Es una superficie que, por decirlo de este modo, le ha quitado el sitio al agujero, una superficie en donde se adivina con nitidez que lo importante en la estructura del agujero sigue siendo el punto central, ahí donde empieza, en nuestra representación, la línea de pseudointersección.12

Analicemos ahora algunas propiedades puestas de manifiesto por el corte en ocho interior efectuado en el cross-cap.

Tal como lo propone Lacan,[13] podemos imaginar un corte en ocho interior en el plano proyectivo según dos sentidos diferentes: respectivamente, una rotación alrededor del punto central orientada hacia la derecha ① y otra hacia la izquierda ②.

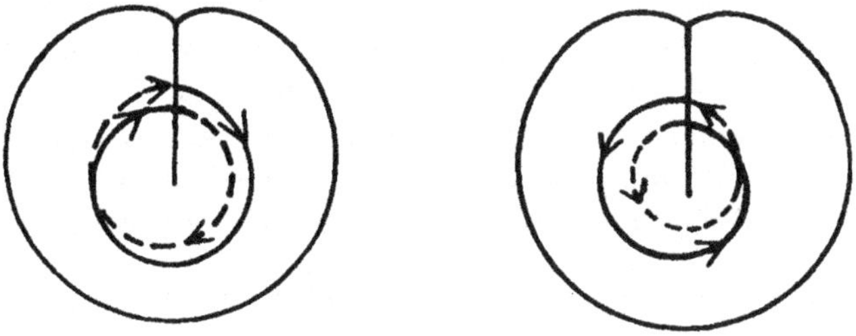

1 2

Planos proyectivos vistos de frente

FIGURA 75

Si ahora damos vuelta los planos proyectivos así recortados, podemos observar que los cortes quedan siempre orientados en el mismo sentido, más allá de que sean levógiros o dextrógiros.

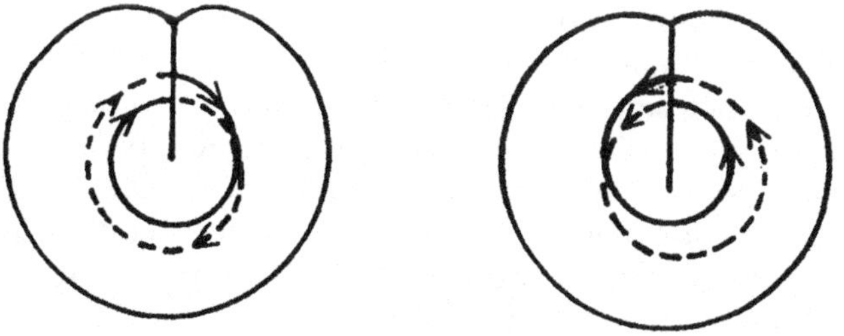

1 2

Planos proyectivos vistos de atrás

FIGURA 76

Dado que la orientación de los cortes, vista de adelante o de atrás, permanece idéntica en los planos proyectivos, estamos en presencia de una propiedad fundamental denominada *disimetría*. Eso puede probarse en la experiencia del espejo; si confrontamos las imágenes ②, de adelante o de atrás, con el espejo, éstas aparecen estrictamente idénticas a la imagen de ① en el espejo. De ahí se deduce que el plano proyectivo "enucleado" de su parte central por el corte en doble lazada es disimétrico. En consecuencia, entonces, es especularizable. Eso equivale a decir que tiene una imagen especular; siendo la imagen especular de un objeto siempre no superponible al objeto mismo:

	Objeto	Imagen
Simetría	objeto no especularizable	Imagen superponible al objeto
Disimetría	objeto especularizable	Imagen no superponible al objeto

Si reproducimos la misma experiencia con la parte central enucleada, observamos en cambio que esa superficie es simétrica, por lo tanto no especularizable.

En conclusión, el corte en ocho interior efectuado en el plano proyectivo determina dos fragmentos de superficie cuyas propiedades son radicalmente opuestas. La superficie deducida por ese corte, como ya hemos visto, incluye el punto B —*el punto fuera de línea*—, es decir el punto más constitutivo de la estructura del plano proyectivo:

> Queda por decir que en ese punto hay algo que debe ser mantenido y que es una especie de arranque de la fabricación mental de la superficie, a saber, en relación con ese el corte alrededor del cual se construye realmente. Porque esa superficie

[...] conviene concebirla como una manera particular de organizar un agujero.[14]

Unicamente la estructura topológica de ese punto permite comprender cómo puede desplegarse una superficie alrededor de un agujero —un vacío— y, al hacerlo, manifestar la particularidad de ser unilátera, o sea en este caso de atravesarse a sí misma sin entrecruzarse verdaderamente. En consecuencia, basta con volver a poner en continuidad los bordes de la "arandela" así recortada para reconstituir la estructura del plano proyectivo.[15]

Todo hace suponer que la lógica estructural de esa superficie está en gran medida determinada por el modo de corte que la constituye, aunque se la reduzca a los límites más exteriores, como nos invita a formalizarla Lacan en su seminario del 20 de junio de 1962.

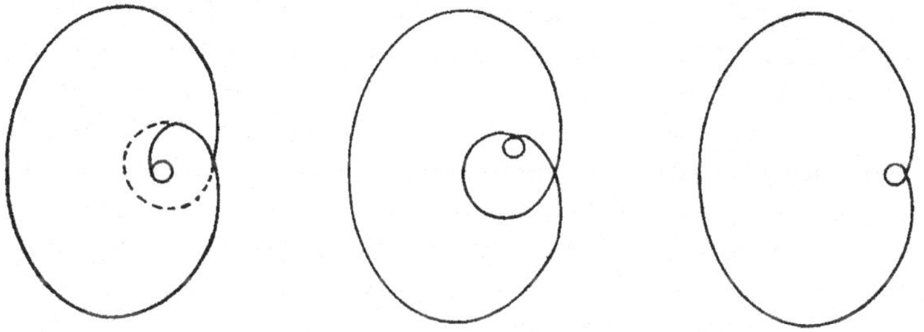

FIGURA 77

Evidentemente, bajo esa forma depurada, volvemos a encontrar la figura del ocho interior, corte límite alrededor del punto irreductible de la superficie: el *punto fuera de línea.*

Lacan se apoyará directamente en las propiedades que se deducen de esas diferentes operaciones efectuadas sobre la superficie del plano proyectivo para hacer más explícita la relación del sujeto —capturado en los efectos de la función del significante— con el objeto de su deseo, es decir en la dimensión del *fantasma*: **$ ◊ a**.

La demanda, aunque esté reducida a la repetición de un rasgo unario significante siempre diferente de otro, al enrollarse sobre sí misma en ocho interior ¿logra después de cierto número de vueltas capturar el objeto del deseo? ¿Qué captura, exactamente? Precisamente, el objeto causa del deseo parece reducirse a eso que la impulsa más allá del objeto de la necesidad, es decir la falta que sólo podría tener la estructura de un vacío. De este modo, se determina retroactivamente el *objeto a* luego de haber sido perseguido por la repetición de las demandas. Lo prueba la topología del toro que nos muestra cómo el objeto no puede sino ser perdido por el sujeto, quien, *efecto de la función significante*, sólo puede recorrer siempre la vuelta del agujero central vacío.

No obstante, aunque el toro constituya un soporte estructuralmente propicio para la representación de esa singular conjunción del sujeto con el objeto de su deseo bajo la incidencia del significante, no por ello da cuenta de la determinación que ordena la lógica del anudamiento del deseo con el *objeto a*, en donde aparece que el sujeto es su corte y de ahí se deduce la estructura del fantasma: **"$ corte de a: $ ◊ a"**.[16] Esa determinación procede de la *función fálica* y la *topología del cross-cap*, en cambio, puede dar cuenta de ello.

El corte en doble lazada efectuado sobre el cross-cap separa, como ya hemos descrito, dos elementos de superficie cuyas propiedades son radicalmente opuestas: por una parte la corona enucleada, o sea una *superficie disimétrica* asimilable a una banda de Möbius y que, en consecuencia, presenta una *imagen especular*; por otra parte una *superficie simétrica no especularizable*:

> Esa es, entonces, la función de ese corte y lo que él muestra de ejemplar. Es tal que, al dividir determinada superficie de una manera privilegiada, superficie cuya naturaleza y función nos son por completo enigmáticas, puesto que apenas podemos situarla en el espacio, hace aparecer por un lado funciones privilegidas, que son las que he denominado recién como especularizables, es decir que transportan su irreductibilidad a la imagen especular y, por otro una superficie que a pesar de presentar todos los

privilegios de una superficie, ésta sí orientada, no es especularizada.[17]

Debido a esa propiedad inversa, la escisión que existe entre los dos elementos de superficie abre el camino para una primera ilustración de la relación del sujeto con el objeto de su deseo. Como sabemos, así como está sometido el sujeto al registro de lo especularizable, aunque más no fuera debido a su identificación especular inaugural en el nivel del "estadio del espejo"[18], en la misma medida está sustraído *el objeto a*, por esencia, de toda imagen especular. No hace falta más para asimilar la corona möebiana al soporte del cuerpo de la identificación especular del sujeto **i(a)** y, como lo describe Lacan, la superficie de la arandela recortada al objeto del deseo **a**:

> Esto nos sirve para ilustrar la propiedad que les he dicho que era la de *a* en tanto objeto del deseo, la de ser ese algo que es a un tiempo orientable y sin duda muy orientado pero que no es, si se me permite expresarme así, especularizable.
>
> En ese nivel radical que constituye al sujeto en su dependencia con relación al objeto del deseo, la función i(a), la función especular, pierde su influencia.[19]

En razón de esa dependencia, el algoritmo del corte en la superficie del cross-cap también advierte al sujeto acerca de su ilusión especular y de la alienación neurótica al Otro que de eso resulta[20] justamente en la medida en que **el objeto a** recortado escapa a la función **i(a)**. En ese sentido, la doble lazada del corte metaforiza de esa manera *la operación de la función fálica* y la incidencia estructurante que ella implica en el sujeto por el sesgo de la *castración*.

Por lo demás, Lacan se ocupa de subrayar el carácter irreductible de la estructura del *punto fuera de línea*, que no sólo ordena la configuración de la "arandela a" sino también, consecuentemente, la singularidad de la superficie del cross-cap en su conjunto donde el reverso, en continuidad constante con el anverso, es entonces idéntico a él. Por eso Lacan precisa:

> [...] si articulamos la función de ese punto, podremos encontrar todo tipo de fórmulas felices que nos permiten concebir la función del falo en el centro de la constitución del objeto del deseo.[21]

Lacan designa ese *punto fuera de línea* como punto Φ.

El corte es lo único que permite captar, en la práctica de este objeto topológico, lo que ordena, paradójicamente, la relación del sujeto con su objeto. De hecho, la doble lazada que separa la superficie central (el objeto a) que contiene al punto fuera de línea determina, por sí sola, las propiedades topológicas de la superficie restante (el sujeto). Considerada como tal, la superficie del cross-cap no manifiesta esa disparidad que, empero, sabemos que existe entre el sujeto y el objeto en el nivel de las propiedades de disimetría y especularidad. En consecuencia, si bien ese soporte topológico, en la integridad de su estructura, es susceptible de representar la relación del sujeto con el objeto, el objeto sólo está presente ahí como disimulado e inaprehensible, es decir en ciertos aspectos el modo de existencia, precisamente, del *objeto a*.

Por el contrario, el objeto jamás podrá aparecérsele al sujeto si no es como lo que ha perdido de modo radical, sencillamente porque sólo tiene consistencia por efecto del corte que lo constituye en un campo del que el sujeto está excluido (la arandela desprendida por el ocho interior en el cross-cap que instituye el vacío central). Pero, inversamente, el sujeto sólo podría constituirse a sí mismo (la superficie möbiana disimétrica y especularizable) por esa exclusión operada por el corte en doble lazada que separa al objeto. En consecuencia, es justamente el corte en tanto tal el que conserva el vacío, en torno al cual se desarrolla, la estructura potencial de ese lugar (el del objeto a); que a su vez ordena la estructura de la superficie restante (el sujeto), que de ese modo da cuenta de su dependencia respecto del vacío que lo ha constituido. Esto nos remite a la advertencia de la alienación significante del sujeto que sólo puede rodear, en doble lazada, el objeto de su deseo sin alcanzarlo jamás. Claude Conté lo expresa en los siguientes términos:

> [...] la doble lazada tiene la función de circunscribir un campo en tanto que está excluido; en ese campo localizamos el objeto del deseo como radicalmente perdido, es decir también eso que podríamos llamar el objeto de la castración: pero lo esencial es que el corte que separa al objeto es lo que, al mismo tiempo, determina las propiedades topológicas del fragmento restante, que tiene una imagen en el espejo. Eso quiere decir a un tiempo que el objeto del deseo se constituye en la dimensión de lo oculto, de lo inadvertido, de lo inaprehensible, pero que, no obstante, ese resto puede tomar forma en la medida en que tiene lugar el corte que lo separa: el sujeto tiene acceso a la realidad que fuere gracias a la castración; de modo más general, esa separación es la que le permite reconocerse en el mundo, a saber, encontrar en él su propia imagen i(a) [...] El objeto del deseo es eso a lo que hay que renunciar para que el mundo nos sea dado como mundo.[22]

Lo esencial de esa dinámica topológica depende, empero, del hecho de que el lugar del *objeto a* se sostiene por el *punto fuera de línea*, y a eso se reduce por lo demás toda su estructura "puesto que nada, sino ese punto, asegura a esa superficie así recortada su carácter de superficie unilátera, pero se lo asegura por completo, haciendo verdaderamente de **$** el corte de **a**".[23] En última instancia, es el punto φ entonces el que gobierna radicalmente el ordenamiento de la relación del sujeto con el objeto bajo la forma de ese vínculo paradójico que es a un tiempo conjunción ∧ y disyunción ∨, y de ahí se deduce la significación del famoso punzón ◊ introducido por Lacan, que sólo puede ser traducido como *corte*.

Aun cuando, como nos invita a hacerlo Lacan en *La lógica del fantasma*, se descomponga la lectura del punzón en pares de términos opuestos como: "menor: <" y "mayor: >", o incluso como *incluido* y *excluido*, el resultado no cambia nada:

> El sujeto tachado, en su relación con ese objeto a minúscula, está unido en esa fórmula [...] por ese algo que se presenta como un rombo, ◊, que antes he llamado punzón, y que a decir verdad es un signo, forjado expresamente para juntar en él lo que puede aislarse de él.[24]

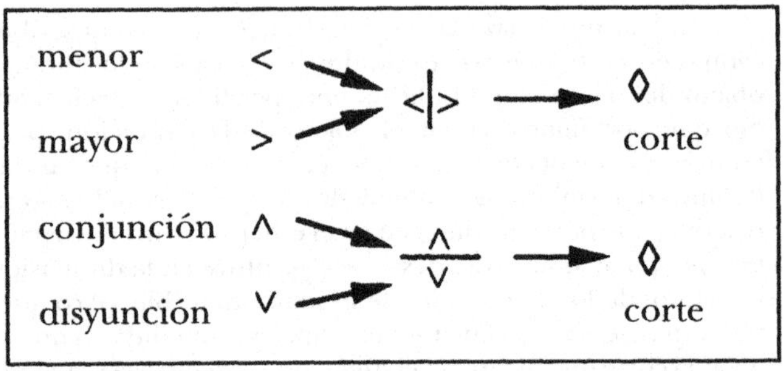

El corte en ocho interior sólo puede ser asimilado a la operación de la función fálica en la medida en que la incidencia radical del falo consiste, justamente, en un mismo punto común de "eversión", de "evergencia",[25] en juntar y separar el sujeto del objeto, del mismo modo en que el punto fuera de línea ordena esa superficie singular en donde el reverso es lo mismo que el anverso; o también donde el interior y el exterior se encuentran sin entrecruzarse.

De esa "*alienación/separación*" del sujeto a su objeto resulta la institución del fantasma propiamente dicho:

$$\$ \lozenge a$$

De modo que si se puede hablar de una *lógica del deseo*, ella sólo podría reducirse a ser *lógica del fantasma*. Sin embargo, como lo observa con razón Lacan: "para hacer fantasma", hace falta un "*soporte de corte y confección*".[26] Lo que soporta al fantasma, aunque tenga dos nombres: el *deseo* y la *realidad*, de hecho se refiere a una única sustancia que se resuelve en la superficie del cross-cap:

> Es totalmente inútil esforzarse en articular la realidad del deseo, porque primordialmente el deseo y la realidad están en una relación de textura sin corte. En consecuencia, no tienen necesidad de costura, no tienen necesidad de ser suturados de nuevo. Hay tanta realidad del deseo como puede decirse el reverso del anverso.[27]

En la medida en que no existe, entonces, separación primitiva de la realidad —que debe ser distinguida de lo Real— y del deseo, falta comprender aún cómo el sujeto, a través del fantasma, encuentra apoyo en ese soporte "de confección". La articulación de la realidad con el deseo, como el reverso y el anverso de la continuidad de una misma cara, sólo es concebible si nos situamos en el campo del Otro, en el discurso del Otro, aun antes de que intervenga todo sujeto.

No hay que olvidar que la presencia del sujeto sólo comienza con el corte en doble lazada. Por ese motivo, Lacan sugiere que observemos, una vez más, las transformaciones producidas por los efectos del corte sobre el cross-cap.

Un *corte simple* que pase por la línea imaginaria de penetración y bordee al punto fuera de línea, transforma al cross-cap *en su totalidad* en una superficie idéntica a la que recorta el corte doble, o sea la arandela que soporta la estructura del *objeto a*:

> [...] todo corte que cruce esa línea imaginaria instaura una modificación total de la superficie, a saber que toda esa superficie se transforma en eso que [...] hemos aprendido a recortar en esa superficie con el nombre de objeto a. A saber que la superficie toda se transforma en un disco achatable, con un anverso y un reverso, y hay que decir que en él no puede pasarse de uno al otro sin cruzar un borde. Precisamente, es ese borde lo que hace imposible el cruce.[28]

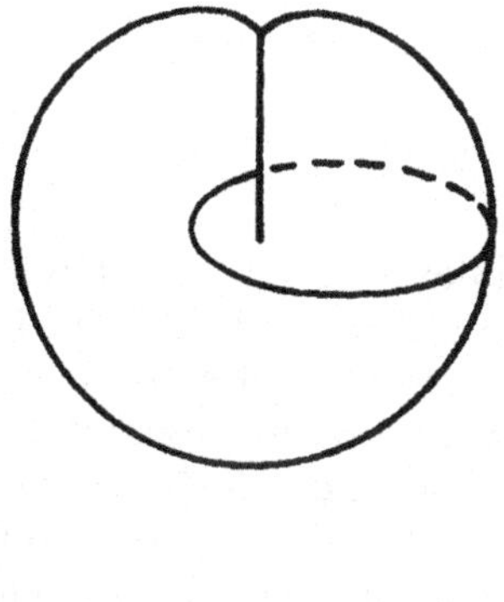

FIGURA 78

Como resultado de ese corte simple, realidad y deseo quedan radicalmente separados. De todos modos, esa operación muestra en qué sentido —desde el origen, es decir antes de que el sujeto esté ahí— mantiene *el objeto a* "una relación fundamental con el Otro".[29] En otras palabras, el corte único "que instaura el significante en lo real, deja caer en primer lugar ese objeto ajeno que es el objeto a".[30] En consecuencia, éste aparece desde la primera lazada significante que recorta lo Real aun antes de que el sujeto se manifieste.

Si practicamos ahora un *corte doble*, el único que hace advenir la presencia del sujeto, entonces, como lo formula Lacan:

> Restituyo lo que se ha perdido en el primer corte, a saber una superficie en donde el anverso se continúa en el reverso. Restituyo la no separación primitiva de la realidad y del deseo.[31]

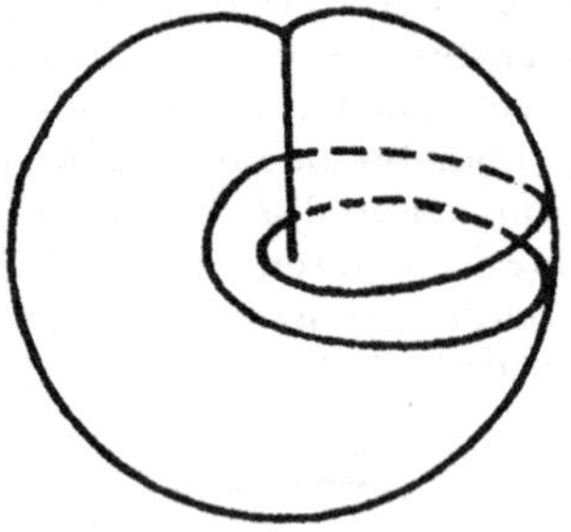

FIGURA 79

Sin lugar a dudas, lo que la continuidad restituye no es la enucleación de la "arandela objeto a" sino lo que se ha perdido en el corte simple, es decir el equivalente de una banda de Möbius, tal como hemos visto antes.[32] En consecuencia, la *realidad* es sólo el reverso del deseo. De ese modo, el fantasma constituye el marco de esa realidad psíquica y en su centro opera el deseo, enmascarando lo Real al sujeto, que sólo puede ser vislumbrado más allá de ella, o sea a través del "montaje de lo simbólico y de lo imaginario".[33]

Esa dialéctica paradójica que regula la relación del sujeto con el objeto de su deseo plantea una dificultad que debe ser dilucidada. Por lo que hemos visto, *el objeto a* mantiene primordialmente una "relación fundamental" con el lugar del Otro aun antes de que se constituya ahí un sujeto; pero a la vez *el objeto a* pareciera circunscribirse como tal, en tanto resto surgido de la entrada del sujeto en el campo del Otro. En consecuencia, *el objeto a* es a un tiempo el *resto* que cae inevitablemente de la intervención del sujeto en el proceso significante y, en calidad de *objeto que ocupa el lugar del* φ,[34] impone al sujeto su relación significante con el lugar del Otro, con la lógica de alienación/separación (**$ ◊ a**) que de ello resulta.

Lacan desarma esa ambigüedad cuando nos recuerda que, puesto que en esa relación *el objeto a* se caracteriza por ser el resto que cae entre el sujeto y el Otro, eso es entonces porque ese objeto surge, justamente, "en el *punto de desfallecimiento del Otro*, en el punto de pérdida del significante; porque esa pérdida es la pérdida de ese objeto mismo".[35] En ese sentido, Lacan simboliza el punto de desfallecimiento tachando la **A** mayúscula, de donde resulta el algoritmo **S(Ⱥ)**: *significante de la falta en el Otro.*

En consecuencia, la relación del *objeto a* con el "punto de desfallecimiento del Otro" traduce tanto mejor la función del fantasma cuanto que debido a ese punto el sujeto sólo puede constituirse como expulsado en su relación con el Otro. Por otra parte, *el objeto a* sólo puede proponerse al sujeto en calidad de objeto "del que el Otro, A mayúscula, toma el lugar para conferirle un sentido".[36] Ese objeto siempre surge para él del lado del Otro. Pero inversamente, *el objeto a* es también lo que el Otro desea en el sujeto desfalleciente a través de su fantasma, y como hemos visto,[37] la angustia da cuenta de ese fenómeno.

Notas

1. En cuanto concierne a estos fundamentos podemos remitirnos en particular a distintas exposiciones sintéticas especialmente claras: a) Georgin, J. P., "Du plan projectif au cross-cap", en *Littoral*, Nº 17, *Action du public dans la psychanalyse*, Erès, septiembre de 1985, págs. 147-168; b) Nasio, J. D., cap. VII: "Construction visualisée du cross-cap", en *Les yeux de Laure. Le concept d'objet a dans la théorie de J. Lacan, op. cit.*, págs. 170-192; c) Darmon, M., cap. VI: "L'a topologie du sujet", en *Essais sur la topologie lacanienne, op. cit.*, págs. 191-228.

2. En lo relativo a esos diversos procesos de construcción, remitirse sobre todo a los siguientes trabajos que tomaré como referencia: a) Arnoux, D., "O + 8 = O", en *Littoral*, Nº 13, *Traduction de Freud, transcription de Lacan*, Erès, junio de 1984, págs. 149-165; b) Barr, S., "Le plan projectif", en *Littoral*, Nº 14, *Freud Lacan: quelle articulation?, op. cit.*, págs. 107-128; c) Georgin, J. P., "Du plan projectif au cross-cap", en *Littoral*, Nº 17, *op. cit.*, d) Granon Lafont, J., *La topologie ordinaire de Jacques Lacan, op. cit.*

3. J. P. Georgin formula lo descriptivo de esta construcción en "Du plan projectif" au cross-cap", en *Littoral*, Nº 17, *op. cit.*

4. Según el esquema de J. P. Georgin, cf. *ibíd.*, figura 12, pág. 154.

5. En relación con esa equivalencia: "plano proyectivo = disco + banda de Möbius" cf. 1º) Arnoux, D., "O + 8 = Ø", en Littoral, Nº 13, *op. cit.*; 2º) Barr, S., *Exercice de topologie*, París, Lysimaque, 1987, págs. 75 y sigs.

6. Cf. Lacan, J., "D'une question préliminaire à tout traitement possible de la psychose", en *Ecrits, op. cit.*, nota 1, pág. 553: "Lo que despliega el esquema R es un plano proyectivo", Cf. *supra*, cap. 1: "El esquema R — El esquema I. Segunda aproximación a los procesos psicóticos", págs. 17 y sigs.

7. Esquemas reproducidos a partir de las figuras de A. M. Ringenbach, en "La dissymétrie, le spéculaire et l'objet a", en *Littoral*, Nº 14, *op. cit.*, pág. 141.

8. Lacan, J., *L'identification, op. cit.*, seminario inédito del 23 de mayo de 1962.

9. *Ibíd.*

10. *Ibíd.*

11. *Ibíd.*, seminario inédito del 13 de junio de 1962.

12. *Ibíd.*, seminario inédito del 23 de mayo de 1962.

13. *Ibíd.*, seminario inédito del 6 de junio de 1962.

14. *Ibíd.*, seminario inédito del 13 de junio de 1962.

15. Cf., *supra*, en este mismo capítulo, págs. 219-220.

16. Lacan, J., *L'identification, op. cit.*, seminario inédito del 23 de junio de 1962 (el subrayado es mío).

17. *Ibíd.*, seminario inédito del 6 de junio de 1962.

18. Cf. Dor, J., *Introducción a la lectura de Lacan*, tomo 1. *El inconsciente*

estructurado como un lenguaje, op. cit., cap. 12: "El estadio del espejo y el Edipo", págs. 90-101.

19. Lacan, J., *L'identification, op. cit.*, seminario inédito del 6 de junio de 1962.

20. Cf. *supra*, cap. 9: "Dialéctica de la demanda y el deseo entre el sujeto y el Otro. La topología del toro", págs. 144 y sigs.

21. Lacan, J., *L'identification, op. cit.*, seminario inédito del 6 de junio de 1962.

22. Conté, C., "Le clivage du sujet et son identification", en *Le Réel et le Sexuel —de Freud à Lacan—, op. cit.*, pág. 215.

23. Lacan, J., *L'identification, op. cit.*, seminario inédito del 13 de junio de 1962 (el subrayado es mío).

24. Lacan, J., *La logique du fantasme, op. cit.*, seminario inédito del 16 de noviembre de 1966.

25. Cf. Lacan, J., *L'identification, op. cit.*, seminario inédito del 13 de junio de 1962: "punto común de eversión, si puedo decirlo así, de evergencia, si se me permite proponer ese término como construido a la inversa del de convergencia."

26. Lacan, J., *La logique du fantasme, op. cit.*, seminario inédito del 16 de noviembre de 1966.

27. *Ibíd.*, (el subrayado es mío).

28. *Ibíd.*

29. *Ibíd.*

30. *Ibíd.*

31. *Ibíd.*

32. Cf. *supra*, cap. 8: "El interior y el exterior. La topología de la banda de Möbius", págs. 127 y sigs.

33. Lacan, J., *La logique du fantasme, op. cit.*, seminario inédito del 16 de noviembre de 1966.

34. Cf. Lacan, J., *L'identification, op. cit.*, seminario inédito del 27 de junio de 1962: "La función de ese objeto está vinculada con la relación por la que se constituye el sujeto en su relación en el lugar del Otro, A mayúscula, que es el lugar donde se ordena la realidad del significante. El objeto a, objeto de la castración, ocupa su lugar en el punto donde toda significación falta, queda abolida, en el punto nodal llamado el deseo del Otro, en el punto llamado fálico, en la medida en que significa la abolición como tal de toda significancia.

35. *Ibíd.* (el subrayado es mío).

36. Cf. *ibíd.*: "Toda metáfora, incluso la del síntoma, intenta hacer surgir ese objeto en la significación, pero toda la pululación de los sentidos que pueda engendrar no logra restañar lo que hay de una pérdida central en ese agujero".

37. Cf. *supra*, cap. 7: "La identificación", págs. 115 y sigs.

CUARTA PARTE

EL SUJETO Y LA SUBVERSION DE LA LOGICA

12

De la negación al "no... todo"

La función del Uno, en su calidad de rasgo unario, tal y como Lacan la aferra a la estructura del sujeto implica la obligación de una revisión crítica de la lógica clásica, esa misma que se esfuerza por administrar el curso del pensamiento del ser hablante (parlêtre) y las producciones que de ello resultan en su discurso. A partir de su reflexión sobre el problema de la identificación, Lacan menciona lo justificado de esa necesidad:

> [...] la cuestión del sujeto se plantea como tal, a saber ¿quién es? ¿quién está ahí? ¿quién funciona? ¿quién habla? ¿quién muchas otras cosas? y, con todo, nos teníamos que esperar una cosa así precisamente en una técnica que, a grandes rasgos, es una técnica de comunicación, de interlocución sin embargo, de relación: había que saber de todas maneras ¿quién habla a quién? [...] Se trata de saber a qué lógica nos conduce eso [...] donde nos situamos respecto de la lógica formal y que con toda seguridad tenemos alguna palabra que decir sobre eso.[1]

Esa palabra está movilizada por la lógica del funcionamiento del significante revelada por la experiencia de la subversión del inconsciente en el sujeto en relación con el Otro. Por ese motivo preconiza Lacan una revisión de la ortodoxia lógica en aras de una lógica llamada "elástica",[2] susceptible de integrar la pregnancia del sujeto —forcluido en la lógica clásica— a la vez que la marca de su relación con *el objeto a* del que es corte.

Si es cierto que semejante "lógica del significante" puede elaborarse, sus primeros elementos parecieran poder deducirse de la noción de *contradicción*. De hecho, todo el edificio lógico desde la lógica aristotélica, relevada por la lógica expresiva de Port-Royal de Arnauld y Nicole, aseptizada de manera depresiva por Kant o formalizada en la austeridad del simbolismo matemático contemporáneo... ha estado siempre estructurado de modo tal que en él la contradicción no tuviera ningún derecho a figurar. En efecto, en ese edificio lógico el *principio de no contradicción* ocupa un estatuto axiomático inexpugnable garantizado por *el del tercero excluido*. De todas maneras, algunos "microfenómenos" del discurso subvierten, con toda impunidad, la consistencia prescrita por ese principio formal y cuestionan así su función de parapeto.

Situemos desde ahora la naturaleza de esa ambigüedad en la aplicación ordinaria de la negación cuando se encarna bajo la forma singular que designamos como el *"ne" expletivo*, cuya expresión tipo encontramos en un enunciado como: "Temo que (*no*) venga" ["Je crains qu'il *ne* vienne"]. En esa proposición, observamos de inmediato que la función de "ne" subvierte por completo la significación negativa de la proposición, puesto que a fin de cuentas el mensaje que vehicula significa: *esperaba que él viniese*.

Como lo señala con cierta malicia Lacan, ese ejemplo sólo parece presentar algún interés en la medida en que da cuenta, de modo explícito, de la escisión que existe entre el sujeto del enunciado y el sujeto de la enunciación:[3]

> [...] *temo que (no) venga*, ["je crains qu'il ne vienne"], no implica tanto expresar la ambigüedad de nuestros sentimientos como, por medio de esa sobrecarga, mostrar hasta qué punto, en cierto tipo de relaciones, es capaz de resurgir, de emerger, de reproducirse, de marcarse en una hiancia, esa distinción del sujeto del acto de la enunciación en tanto tal, respecto del sujeto del enunciado. Aun cuando no esté presente en el nivel del enunciado de una manera que lo designe. *Temo que (no) venga* es un tercero [...] sin embargo, poco importa que sea designable [...] en el nivel del enunciado; y un sujeto, enmascarado o no a nivel de la enunciación, representado o no, nos conduce a plantearnos la cuestión de la función del sujeto, de su forma, de lo que él

soporta y a no engañarnos, a no creer que se trata simplemente del "yo (je)" que, en la formulación del enunciado, lo designa como el que, en el instante que define el presente, tiene la palabra.[4]

Por ejemplar que sea ese caso típico de una "negación fundadora"[5] que nos obliga a reconocer la presencia del sujeto del inconsciente —por lo tanto del sujeto del deseo— en la vertiente de la enunciación,[6] ese enunciado contraviene de modo manifiesto los criterios habitualmente aceptados por la lógica, dado que ahí la negación opera de modo contradictorio.

El sistema formal de las proposiciones codificadas en la lógica de Aristóteles —al igual que en la lógica de sus sucesores— supone la distinción de cuatro tipos de proposiciones, agrupadas de dos en dos:

1º) Las proposiciones universales

U A → afirmativa: $\forall x F x$

U N → negativa: $\forall x \neg F x$

2º) Las proposiciones particulares

P A → afirmativa: $\exists x F x$

P N → negativa: $\exists x \neg F x$

Distribuiremos esos cuatro casos en el siguiente cuadrángulo:

① **UA**	② **UN**
PA ④	**PN** ③

Apliquemos esa disparidad lógica de la estructura de las proposiciones a un ejemplo, sumamente oportuno, a condición de que demos algún crédito al lugar del analista, lugar que Lacan designa como Sujeto de quien se supone que sabe, dando por sobreentendido que únicamente su *ignorancia* estructural garantiza, con relación a un paciente, la potencialidad operatoria del análisis. Con esa perspectiva, consideremos como *proposición universal afirmativa* la siguiente premisa:

Todo psicoanalista es ignorante

A partir de ese enunciado, mediante sucesivos cuartos de giro, obtenemos la distribución lógica de los siguientes enunciados:

① **UA** Todo psicoanalista es ignorante $\forall x F x$	② **UN** Ningún psicoanalista es ignorante $\forall x \neg F x$
Existen psicoanalistas ignorantes $\exists x F x$ **PA** ④	Existen psicoanalistas que no son ignorantes $\exists x \neg F x$ **PN** ③

En la teoría lógica clásica, esos cuatro tipos de proposiciones se reparten en posiciones *contrarias* o *subcontrarias* recíprocas, que secundariamente determinan posiciones *subalternas* y *contradictorias* de acuerdo con la *formula quadrata de Apuleyo*:

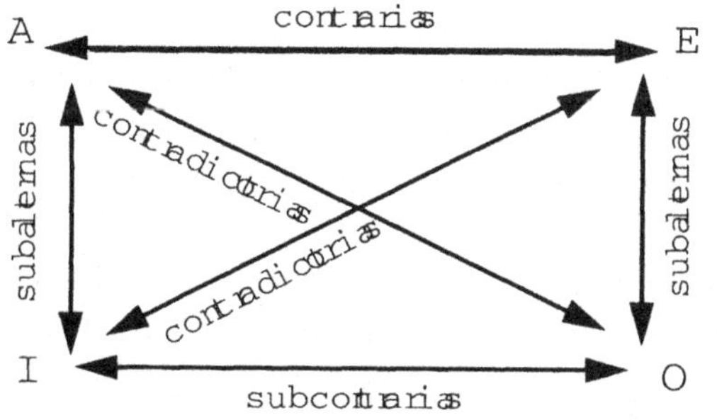

A : Universal afirmativa
E : Universal negativa
I : Particular afirmativa
O : Particular negativa

Sea cual fuere la convicción fundada por esa estructura lógica que administra de manera traquilizadora cualquier caso de elocución lógicamente concebible, y por lo tanto esperado, no quedamos exentos de la irrupción subrepticia de proposiciones inoportunas: *¡temo que (no) vengan!* Y su irrupción, precisamente, perturba el ordenamiento canónico de esos dos pares de oposiciones: "universales/particulares" y "afirmativas/negativas".

En su seminario del 17 de enero de 1962, Lacan nos introduce ya a esa subversión al consagrarse a algunos efectos de traducción, poco ortodoxos pero ricos en potencialidades a juzgar por el resurgimiento conceptual que tendrán unos diez años más tarde en su seminario *Aún* (1972-1973). Siguiendo el ejemplo ("Todo hombre es mentiroso"), Lacan nos propone un cuadrángulo lógico donde la traducción de las proposiciones es la siguiente:

UA Omnis homo mendax Todo hombre es mentiroso	**UN** Nullus homo mendax Ningún hombre es mentiroso
Non omnis homo mendax *No-todo* hombre es mentiroso **PA**	Non nullus homo non mendax Hay *no-ningún* hombre (que no sea) mentiroso **PN**

En efecto, la originalidad esencial introducida por Lacan reside en la producción deliberada de los barbarismos: *"no-todo"* y *"no-ningún"* que implican una alteración fundamental en el formalismo lógico.

Al desarrollar su lógica, Aristóteles tomaba la precaución de mencionar que la negación no debe afectar la calificación de la universalidad. En el formalismo lógico contemporáneo, expresamos idéntica reserva al mencionar que la negación no debe afectar el cuantificador existencial $\exists x$ sino la función Fx. En tales condiciones, ¿por qué se complace Lacan en inyectar ese *"no-todo"* eludido por la escritura lógica clásica?

El único objetivo de ese *"no-todo"* es significar que la univocidad determinada por la lógica clásica es cuestionable. Por lo tanto, no podemos considerar como legítimamente establecido que todo lo que no es verdadero es falso y todo lo que no es falso es verdadero. Por otra parte, esa transcripción "bárbara" cuestiona también de modo fundamental la legitimidad de las oposiciones: *"universales/particulares"* y *"afirmativas/negativas"*.

El comentario de Apuleyo consagrado a la presentación de la lógica aristotélica justifica ese par de oposiciones en la medida en que ellas se distinguen según la *calidad* y la *cantidad*. La calidad remite a lo que concierne al sujeto (aquí, el psicoanálisis) y la cantidad al atributo (ahí, la ignorancia).

Lacan se jacta de cuestionar la legitimidad de esa distribución formal y para ello se basa en algunas ideas lógicas de Ch. S. Pierce[7] que encuentran su justificación en la interpretación del siguiente esquema:

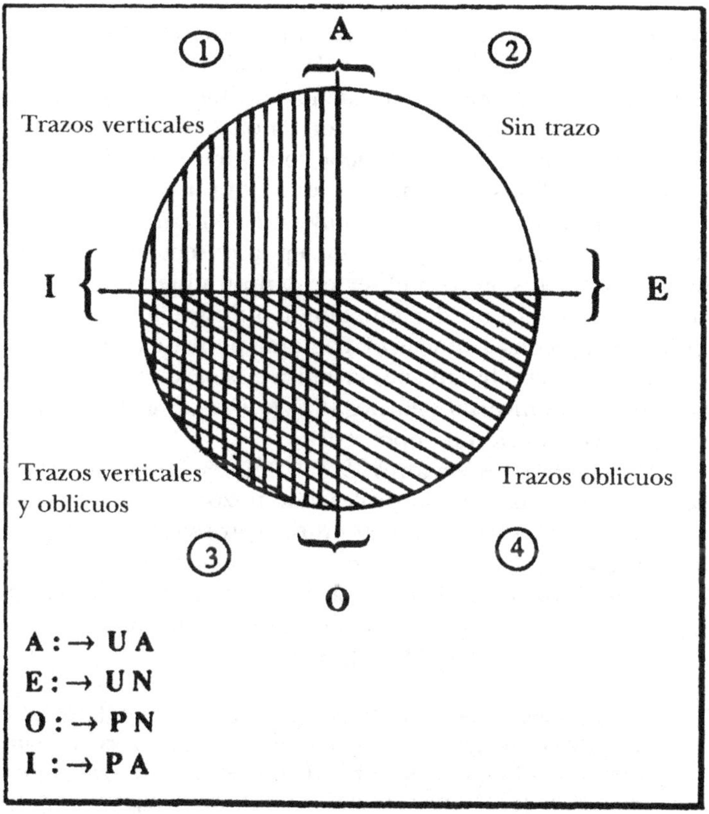

En ese esquema,[8] lo que intervendrá a título de *calidad* —es decir, según la función del sujeto— está representado por la naturaleza del trazo. Lo que intervendrá a título de la cantidad —el atributo— está representado por la *función vertical del trazo.*

Siguiendo la reflexión de Ch. S. Pierce, Lacan se esfuerza por poner de manifiesto que la oposición "universal/particular" es del orden de la lexis, es decir del "término" y, con más precisión, del *significante*. En cambio, la oposición "afirmativa/negativa" procede de la *phasis*, o sea de la palabra.

El cuadrante ① del esquema ilustra la *afirmativa universal*: "Todo trazo es vertical". Pero paradójicamente, el cuadrante vacío ②, también lo ilustra en la sola medida en que "todo trazo es vertical, quiere decir que cuando no hay vertical, no hay trazos".[9] En consecuencia, el sector ② no está en contradicción con: "Todo trazo es vertical". Debe concluirse entonces que los sectores ① y ② ilustran ambos la afirmativa universal.

La proposición *negativa universal*: "Ningún trazo no es vertical", también está representada por los sectores ② y ④ por razones similares. Pero si el sector ② ilustra bien esa proposición, no debemos olvidar que también ilustraba la *afirmativa universal*. En consecuencia, el diagrama pone de manifiesto ya una propiedad rechazada por la lógica clásica, que estipula que la *afirmativa universal* y la *negativa universal* no pueden ser verdaderas al mismo tiempo.

En cambio los sectores ④ y ③ ponen en evidencia la presencia de trazos no verticales y de trazos verticales, lo que permite situar la distinción neta entre la *proposición universal* y la *proposición particular*, puesto que ambos sectores remiten a la enunciación de proposiciones particulares. Estamos en el registro de la *phasis*: "Compruebo que existen algunos trazos..."

Así, como lo aclara Marc Darmon:

> La oposición universal particular es del orden de la '*lexis*', es decir de la elección de un significante, de la extracción de una letra. Mientras que el otro par de opuestos es del orden de la "*phasis*", es decir de una palabra en donde me comprometo como sujeto en cuanto a la existencia de ese algo que está cuestionado en la *lexis*.[10]

¿Cuál es el interés de esa distinción entre la *lexis* y la *phasis*? Nada menos que circunscribir e inscribir la incidencia del *Nombre del Padre* y de la *función fálica* en el proceso de la lógica y de su escritura, con todas las consecuencias que ello implica en la *sexuación*.

En efecto, el cuadrante elaborado por Lacan nos propone una lectura directa de la función del Nombre del Padre, función a un tiempo simbólica y universal,[11] a condición de re-ferirse a la distinción que Lacan ha introducido entre Padre simbólico, Padre imaginario y Padre real (aquí, de la realidad)[12] y que nos permite comprender cómo, en última instancia, el carácter estructurante de la función paterna es perfectamente compatible con la ausencia de un padre en la realidad.[13]

En ese cuadrante, la función del Nombre del Padre está representada por la *afirmativa universal* en el sector ①. De esta manera, el Nombre del Padre se inscribe como tal, sean cuales fueren las formas particulares en que los padres de la realidad suscriban a dicha función. De hecho, existen padres que cumplen más o menos esa función y eso está indicado en el sector ③ en donde *no hay sólo* trazos verticales. Del mismo modo, existen padres que no satisfacen en absoluto esa función, lo que da lugar al sector ④, en donde *no hay ningún* trazo vertical. Pero justamente ése es el caso ejemplar que confirma indirectamente la universalidad de la *función del Nombre del Padre.*

Recordemos la relación de complementariedad respectiva que existe entre los sectores ④/② y ②/①. Los sectores ① y ④ comparten el sector vacío ②. Ahora bien, los sectores ② y ④ verifican la proposicion: "Ningún trazo es vertical". Por otra parte, el sector ② vacío ilustra, justamente la verdad de la *afirmativa universal* del sector ①. En consecuencia, el sector ④ corrobora también la verdad del sector ①, lo cual contradice radicalmente los principios habituales de la lógica. Por lo tanto, *es siempre verdadero que la función del Nombre del Padre existe:*

> Eso quiere decir algo: en la ambigüedad del soporte particular que podemos dar en el compromiso de nuestra palabra al Nombre del Padre como tal, no deja de ser menos cierto que no podemos hacer que cualquier cosa que aspire en la atmósfera de lo humano, [...] pueda considerarse, si puede decirse así, como completamente desprendida del Nombre del Padre, que aun cuando aquí esté vacío (②), en donde sólo hay padres para

> quienes la función del padre es, si puedo expresarme así, de pura pérdida, el padre no padre, la causa perdida [...] no obstante esa categoría particular se juzga en función de esa caída, con relación a una primera lexis que es la del Nombre del Padre.
>
> El hombre sólo puede hacer que su afirmación o su negación con todo lo que ella implica: éste es mi padre o ése es su padre, no esté suspendida por completo de una lexis primitiva en donde de lo que se trata no es, por supuesto, del sentido común, del significado, del padre sino de algo a lo nos vemos impelidos aquí a dar su verdadero soporte y que [...] debe justificar el que yo intente dar [...] un soporte algorítmico a su existencia de sujeto como tal.[14]

Lacan se esforzará en expresar esa subversión de los principios de la lógica mediante una innovación que consiste en "inyectar" en el formalismo lógico las consecuencias surgidas de esa lexis primitiva de la función fálica. Y ésa es la manera de introducir una marca en el proceso del saber mismo, recordando así la hipoteca que todo saber suscribe necesariamente respecto de esa función fálica.

Para hacerlo, recurre a dos algoritmos de escritura inéditos, inadmisibles tanto en la lógica formal clásica como en la lógica matemática contemporánea.

Refirámonos al formalismo canónico de la lógica:

UA $\forall x F x$	UN $\forall x \overline{F x}$
$\exists x F x$ PA	$\exists x \overline{F x}$ PN

Lacan propone modificar la escritura de la *universal negativa* y de la *particular afirmativa* que pasan a ser transcritas respectivamente de la siguiente manera:

$$\text{UN} \rightarrow \overline{\forall x}\ Fx$$

$$\text{PA} \rightarrow \overline{\exists x}\ \overline{Fx}$$

La universalidad sólo adquiere sentido porque existe al menos un elemento que puede quedar sustraído a ella. Comúnmente decimos que es *la excepción que confirma la regla*. En realidad, Lacan tiene razón cuando subraya que "la excepción no confirma la regla, como se dice graciosamente, la exige, es su verdadero principio".[15] Así, la ley de prohibición del incesto demuestra su valor de universalidad por el solo hecho de que *al menos uno* (el tirano de la horda primitiva) era la excepción. En consecuencia, la negación no debe afectar la ley F sino el cuantificador N (para todo) que simboliza la universalidad de la ley.

De esa manera, volvemos a encontrar, de modo indirecto, el sentido del *no... todo* que es una especificación de la *contingencia*. La propiedad F, entonces, se aplica a x *no para todo* x. Y la función fálica encuentra así una inscripción adecuada en el nivel de la proposición *universal negativa*. En su seminario *...O peor*,[16] Lacan evoca esa particularidad lógica de una manera pintoresca:

> "Todo animal que tiene pinzas no se masturba". Esa es la diferencia entre el hombre y el cangrejo.[17]

Pero de inmediato agrega, para calmar los espíritus:

> Con lo cual se les escapa lo que esta frase tiene de histórico. No es en modo alguno a causa de lo que ella afirma [...] sino de la cuestión que introduce en el nivel de la lógica. Eso está oculto pero —es lo único que no han visto en ella, que contiene el "no todo" que es precisamente y curiosamente lo que elude la lógica aristotélica.[18]

Analicemos ahora el caso de la *proposición particular afirma-*

tiva. En la lógica clásica, esa proposición — $\exists x\, F x$ — se formula: "Existe al menos un x al que se aplica la propiedad F." En consecuencia, la *particular afirmativa* supone implícitamente que no existe ley que vincule de modo necesario x a F, en caso contrario estaríamos en presencia de una *afirmativa universal.* En ese sentido, la *particular afirmativa* se sitúa siempre más acá de una ley.

Tomemos el siguiente ejemplo:

> Existe un psicoanalista ignorante.

Por lo tanto, existe un x tal que a ese x se aplica la propiedad de ser ignorante. Si se lo piensa bien, esa formulación rechaza —al menos para un caso— la idea de que un psicoanalista podría no implicar ser ignorante. Para Lacan, se trata justamente del ejemplo de una particularidad que la escritura lógica no traduce, a saber que aquél que formula una proposición particular afirmativa no considera verdaderamente la existencia de algo. Casi se podría decir, incluso, que repite el principio de toda existencia que rechazaría la ley, o sea, en el ejemplo mencionado, la existencia de psicoanalistas que no serían ignorantes. Por otra parte, la *particular afirmativa* enuncia que *existe al menos uno* justamente para soslayar ese caso problemático. En ese sentido, Lacan sugiere escribirlo bajo la siguiente forma:

$$\overline{\exists x}\,\overline{F(x)}$$

"Es falso que existe un x tal que la propiedad F no se aplica a x"

Por esa vertiente, Lacan remite una vez más a la función fálica y al Padre simbólico. La presencia de un x, tal que F de x es una simple comprobación de existencia que, en tanto tal, es poco esencial. En cambio, el "no existe" es una afirmación radical en la medida en que remite directamente a lo *imposible.* De esa manera, volvemos a encontrar la *necesidad* significante del Padre simbólico. De hecho, sería absurdo enunciar una proposición del tipo siguiente que le esté referida:

Conozco un x, tal que ese x es Padre simbólico

Por ser la existencia del Padre simbólico puramente significante, únicamente es pertinente la siguiente proposición respecto de él:

No existe x tal que la propiedad de ser Padre simbólico
no se aplique a x

El cambio de escritura de la *universal negativa* y de la *particular afirmativa* pone el acento sobre la *contingencia* y lo *imposible* respectivamente debido a esa *necesidad significante* y a su correlato: la función fálica. No es de sorprender, entonces, que esa subversión de la lógica encuentre su más legítima expresión en el proceso de la *sexuación* cuyas famosas "fórmulas" propuestas por Lacan traducen, sin lugar a dudas, un notable progreso respecto de la situación del problema legado por Freud a sus sucesores.

Notas

1. Lacan, J., *L'identification, op. cit.*, seminario inédito del 21 de febrero de 1962.

2. *Ibíd.*

3. Cf. Dor, J., *Introducción a la lectura de Lacan*, tomo 1. *El inconsciente estructurado como lenguaje, op. cit.*, cap. 17: "Sujeto del inconsciente — Sujeto de la enunciación — Sujeto del enunciado", págs. 131-138.

4. Lacan, J., *L'identification, op. cit.*, seminario inédito del 17 de enero de 1962 (el subrayado es mío).

5. En el sentido en que lo entiende O. Mannoni, Cf. "L'ellipse et la barre", en *Clefs pour l'Imaginaire ou l'Autre Scène*, París, Seuil, 1969, pág. 73 [Versión castellana: "La elipse y la barra", en *La otra escena. Claves de lo imaginario*, Bs. As., Amorrortu, 1973).

6. Cf. Lacan, J., "Subversion du sujet et dialectique du désir dans l'inconscient freudien", en *Ecrits, op. cit.*, pág. 800: "Pensamos haber reconocido por ejemplo el sujeto de la enunciación en el significante no

llamado por los gramáticos* no expletivo" (subrayado por el autor).

*Se refiere a J. Damourette y E. Pichon. Cf. su célebre gramática *Des mots à la pensée, essai de grammaire de la langue française*, París, d'Artrey, 1911-1940, y el artículo "Sur la signification psychologique de la négation en français", publicado por la revista de Janet en 1928 al que nos remite E. Roudinesco en *Histoire de la psychanalyse en France*. 1. 1885-1939, París, Seuil, 1986 (1ª edición Ramsay 1982), págs. 316-317.

7. Cf. Pierce, Ch. S., *Elements of Logic. Collected Papers*, vol. II, The Bellknap Press of Harvard University, Cambridge, Massachusetts, 1932.

8. Cf. Lacan, J., *L'identification, op. cit.*, seminario inédito el 17 de enero de 1962.

9. *Ibíd.*

10. Darmon, M., *Essais sur la topologie lacanienne, op. cit.* (subrayado por el autor).

11. Cf. Dor, J., *Introducción a la lectura de Lacan*, tomo 1. *El inconsciente estructurado como un lenguaje, op. cit.*, cap. 13: "La metáfora paterna — El Nombre del Padre — La metonimia del deseo", págs. 103-109.

12. Cf. Dor, J., *Le Père et sa fonction en psychanalyse, op. cit.*, cap. 4: "Le Père réel, le Père imaginaire et le Père simbolique: la fonction du père dans la dialectique œdipienne", págs. 51-65.

13. Cf. *ibíd.*, cap. 3: "De l'homme sa père et du père à l'homme", págs. 39-50.

14. Lacan, J., *L'identification, op. cit.*, seminario inédito del 17 de enero de 1962.

15. *Ibíd.*, seminario inédito del 14 de marzo de 1962.

16. Cf. Lacan, J., *...Ou pire* (1971-1972), inédito.

17. *Ibíd.*, seminario inédito del 8 de diciembre de 1971.

18. *Ibíd.*

13

La sexuación y sus fórmulas

La partición biológica de los sexos no predetermina, como así tampoco garantiza, nuestra identidad sexual, que es el producto de una identificación. Eso equivale a decir que el sexo anatómico, exhibido o percibido, no constituye en absoluto la indicación más segura respecto de esa identidad. Esta última es el fruto de un proceso que debemos designar precisamente como *sexuación*, en la medida en que expresa cómo ha sido conducido un sujeto a determinarse en relación con el falo y con la castración por el solo hecho de que habla y de que la ley de su deseo está sometida a la lógica del significante.

Lacan nos propone una tentativa de dilucidación coherente de los avatares de la identificación sexual a partir de las cuatro fórmulas siguientes:[1]

Hombres	Mujeres
① $\exists x \, \overline{\Phi x}$	② $\overline{\exists x} \, \overline{\Phi x}$
$\forall x \, \Phi x$ ④	$\overline{\forall x} \, \Phi x$ ③

Esas fórmulas se disponen bajo la forma de un cuadrante en el que cada uno de los sectores está ocupado por una función lógica que representa cuatro casos ejemplares posibles de interpretación de la función fálica. Sin embargo, esas cuatro fórmulas sólo tienen consistencia en la medida en que estén agrupadas de dos en dos. Unicamente ese agrupamiento permite definir la bipartición de los sujetos hablantes en una identidad de hombre: ①/④ o de mujer: ②/③. En consecuencia, todo sujeto hablante tiene, pues, la posibilidad de colocarse a uno u otro lado constituyendo argumento de las casuísticas respectivas que prescribe la función fálica .

A primera vista, todo sucede en apariencia como si se tratara de dar el lugar justo a esa función de modo tal que la sexuación pareciera ordenarse en relación con el *tener fálico*. Entonces, la bipartición de la identidad sexual podría distribuirse según la siguiente discriminación: los sujetos hablantes que tienen el falo son hombres; son mujeres los sujetos hablantes que no lo tienen. En ese sentido, bastaría solamente dos formas de argumentos lógicos para expresar ese reparto. En primer lugar, tendríamos la *proposición universal afirmativa*:

$$\boxed{\forall x \; \Phi x}$$

Entonces, de la fórmula "Para todo x la propiedad Φ se aplica a x", podríamos extraer la siguiente consecuencia: todos los x que cumplen esa función son hombres. Lo que equivale a dejar entender que todos los hombres tienen el falo.

En segundo lugar tendríamos la proposición universal negativa:

$$\boxed{\forall x \; \overline{\Phi x}}$$

Expresión que debe ser traducida: "Para todo x la propiedad Φ no se aplica a x", de donde podríamos deducir correlativamente: todos los x que no cumplen esa función son mujeres; o sea: ninguna mujer tiene el falo.

Esta argumentación, por más que sea seductora, es inadmisible, por dos razones al menos. Por una parte, cumplir la función fálica no depende justamente de la *problemática del tener* sino, en última instancia, de la castración. Por otra parte, como ya hemos visto, toda universalidad se funda únicamente en la existencia de al menos un elemento susceptible de ser la excepción. En otras palabras, las dos fórmulas lógicas anteriores no podrían por sí solas justificar la bipartición de la identidad sexual porque, implícitamente, garantizan el fantasma de una posibilidad de *complementariedad fálica* y de una *relación sexual* entre hombres y mujeres donde se realizaría esa complementariedad en el *Uno*. Ahora bien, ésa es, justamente, una inconsecuencia estructural fundamental en el sujeto hablante que de ordinario se traduce en el desconocimiento ciego que éste alimenta sin cesar en relación con la distancia que separa al deseo del amor.[2] De modo más general, esa simplificación de la escritura lógica queda anulada debido a *la existencia del Padre simbólico y de la castración* que resumen, justamente, la función fálica.

Por ese motivo, Lacan propone no sólo introducir otras fórmulas lógicas sino además modificar su escritura formal canónica para así inscribir la incidencia de esa función respecto de la sexuación. Eso se muestra con precisión en el cuadrante en los sectores ② y ③.[3] Por lo demás, esas "marcas" introducidas en la lógica misma representan para Lacan el *saber auténtico del psicoanalista* que él refiere directamente a la expresión de dos proposiciones tan legítimas como provocadoras:

No hay relación sexual

y

~~La~~ mujer no existe

Explicitar el sentido y el alcance de esas dos afirmaciones desconcertantes exige una clara formulación de todas las implicaciones que resultan de la inscripción del sujeto hablante en la función fálica.

Tras un abordaje inmediato de esas proposiciones lógicas surge una primera observación. A pesar de que esas fórmulas sólo serían comprensibles de dos en dos para dar cuenta de la bipartición sexual, rechazan de entrada la idea de una *igualdad de los sexos* desde el punto de vista de la estructura identitaria de los sujetos hablantes. Como hemos visto, las dos opciones universales —afirmativas y negativas— no bastan para circunscribir la identidad sexual de los hombres y de las mujeres debido a la referencia al Padre simbólico, que exige un complemento lógico de *especificaciones particulares.* Ahora bien, la asociación de las universales y las particulares de dos en dos nos indica que, en cuanto concierne a los hombres y a las mujeres, paradójicamente, *falo, a un tiempo, lo hay y no lo hay para todos.* Unicamente la gestión de esa paradoja permite enunciar que, desde el punto de vista de los sexos, *es radicalmente imposible concebir una igualdad puesto que sólo existe la diferencia.* En contraposición, justamente porque sólo existe la diferencia, existe necesariamente una *legalidad de los sexos* que contradice la posibilidad de toda igualdad. Más aún, hace que la comprensión de la sexuación de las mujeres sólo sea aprehensible a partir de la de los hombres. De hecho, tal como acabamos de ver, únicamente la identidad sexual de los hombres puede instituir esa legalidad de los sexos *al fundar la universalidad de esa diferencia legal.* En efecto, la lógica fálica constriñe a todo hombre a existir en el marco de una cierta universalidad mientras que las mujeres no-todas pueden ser inscritas en esa universalidad.

Remitámonos a las diferentes fórmulas del cuadrante. La identidad sexual de los hombres está representada por las fórmulas ① y ④. La proposición universal afirmativa ④ significa que todos los hombres están sometidos a la función fálica:

$$\boxed{\forall x \; \Phi x}$$

Lo que equivale a enunciar que *todos los hombres están sometidos a la castración.* Ese deslizamiento de la función fálica a la castración se justifica por la referencia al *Padre simbólico*, originariamente ese del que nos dice Freud en *Tótem y tabú* que, en tanto padre de la "horda primitiva", tenía todas las mujeres. El mito freudiano nos muestra en su evolución que, porque el déspota poseía a todas las mujeres, los hijos se revelaron, lo mataron y lo consumieron en una comida canibalística. Invadidos luego por el remordimiento, promulgaron la *Ley* de "prohibición del incesto", que no sólo confería al tirano el lugar del Padre simbólico (el padre muerto) sino que, al mismo tiempo, instituía la filiación de los hijos de *un* padre. Así, al rendir *simbólicamente* homenaje al padre, hacían de la castración el correlato de la Ley.[4]

En ese sentido, si todos los hombres están sometidos a la castración *es porque existía al menos uno que estaba sustraído a ella.* En consecuencia, la *proposición universal afirmativa* $\forall x \; \Phi x$ está fundada en la proposición particular negativa. *Existe entonces al menos un hombre que no se subordina a la función fálica puesto que se exceptúa de la castración:*

$$\exists x \; \overline{\Phi x}$$

> El "al menos uno" como función esencial de la relación en tanto que sitúa a la mujer, la relación en el punto ternario clave de la función fálica: lo escribimos así, de esta manera porque es una función inaugural [...] "el almenosuno".[5]

Ese 'x' sustraído a la función fálica impone a todos los otros que sean confrontados con la castración: éste es el valor princeps de la *función paterna* como soporte de la Ley.[6] De esta manera, volvemos a encontrar el caso antes mencionado: la universalidad sólo se funda a partir de un límite que es su excepción, límite que no confirma la regla sino que la exige:

> A la izquierda, la línea inferior, $\forall x \; \Phi x$, indica que el hombre como todo se inscribe mediante la función fálica, con la salvedad de que esa función encuentra su límite en la existencia de un x que niega la función Φx: $\exists x \; \overline{\Phi x}$. A eso se le llama la función del padre, —de donde procede, por la negación, la proposición $\overline{\Phi x}$, que funda el ejercicio de lo que, con la castra-

ción, suple a la relación sexual— en tanto que esa relación no es inscribible en modo alguno. Por lo tanto, el todo descansa aquí en la excepción planteada como un límite a eso que niega íntegramente ese Φ x.[7]

Entonces, se pueden sacar dos conclusiones fundamentales respecto de la sexuación de los hombres. Por una parte, los hombres constituyen un conjunto: el *conjunto universal* ($\forall$ **x**) de todos aquellos que están sometidos a la castración. Por lo tanto, esa universalidad justifica legítimamente la utilización de una expresión general como 'El hombre'. Por otra parte, la existencia de *al menos un hombre*, sustraído a la función fálica, es decir el Padre simbólico, e incluso de modo más general la función paterna, incluye, para todos los otros, el fantasma de un *goce absoluto*, es decir no sometido a la castración. En consecuencia, ese goce de uno solo ordena para todos los otros un lugar de *goce inaccesible y prohibido*. A cambio, el goce de todos los hombres será exclusivamente el *goce fálico* marcado por el límite de la castración.

Son ésas, entonces, las prescripciones fálicas que determinan la sexuación del hombre, es decir su *identidad sexual*.

Analicemos ahora las fórmulas ② y ③ del cuadrante que traducen el modo de inscripción de las mujeres en la función fálica:

> A todo ser hablante, tal como está expresamente formulado en la teoría freudiana, le está permitido, sea quien fuere, tenga o no los atributos de la masculinidad —atributos que quedan por determinar— inscribirse en esta parte. Si se ha inscrito ahí, no permitirá universalidad alguna, será ese no-todo, en tanto tiene la opción de situarse en el Φ x o bien de no estar allí.[8]

Es evidente que esas dos fórmulas presentan una singularidad: *ninguna de ellas expresa la universalidad:*

$\overline{\exists x}\ \overline{\Phi x}$ ②
$\overline{\forall x}\ \Phi x$ ③

¿Quiere esto decir que los sujetos hablantes mujeres están *no-todas* por entero sometidas a la función fálica, es decir a la castración y a la ley? E incluso, como insiste Lacan a propósito de la originalidad de esas fórmulas: "Su inscripción no se utiliza en matemáticas. Negar, como lo marca la barra colocada por encima del cuantor, que *existe uno* no se hace, y menos aún que *paratodo* se paranotoda".[9] Y es eso lo que el sentido de la *proposición universal negativa* parece indicar: "No es *para todo* x que la función Φ se aplica a x":

$$\overline{\forall x}\ \Phi x$$

También observamos otra particularidad en la fórmula ②:

$$\overline{\exists x}\ \overline{\Phi x}$$

La doble negación que afecta a la proposición particular implica la siguiente traducción: "*no existe un x que sea una excepción a la función fálica*". En otras palabras, no se puede hacer valer como para los hombres *el al menos un sujeto mujer que escaparía a la castración.* En consecuencia, es *imposible* que exista un x tal que está sustraído a la función fálica. No obstante, no hay que confundirse respecto de la significación de la fórmula del sector ②. Es preciso referir el sentido de esa proposición a la fórmula ③. "No existe un x tal que la función Φ no se le aplique" no quiere decir que las mujeres no tienen relación con la función fálica. Significa, simplemente, que *para las mujeres, la función fálica no está limitada como para los hombres* por la excepción de un sujeto ($\exists x\ \overline{\Phi x}$) sustraído a la castración.

De esta particularidad resultan varias consecuencias. A

diferencia de los hombres, *para las mujeres, nada limita el lugar de su goce como un goce absoluto y prohibido.* Por lo tanto, la prohibición del incesto no se inscribe lógicamente de igual manera para los hombres y para las mujeres. Además, debido a la ausencia de ese "al menos un" sujeto hablante mujer que sea la excepción a la castración, no podría existir universalidad posible. Contrariamente a los hombres, *las mujeres no constituyen entonces un conjunto universal* desde el punto de vista de la función fálica. Por eso no puede existir lógicamente una expresión general legítima para designar a las mujeres. Una expresión universal como "La mujer" es inadmisible. Y Lacan concluye: "*~~La~~ mujer no existe*". Esa imposibilidad se inscribe mediante la barra que afecta al *La* puesto que la mujer existe no-toda en el sentido de una universalidad:

$$\boxed{\overline{\forall x}\ \Phi x}$$

> [...] cuando escribo $\forall x \Phi x$, esa función inédita en donde la negación afecta al cuantor que debe leerse no-todo, eso quiere decir que cuando un ser hablante cualquiera cierra filas con las mujeres, a partir de ese hecho se funda como no-todo, al ubicarse en la función fálica. Eso define a la ...¿a la qué? —a la mujer, justamente, con la salvedad de que *La* mujer sólo puede escribirse tachando *La*. No hay *La* mujer, artículo definido para designar el universal. No hay *La* mujer puesto que —ya antes me permití el término, por qué tener reparos ahora— por esencia ella es no-toda.[10]

El hecho de que están *no-todas* sometidas a la función fálica no significa por eso que no estén para nada sometidas a dicha función. Esto se evidencia sobre todo en el hecho de que no se puede encontrar un x que sea la excepción a esa función. En consecuencia, para las mujeres a falta de universalidad sólo hay *contingencia.* Ese "*no-todo*" que marca la contingencia supone entonces lo *imposible* puesto que ninguna *x* es la excepción a la función Φ.[11]

En consecuencia, las mujeres no pueden mantener con el

gozar el mismo tipo de relación que los hombres. Como lo formula Lacan, se trata de una relación *otra* con el goce , puesto que no existe, como para los hombres, un goce absoluto que sea a un tiempo inaccesible y prohibido. Para los hombres el *goce fálico* mantiene necesariamente una relación con el *goce del Otro* que, justamente, está prohibido. Por ese motivo, el goce fálico tiene el sello de la castración. En cambio el *otro* gozar de las mujeres expresa una relación diferente con el goce del Otro.

Al igual que para los hombres, ese goce del Otro les es imposible, con la salvedad de que para ellas *ese imposible no funciona como una prohibición*. De esa manera, existe para las mujeres una posibilidad de *goce suplementario*, que Lacan designa de ese modo para subrayar mejor esa relación particular de las mujeres con el goce del Otro. En última instancia, enunciar: *~~La~~ mujer no existe*, equivale a circunscribir la especificidad del goce de la mujer: por más que ese goce sea fálico —y no podría ser de otra manera— lo es *no-todo*, y eso da lugar a esa posibilidad de expansión en el *otro goce*.

Como subraya Lacan: "por ser no-toda, la mujer tiene un goce *suplementario* respecto de lo que designa como goce la función fálica. ¡Dónde estaríamos si hubiera dicho *complementario*! Volveríamos a caer en el todo".[12] Por otra parte, tal como veremos, ése es el real indefectible que ordena *la imposibilidad de la relación sexual*.

Notas

1. La organización de ese cuadrante es la materialización de un larguísimo trabajo de análisis del problema de la sexuación. La reflexión que le consagra Lacan se va desarrollando de modo progresivo en varios seminarios.

El bosquejo de la problemática se presenta a partir del seminario *L'envers de la psychanalyse, op. cit.* Pero es sobre todo en *D'un discours qui ne serait pas du semblant* (1971, inédito) donde desarrolla con precisión toda una argumentación sobre la "relación sexual" entre hombres y mujeres y la lógica de la sexuación. A continuación, Lacan consagra el siguiente año de su enseñanza a una profundización sistemática de esa cuestión en su seminario *...O peor, op. cit.*, que dicta conjuntamente con una serie de conferencias reunidas bajo el título *Le savoir du psychanalyste* (1971-1972, inédito) donde al parecer, encontramos por primera vez las fórmulas de la sexuación reunidas en cuadrante en la sesión del 3 de marzo de 1972 (las fórmulas aparecerían luego en ...*Ou pire*, en la sesión del 8 de marzo de 1972). Por último, el seminario *Encore, op. cit.*, concluye de modo magistral la reflexión llevada adelante hasta ese momento por Lacan acerca de la sexuación. Una formulación, de difícil acceso, retoma bajo una forma tan alusiva como condensada la mayor parte de esas elaboraciones en "L'étourdit", en *Scilicet*, Nº 4, *op. cit.*, págs. 5-52.

2. Cf. *supra*, en cap. 4: "El Uno y el amor", págs. 84 y sigs.

3. Las fórmulas $\overline{\forall x}\,\Phi x$ y $\overline{\exists x}\,\Phi x$ son inadmisibles en la lógica clásica porque son inconsistentes. Lacan se inspira aquí en la lógica intuicionista de Brouwer para justificar la coexistencia de esas dos proposiciones. En su seminario *Encore, op. cit.*, del 10 de abril de 1973, pág. 94 lo vuelve a decir en los siguientes términos: "De que pueda escribirse *no-toda x se inscribe en Φx*, se deduce por implicación que hay una x que lo contradice. Es verdadero con una sola condición, que en el todo o en el no-todo en cuestión se trate de lo finito. En lo que toca a lo finito, no hay sólo implicación sino también equivalencia. Basta que uno contradiga la fórmula universalizante para que tengamos que abolirla y transformarla en particular. Ese no-todo se convierte en el equivalente de lo que, en lógica aristotélica, se enuncia de lo particular. Existe la excepción. Sólo que podemos tener que vérnoslas, por el contrario, con lo infinito [...] Pero, cuando de lo que se trata es de un conjunto infinito, no se puede postular que el no-todo conlleva la existencia de algo que se produzca de una negación, de una contradicción. Puede postularse en última instancia como de una existencia indeterminada. Sólo que sabemos por la extensión de la lógica matemática, la que se califica precisamente como intuicionista, que para postular un "existe", hay que poder construirlo también, es decir, saber encontrar dónde está esa existencia" (subrayado por el autor). Cf. también sobre ese punto el comentario de M. Darmon en *Essais sur la topologie lacanienne, op. cit.*, págs. 323-324.

4. Cf. Dor, J., *Le Père et sa fonction en psychanalyse, op. cit.*, principalmente el cap. II: "Nature-Culture: la prohibition de l'inceste et le père de la 'horde primitive' ", págs. 25-38 y el cap. III: "De l'homme au père et du père à l'homme", págs. 39-50.

5. Lacan, J., *D'un discours qui ne serait pas du semblant, op. cit.*, seminario inédito del 19 de mayo de 1971.

6. Cf. Dor, J., *Le Père et sa fonction en psychanalyse, op. cit.*, cap. IV: "Le pére rèel, le père imaginaire et le père symbolique: la fonction du père dans la dialectique œdipienne", págs. 51-65.

7. Lacan, J., *Encore, op. cit.*, seminario del 13 de marzo de 1973, pág. 74.

8. *Ibíd.*

9. Lacan, J., "L'étourdit", en *Scilicet*, Nº 4, *op. cit.*, pág. 22 (subrayado por el autor).

10. Lacan, J., *Encore, op. cit.*, seminario del 20 de febrero de 1973, pág. 68. Cf. también como lo formula Lacan en *Le savoir du psychanalyste, op. cit.*, seminario inédito del 3 de marzo de 1972: "[...] advertirán que, de derecha a izquierda, no hay identidad alguna y que justamente ahí donde se trata de lo que se postula como verdadero, a saber Φ de x, precisamente en ese nivel las universales no pueden reunirse ya que la universal de la izquierda sólo se pone al otro lado, al lado derecho por el hecho de que no hay universal articulable, a saber que la mujer sólo se sitúa respecto de la función fálica como estando "no-toda" sometida a ella".

11. Desarrollaremos con mayor precisión la relación de la *contingencia con lo imposible* en el cap. 14: " 'L̸a mujer no existe' — 'No hay relación sexual' ", págs. 264 y sigs. y cap. 15: "Eso no 'sexa' de no escribirse", págs. 278 y sigs.

12. Lacan, J., *Encore, op. cit.*, seminario del 20 de febrero de 1073, pág. 68 (subrayado por el autor).

14

"~~La~~ mujer no existe" "No hay relación sexual"

En su seminario *Aún* Lacan enriquece el cuadrante de las "fórmulas de la sexuación" con algunos matemas suplementarios:[1]

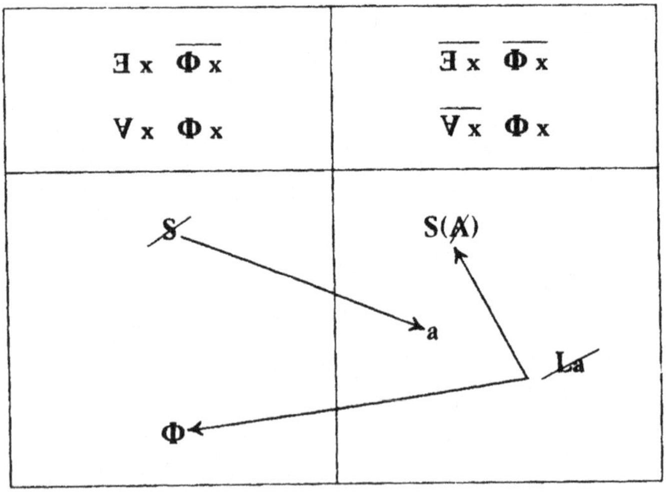

De una manera sintética, la significación de esos matemas traduce la esencia misma de la sexuación del sujeto hablante, o sea lo real de las diferencias de los sexos que exige enunciar : *no hay relación sexual.*

La reflexión que desarrolla para llegar a esa conclusión fundamental puede remitirse, en un primer abordaje, a la siguiente argumentación general. Más adelante profundizaremos sus articulaciones esenciales.

Tal como veremos, afirmar que *~~La~~ mujer no existe* equivale a evocar algo de su relación particular con el goce fálico. Para que *La mujer exista* habría que suponer el mito de *al menos una mujer* que sea la excepción a la función fálica. En esas condiciones, entonces, tendríamos *La mujer* equivalente a *Un padre*, y ella indicaría a todas las otras mujeres el lugar de un goce equivalente al del Padre simbólico, es decir un *goce inaccesible y prohibido*, sustraído a la castración. En consecuencia, tendríamos —al igual que para los hombres— un límite impuesto a todas las otras mujeres desde el punto de vista de la función fálica, que entonces constituirán un conjunto universal. Si ése fuera el caso, eso supondría que ese *La mujer* interviniera de un modo estructuralmente equivalente al *Nombre del Padre*, lo que es estrictamente imposible puesto que *ese significante Nombre del Padre, en tanto significante fálico, es necesariamente único.*

~~La~~ mujer no existe implica la ausencia de universalidad y, consecuentemente, la existencia de la *contingencia* y de la *unicidad* en las mujeres. En ese sentido y sólo en ese sentido, no podría haber relación sexual entre hombres y mujeres. Para que hubiera relación sexual entre un hombre y una mujer, sería preciso que *el hombre*, en tanto elemento de una universalidad, entre en relación con *la mujer*, también ella elemento de una universalidad. Unicamente bajo esta condición, *podría ser instituida una relación en el sentido lógico del término.* En efecto, en el contexto de la lógica, una relación es, necesariamente, un modo de atribución. Si semejante atribución fuera lógicamente posible, entonces podríamos *escribir* las siguientes proposiciones:

El hombre es el x de la mujer
La mujer es el x del hombre.

Al ser la mujer *no-toda*, consecuentemente, *no hay relación sexual.* Al ser necesariamente distinto el goce fálico de los hombres y el de las mujeres, su encuentro sexual confirma la imposibilidad de una complementariedad de los goces, propia de lo imaginario de la relación sexual.

No obstante, las implicaciones profundas supuestas por esa ausencia de relación sexual no podrían reducirse al argumento propuesto en este primer abordaje. Lacan nos invita a profundizar sus consecuencias en los siguientes términos:

> [...] no hay relación sexual. Por supuesto, eso parece un poco chalado, una estafa. Bastaría con echar un buen polvo para demostrarme lo contrario. Por desgracia, es lo único que no demuestra absolutamente nada por el estilo, porque la noción de la relación no coincide exactamente con el uso metafórico que se hace de ese término, "relación" a secas en "tuvieron relaciones": no se trata de eso. Puede hablarse seriamente de relación, no sólo cuando lo enuncia un discurso sino cuando se enuncia la relación. Porque es verdad que lo real está ahí antes de que lo pensemos, pero la relación es mucho más incierta: no sólo hay que pensarla sino que *además hay que escribirla.* Si no son capaces de escribirla, no hay relación. Sería quizá notable que se demostrara, ya era tiempo de que eso comenzara a aclararse un poco, que *es imposible escribir qué sería la relación sexual* [...] lo cierto es que en torno de esta relación, en tanto fundada en el goce, hay en el ser hablante un abanico admirable en grado sumo en su despliegue y en lo relativo a ella han sido puestas en evidencia dos cosas por Freud [...] y el discurso analítico, toda la gama del goce [...] como tal está destinada a *esas diferentes formas de fracaso constituidas por la castración, para el goce masculino y por la división para lo referido al goce femenino.*[2]

Del modo en que Lacan nos invita a comprenderlo, todo sucede como si la diferencia de los sexos que condena a la imposibilidad de la relación sexual, se fundara en lo real de una *excepción* radicalmente antinómica entre la sexuación de los hombres y la de las mujeres.

La excepción masculina está fundada estrictamente en una exclusión: el al menos un x que no cumple la función fálica ($\exists x \, \overline{\Phi x}$) pero que, en cambio, la impone a todos los otros ($\forall x \, \Phi x$). *La excepción femenina* es de naturaleza totalmente diferente. En realidad, no se especifica sobre el fondo de una exclusión. Por el contrario, es imposible que exista un x que esté sustraído a la función fálica ($\overline{\exists x \, \Phi x}$). No obstante, no es para todo x que la función fálica se aplica a x para todo x ($\forall x \, \Phi x$). Esto da como resultado, entonces, una imposibilidad de poder resolverlo en términos de exclusión. Y la oportunidad de esa escritura formal original inspirada en la lógica intuicionista. En el sistema axiomático de esa lógica, las dos fórmulas de la sexuación femenina no son contradictorias. Muy por el contrario, dejan lugar a la indecisión, sin que se dé jamás la posibilidad de concluir en términos de universalidad clausurante. Para eso, habría que poder hacer la experiencia de la totalidad de los objetos interesados por la función. Es eso lo que expresa toda la sutileza de la conjunción dialéctica entre "*no hay uno* que no sea la excepción a la función" y "*no es para todos* que la función se aplica". En consecuencia, no hay excepción ya fundada pero, a la vez, mientras que no se haya hecho la experiencia de "todas las mujeres", seguirá abierta la posibilidad de que exista al menos una que haga excepción.

En ese sentido, del lado femenino, podemos decir que hay algo, sin duda, que no cesa de no escribirse, porque si la cosa se escribiera en los términos de una lógica de la exclusión ($\exists x \, \overline{\Phi x}$), entonces seríamos remitidos el universal ($\forall x \, \Phi x$).

Nos referiremos ahora con más detenimiento a los diferentes matemas que figuran bajo las fórmulas de la sexuación. De hecho, tal como lo subraya Lacan, "debajo de la barra transversal donde se cruzan la división vertical y lo que se denomina impropiamente la humanidad en tanto que se repartiría en identificaciones sexuales, tienen una indicación acompasada de aquello de que se trata".[3] ¿De qué se trata?

Si consideramos que los matemas constituyen, *stricto sensu*, una *escritura*, entonces lo que aquí está escrito, bajo la forma de una determinada vectorización, traduce adecuadamente la *no relación sexual* entre hombres y mujeres, aunque más no fuera mediante la materialización de los cruces de la barra de separación vertical que, como acabamos de ver, delimita el campo de dos lógicas diferentes. Por lo demás, la orientación de los vectores indica explícitamente cómo los hombres se "relacionan" con las mujeres y viceversa.

En la parte izquierda del cuadro, identificamos en primer lugar el matema $\$$ que simboliza la inscripción del sujeto hablante en su dependencia del orden significante que lo divide y lo produce, también figura el matema Φ que representa el significante de la función fálica a la que todo $\$$ hombre está sometido. Para quien se inscribe del lado masculino, entonces, el otro sexo sólo parece ser alcanzado exclusivamente en el nivel del *objeto a*. Lo que equivale a decir que el hombre, sometido *todo entero* a la función fálica, sólo puede alcanzar a la mujer, en una relación sexuada, a través del fantasma $\$ \lozenge \mathbf{a}$:

> Del lado hombre, he inscrito aquí, no para privilegiarlo en modo alguno, por cierto, el $\$$ y el Φ que lo soporta como significante [...] Ese S redoblado así por ese significante del que, en suma, ni siquiera depende, sólo se relaciona, en tanto partenaire, con el objeto *a* inscrito del otro lado de la barra. Sólo le está dado alcanzar su compañero sexual, que es el Otro, por intermedio del que es la causa de su deseo. En ese sentido, como está indicado en otra parte en mis grafos, la conjunción punteada de $\$$ y de *a*, es justamente el fantasma.[4]

En la parte de la derecha del cuadro están inscritos tres matemas diferentes en muchos aspectos. Por una parte $\mathbf{S}(\not{A})$, significante de la falta en el Otro, que nos recuerda que ese lugar está ausente, agujereado de alguna manera por un defecto de significante. De modo más general, $\mathbf{S}(\not{A})$, remite a la cuestión de la falta como tal, y por lo tanto, en ciertos aspectos a la problemática del falo, al menos en el sentido en que el falo puede aparecer justamente como ese significante de la falta en el Otro.

En consecuencia, no es azaroso que $\mathbf{S}(\not{A})$ constituya uno de los polos de vectorización del goce de la mujer —una de las flechas del cuadro da cuenta de ello—, desde el momento en que Lacan menciona, a propósito de la sexuación femenina, la parte de un *otro goce*. Precisamente, ese *goce suplementario* marca la afinidad electiva del goce de la mujer con la cuestión de la falta en el Otro, lugar de incompletud donde puede desarrollarse, por excelencia, lo que no procede del goce fálico:

> El Otro no es sencillamente el lugar donde la verdad balbucea. Merece representar eso con lo que se relaciona profundamente la mujer [...] Por ser en la relación sexual, en relación con lo que puede decirse del inconsciente, radicalmente el Otro, la mujer es lo que tiene relación con ese Otro [...]
>
> La mujer tiene relación con el significante de ese Otro en tanto que como Otro, sólo puede permanecer siempre Otro. En este punto no puedo sino suponer que recordarán mi enunciado de que no hay Otro del Otro. El Otro, ese lugar donde se inscribe todo lo que puede articularse del significante es, en su fundamento, radicalmente el Otro. Por ese motivo ese significante, con ese paréntesis abierto, marca al Otro como tachado — $S(\not{A})$.[5]

De esta manera, existe un universo de goce específicamente interno a lo femenino: aquél que vincula *una* mujer a la cuestión de la falta en tanto tal, es decir al *goce del Otro*:

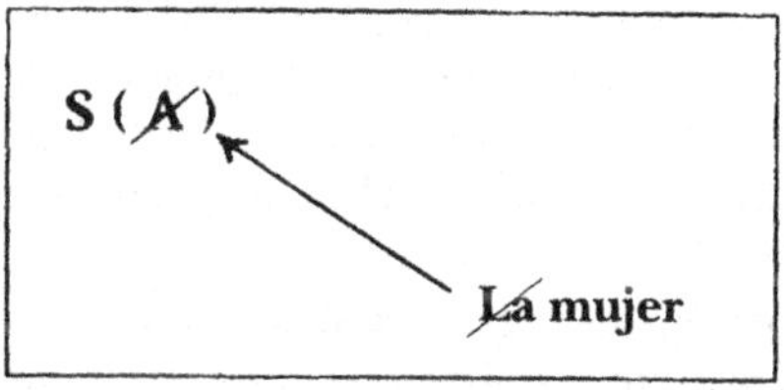

Con todo, cuando el goce del Otro se mide por el rasero del significante —y ¿qué hacer si no?: $\mathbf{S}(\not{A})$[6]— siempre queda algún resto: *el objeto a*, que es justamente lo que encuentra el hombre en su fantasma cuando intenta alcanzar "sexualmente" a una mujer.

En contrapartida, la mujer, en su encuentro sexuado con un hombre, no entra en relación con el sujeto tachado por el significante **\$**. Sólo alcanza al hombre en las relaciones que mantiene con el falo **Φ**. Por más que esté no-toda sometida a la función Φ ($\overline{\forall x}\ \Phi x$), la mujer se debe incluir sin embargo en el universo del goce fálico puesto que no existe una que sea la excepción a esa función ($\exists x \ \Phi x$):

> La mujer tiene relación con $S(\not{A})$ y, por el hecho mismo de que se desdobla, es no-toda, puesto que, por otra parte, puede tener relación con Φ.[7]

En consecuencia, esa división del goce en "otro goce" y "goce fálico" sanciona a su vez en la mujer la imposibilidad de entablar una relación sexual con el hombre.

De modo más general, esforcémonos ahora por circunscribir la esencia de la imposibilidad de una relación tal, de la que Lacan nos dice, empero, que *no cesa de no escribirse.*

Para hacerlo, es necesaria una nueva incursión en la lógica de las fórmulas de la sexuación. Hemos visto que la escritura de las funciones proposicionales sugeridas por Lacan infringen parcialmente el formalismo lógico canónico, es decir inauguralmente el sistema aristotélico. Semejantes modificaciones conllevan inevitablemente una redistribución de las categorías modales que subyacen en la consistencia de ese sistema.

Examinemos las diferentes fórmulas del cuadrante de dos en dos, como nos invita a hacerlo Lacan en su seminario del 1º de junio de 1972.[8]

Las dos proposiciones: $\exists x \ \overline{\Phi x}$ y $\overline{\exists x} \ \overline{\Phi x}$ se sitúan en un mismo registro: el de la existencia, a pesar de que una afirme lo que la otra niega.

Lo que distinguirá las dos proposiciones $\exists x \ \Phi \overline{x}$ y x x, en cambio, es la contradicción.

Es más llamativa, en referencia a la lógica intuicionista, la categoría de lo *indecidible* que interviene entre las fórmulas $\overline{\exists x} \ \overline{\Phi x}$ y $\overline{\forall x} \ \Phi x$.

Por último, entre $\forall x \ \Phi x$ y $\forall x \ \overline{\Phi x}$, somos remitidos, como lo subraya Lacan, a lo que toda nuestra experiencia nos muestra: "lo denominaremos la *falta*, lo denominaremos la *falla*, lo denominaremos, si quieren, el *deseo* y, para ser más rigurosos, lo denominaremos el *objeto a*".[9]

De ese modo, obtenemos la siguiente distribución:

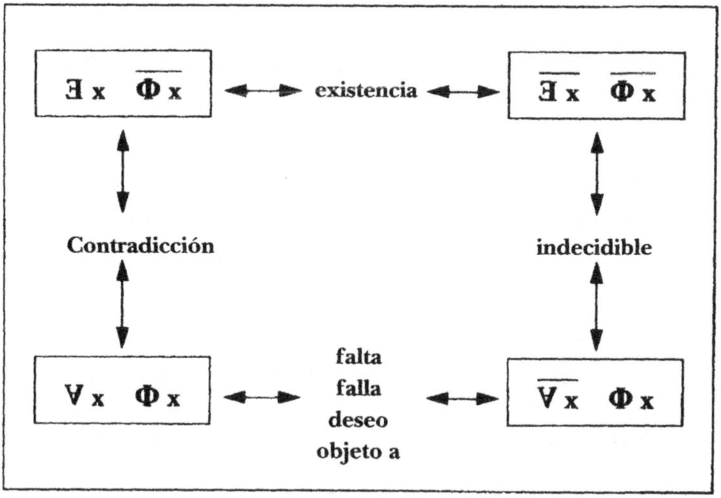

Por otra parte, la fórmula $\exists x \ \overline{\Phi x}$ nos remite a la necesidad, puesto que conjetura la existencia de al menos uno que no cumple la función fálica, es decir el Padre simbólico. Por lo mismo, funda como hemos visto ($\forall x \ \Phi x$), es decir lo *posible*, puesto que "lo universal no es nunca más que eso"[10] y Lacan agrega: "cuando ustedes dicen que 'todos los hombres son mamíferos', eso quiere decir que todos los hombres posibles pueden serlo".[11]

En la vertiente del "no-todas" ($\overline{\forall x} \ \Phi x$) nos vemos remitidos, de hecho, a la *contingencia* donde "la mujer se distingue por no ser unificante".[12]

Por último, a nivel del "no hay uno que no haga excepción a la función..." ($\overline{\exists x} \ \overline{\Phi x}$), estamos instalados, *de facto*, en lo *imposible*, es decir en el registro de lo Real.

En consecuencia, el cuadro puede completarse lógicamente así:

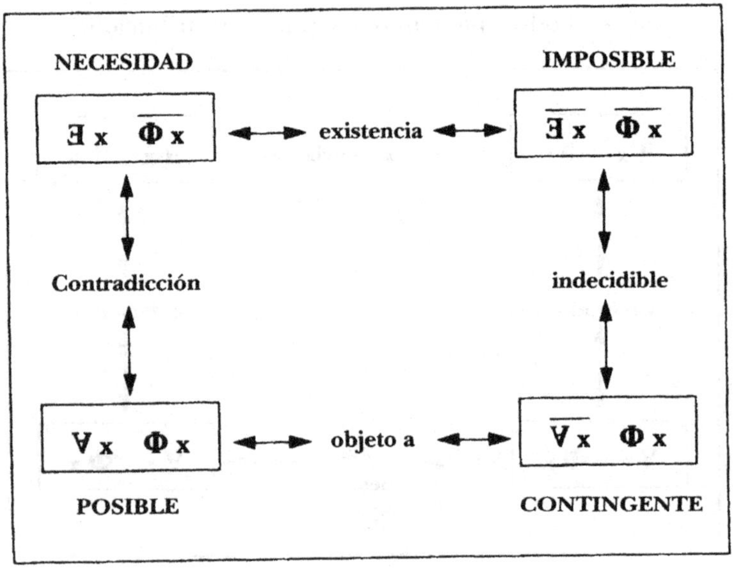

No queda duda alguna de que esas distintas articulaciones que Lacan pone de manifiesto por medio de las fórmulas de la sexuación, confirman a más y mejor la subversión de la lógica, al menos en el sentido en que "la alternancia de la necesidad, de lo contingente, lo posible y lo imposible, no está en el orden dado por Aristóteles".[13] Debemos a esta sola subversión la inexistencia de la relación sexual y la imposibilidad de su inscripción. De todos modos, es conveniente comprender con claridad lo que significa aquí el término *relación*. Tanto más cuanto que su utilización en la expresión: *no hay relación sexual* no puede no resonar con otra afirmación anterior que tiene un aire de familia y que con frecuencia se enuncia: *no hay acto sexual*.

De hecho, Lacan, desde su seminario *La lógica del fantasma*, proclama: "El secreto del psicoanálisis, el gran secreto del psicoanálisis, es que no hay acto sexual".[14] En el seminario siguiente, vuelve a centrar lo justificado de esa proposición a la luz de la experiencia del inconsciente,[15] para terminar señalando un tiempo después la naturaleza exacta del problema subsumido por la fórmula: el de *la identidad sexual*:

> El Uno concierne a esa pretendida unión sexual, es decir al campo en donde se trata de saber si puede producirse el acto de partición que exigiría la división de las funciones definidas como macho y hembra [...] Hay algo que no encaja, que no va de suyo y que es precisamente [...] el abismo que separa toda promoción, toda proclamación, de la bipolaridad macho y hembra, de todo lo que nos proporciona la experiencia relativa al acto que la funda.[16]

Por último se perfila explícitamente la cuestión de la sexuación propiamente dicha, tal como Lacan no cesará de interrogarla de ahí en más en el terreno de la disparidad lógica que se establece respecto de la universalidad:

> [...] formular la cuestión del objeto interesado en el acto sexual implica introducir la cuestión de saber si ese objeto es el hombre o bien "un" hombre, la mujer o bien "una" mujer. En suma, el interés de la introducción del término "acto" radica en abrir la cuestión [...] de saber si, en el acto sexual (en la medida en que a ninguno de ustedes le ha sucedido jamás... ¡un acto sexual!) eso tiene relación con el advenimiento de un significante que represente al sujeto como sexo para el otro significante; o si eso tiene valor de [...] el encuentro único. Ese encuentro que una vez acaecido es definitivo [...] a saber si, en el acto sexual, el hombre alcanza al Hombre, en su estatuto de hombre y lo mismo para la mujer.[17]

A partir de ahí, esa investigación será proseguida sin descanso por Lacan[18] para afirmarse por último en una formulación nueva: *no hay relación sexual*, que aparece en el seminario *El reverso del psicoanálisis*[19] y cuyo enunciado retomará sistemáticamente, en especial consagrándole muy vastos desarrollos a partir del seminario *De un discurso que no fuese apariencia* y en los siguientes.

¿Cuál es, entonces, la connotación precisa de ese término *relación* en el contexto en que Lacan lo refiere al sexo? En su seminario del 17 de febrero de 1971, nos aporta un esclarecimiento que no deja equívoco alguno sobre ese punto:

> Ahí está esa distancia en donde se inscribe que no hay nada en común entre *lo que puede enunciarse de una relación que haría ley en tanto que, de alguna manera, depende de la aplicación, tal como la abarca la función matemática*, y una ley que es coherente con todo el registro de lo que se llama el deseo, de lo que se llama prohibición, de lo que subraya que la conjunción e incluso la identidad pertenece, justamente al orden de la hiancia que la prohibición inscribe como me he atrevido a enunciar en relación con ese deseo y con esa ley.[20]

En otras palabras, la *relación* de que se trata es la relación definida por la posibilidad de aplicación de una función que haría ley. El problema se complica tanto más cuanto que semejante aplicación lógica sólo obtiene su legitimidad en la medida en que podemos producir la escritura de la función. El enunciado de una relación en el lenguaje no implica necesariamente la posibilidad de su escritura. Por otra parte, Lacan ha insistido bastante en el salto cualitativo que representa el pasaje de la palabra al escrito.[21] Ahora bien, la relación sólo *existe* si está escrita, puesto que es la aplicación lógica de una función y sólo hay lógica en la escritura.[22]

> Sólo por el escrito se constituye la lógica [...] sólo hay cuestión lógica a partir del escrito en tanto que el escrito no es justamente el lenguaje [...] Lo esencial de la relación es una aplicación: a aplicado a b: a $\rightarrow$ b, y si no escriben la a y la b, no tienen la relación en tanto tal.[23]

En ese sentido, la *relación sexual no existe* porque no puede escribirse. De todas maneras, como lo subraya Lacan, aunque se produjera algo en lo Real a título de la relación sexual, "no resolvería en nada el hecho de que no se logre escribirla".[24]

Detengámonos un poco ahora en esa imposibilidad de escritura. En un pasaje magistral de su seminario *De un discurso que no fuese apariencia*, Lacan establece todos sus pormenores:

> [...] enuncio por ejemplo lo siguiente: que la relación sexual, justamente en la medida en que algo falla, falla en lo que sea: ¿está eso enunciado en el lenguaje? Pero justamente, no está enunciado lo que he dicho, es inscribible —no inscribible por el hecho de que lo que es exigible para que haya función es que algo del lenguaje pueda producirse, que es la escritura expresamente como tal de la función, a saber ese algo que ya he simbolizado más de una vez para ustedes de la manera más sencilla, a saber la siguiente: F en una determinada relación con x: F → x. En consecuencia, cuando se dice que el lenguaje es algo que no da cuenta de la relación sexual, ¿en qué sentido no da cuenta? En el sentido de que por la inscripción que es capaz de fomentar, no puede hacer que esa inscripción sea, ya que justamente en eso consiste, es decir lo que defino como inscripción efectiva de algo que sería la relación sexual en tanto que pondría los dos polos en relación, los dos términos que se intitularían hombre y mujer, en tanto que ese hombre y esa mujer son sexos respectivamente especificados por lo masculino y por lo femenino, ¿en quién? ¿en qué? en un ser que habla.[25]

Como hemos visto, la imposibilidad radical de poner esos dos términos en relación se funda en la disparidad lógica entre el *universal* y el *no-todo*. De este modo, la escritura de la relación sexual queda rechaza porque, en nombre de la función fálica, no podría haber universalidad de la mujer:

> [...] esa función del falo vuelve insostenible de ahí en más esa bipolaridad sexual e insostenible de una manera que, literalmente, volatiliza lo que es por lo que puede escribirse de esa relación.[26]

Notas

1. Cf. Lacan, J., *Encore, op. cit.*, seminario del 13 de marzo de 1973, pág. 73.
2. Lacan, J., *Le savoir du psychanalyste, op. cit.*, seminario inédito del 4 de noviembre de 1971 (el subrayado es mío).
3. Lacan, J., *Encore, op. cit.*, seminario del 13 de marzo de 1973, pág. 74.
4. *Ibíd.*, pág. 74-75.
5. *Ibíd.*, pág. 75.

6. Cf. *ibíd.*, pág. 31: "En consecuencia, no hice un uso estricto de la letra cuando dije que el lugar del Otro se simbolizaba con la letra A. En contraposición, lo he marcado redoblándolo con la S que aquí quiere decir significante, significante del A en tanto está tachado — S (Ⱥ). De ese modo, he agregado una dimensión a la del lugar A, mostrando que como lugar no se sostiene, que hay ahí una falla, un agujero, una pérdida. El objeto a funciona en relación con esa pérdida. Eso es algo esencial a la función del lenguaje".

7. *Ibíd.*, pág. 75.

8. Cf. Lacan, J., *Le savoir du psychanalyste, op. cit.*

9. *Ibíd.*, seminario inédito del 1º de junio de 1972 (el subrayado es mío).

10. *Ibíd.*

11. *Ibíd.*

12. *Ibíd.*

13. *Ibíd.*

14. *Ibíd.*, J., *La logique du fantasme, op. cit.*, seminario inédito del 12 de abril de 1967.

15. *Ibíd.*, seminario inédito del 19 de abril de 1967: "*No hay acto sexual.* Pienso que la novedad corre como reguero de pólvora... Pero al fin y al cabo no lo he dado como una verdad absoluta... Sólo dije lo que estaba articulado con propiedad en el discurso del inconsciente" (el subrayado es mío).

16. *Ibíd.*, seminario inédito del 10 de mayo de 1967.

17. *Ibíd.*, seminario inédito del 24 de mayo de 1967.

18. Cf. Lacan, J. a) *Ibíd.*, seminarios inéditos del 14 y 21 de junio de 1967; b) *L'acte psichanalytique, op. cit.*, intervención de J. Nassif en el seminario del 28 de febrero de 1968: "[...] sin que sea necesario retomar todo lo que se ha dicho [...] acerca de la imposibilidad de dar al significante hombre y mujer una connotación asignable, [...] se ha vuelto evidente que la fórmula 'el inconsciente no sabe de la contradicción' es rigurosamente idéntica a ésa igualmente capciosa pero más adecuada según la cual 'no hay acto sexual'; c) *D'un autre à l'Autre* (1968-1969, inédito), seminario del 5 de marzo de 1969: "[...] podemos enunciar que si se registra en el acento estructural en que únicamente subsiste, no hay acto sexual": d) *Télévision, op. cit.*, págs. 60-61 "[...] ese yerro en que consiste el logro del acto sexual".

19. Cf. Lacan, J., *L'envers de la psychanalyse, op. cit.*, seminario del 11 de marzo de 1970, pág. 134.

20. Lacan, J., *D'un discours qui ne serait pas du semblant, op. cit.*, seminario inédito del 17 de febrero de 1971 (subrayado por mí).

21. Ese es uno de los temas que Lacan analiza extensamente en su seminario *La lógica del fantasma, op. cit.*

22. Cf. Lacan, J., *D'un discours qui ne serait pas du semblant, op. cit.*,

seminario inédito del 17 de febrero de 1971: "¿Qué es la lógica sino esa paradoja absolutamente fabulosa que sólo permite lo escrito, tomar la verdad como referencia?"

23. *Ibíd.*

24. *Ibíd.*, cf. también en ese mismo seminario: "no hay relación sexual en el ser hablante. Hay una primera condición que lo podría aclarar de inmediato. Es que la relación sexual, al igual que cualquier otra relación, en última instancia sólo subsiste por lo escrito".

25. *Ibíd.*, seminario inédito del 19 de mayo de 1971.

26. *Ibíd.*, seminario inédito del 17 de febrero de 1971.

En reiteradas ocasiones, siempre en el seminario *D'un discours qui ne serait pas du semblant*, Lacan insisten en esa no inscriptibilidad de la relación sexual que debe ser correlacionada con el hecho de que *La mujer no existe*. Cf. a) *ibíd.*: "Lo que designa el mito del goce de todas las mujeres, es que no hay 'todas las mujeres'. No hay universalidad de la mujer. Eso plantea un cuestionamiento del falo y no de la relación sexual", b) seminario inédito del 17 de marzo de 1971: "[...] el mito escrito de Edipo está hecho justamente para señalarnos que es impensable decir: 'la mujer'. Es impensable. ¿Por qué? Porque no se puede decir: 'todas las mujeres'. No se puede decir 'todas las mujeres' porque sólo está introducido en el mito en el siguiente sentido: que el padre posee a 'todas las mujeres', lo que es evidentemente el signo de una imposibilidad"; c) *ibíd*: "La estructura es tal que el hombre, como tal, en tanto funciona, está castrado; que por otra parte existe algo que pertenece al nivel del partenaire femenino y que podría trazarse sencillamente con ese rasgo [...] en el que se señala todo al alcance y toda la función de esa letra, en este caso: es que 'la mujer' no tiene nada que hacer si existe, pero justamente por eso no existe."

15

Ello no "cexa" de no escribirse

Si es *ininscribible* y en consecuencia *inexistente*, ¿por qué, empero, no deja de insistir Lacan en el hecho de que tal relación sexual no cesa de no escribirse?

Volvamos una vez más a la escritura de las fórmulas de la sexuación y a la distribución lógica de las categorías modales que éstas prescriben.[1]

Podríamos pensar que la inexistencia de la relación sexual se debe sobre todo a la inconmensurabilidad de lo *necesario* ($\exists x\ \overline{\Phi x}$) y de lo *contingente* ($\overline{\forall x}\ \Phi x$), ya que, por lo general, el segundo se opone al primero. Pero, de hecho, la articulación de esas fórmulas nos indica que es más bien de la conjunción de lo *necesario* y lo *imposible* vía la *contingencia* de donde resulta que no hay relación sexual.

Ahora bien ¿qué es lo *necesario*? Lo necesario es, por definición, algo *que no cesa*. ¿Que no cesa de qué? interroga Lacan, *de escribirse*.[2] En realidad, si hay una categoría modal de la lógica que no puede no ser objeto de una escritura, ésa es, sin duda, lo necesario:

> Por su parte, lo necesario nos es introducido por el *no cesa*. El *no cesa* de lo necesario, es el *no cesa de escribirse*. Aparentemente, el análisis de la referencia al falo nos conduce, justamente, a esa necesidad.[3]

La *contingencia*, en cambio, está marcada por el hecho de que *cesa de no escribirse* en tanto que se refiere al falo en la singularidad que conocemos:

> Al falo —tal como lo aborda el análisis como el punto clave, el punto último de lo que se enuncia como causa del deseo— la experiencia analítica cesa de no escribirlo. En ese *cesa de no escribirse* reside el filo de lo que he denominado contingencia.[4]

De lo *necesario* a la *contingencia* no hay más que un paso (no), el no (paso) de la relación sexual, es decir de lo *imposible*. En consecuencia, la unión sexuada de los hombres y las mujeres pertenece al orden de la tentativa de conjugación de un *no cesa de escribirse* con un *cesa de no escribirse*, que inevitablemente declina en el modo del *no cesa de no escribirse*:

> Lo necesario [...] es lo que no cesa ¿de qué? de escribirse. Es una muy buena manera de repartir al menos cuatro categorías modales [...] Lo que no cesa de no escribirse es una categoría modal que no es la que hubieran esperado para oponerse a lo necesario, que habría sido más bien lo contingente. Pueden figurarse que lo necesario está conjugado con lo imposible y que ese *no cesa de no escribirse* es su articulación.[5]

A lo sumo, la "relación sexual" es tan sólo encuentro que anida en el indicio de un espejismo que se pone al servicio de la ilusión del *Uno* caro al amor.[6] "Hay Uno"[7], sin lugar a dudas, pero Lacan agrega:

> Hay que partir del hecho de que *Hay Uno* debe tomarse por el acento puesto en que hay Uno solo. En ese punto se comprende lo esencial de lo que tenemos que llamar con el nombre con que la cosa resonó a lo largo de los siglos, a saber el amor.[8]

Sin duda, la poesía nos ha legado los mejores florones de lo que no cesa de no escribirse:

> Entre el hombre y la mujer,
> Hay el amor.
> Entre el hombre y el amor,
> Hay un mundo.
> Entre el hombre y el mundo,
> Hay un muro.[9]

Esos pocos versos de Antoine Tudal que Lacan retoma, ilustran de modo ejemplar el destino del "(a) muro",[10] del que nos habla, entre el hombre y la mujer. Si seguimos la breve demostración que nos propone mediante la aplicación topológica sobre la botella de Klein, la conclusión se impone por sí misma debido a lo real de la diferencia de los sexos y a la inexistencia de la relación sexual:

> En lo que respecta a la relación entre el hombre y la mujer, y todo lo que de ello resulta en relación con cada uno de los partenaires, a saber tanto su posición como su saber, encontramos la castración por doquier.[11]

Es ése el sentido profundo del descubrimiento freudiano. El inconsciente obliga al sujeto hablante a saber que todo lo que procede del lenguaje tiene que ver con el sexo, con la salvedad, como lo precisa Lacan de "que la relación sexual no puede, al menos hasta el momento, inscribirse ahí en modo alguno".[12]

En consecuencia, estamos mal que bien condenados al amor por el solo hecho que ello no cesa de no escribirse. A lo sumo, se trata de un simple efecto de desplazamiento:

> El desplazamiento de la negación, del *cesa de no escribirse* al *no cesa de escribirse*, de la contingencia a la necesidad, ése es el punto de suspensión al que se aferra todo amor.
>
> Todo amor, por subsistir sólo el *cesa de no escribirse*, tiende a hacer pasar la negación al *no cesa de escribirse*, no cesa, no cesará.[13]

Por lo tanto... Fin del tomo II.

Notas

1. Cf. *supra*, cap. 14, "'~~La~~ mujer no existe' — 'No hay relación sexual'", cuadro de la pág. 272.

2. Cf. Lacan, J., *Encore*, *op. cit.*, seminario del 13 de febrero de 1973, pág. 55.

3. *Ibíd.*, seminario del 20 de marzo de 1973, pág. 86 (subrayado por el autor). Cf. también seminario del 26 de junio de 1973, pág. 132: "Me

regodeé con lo necesario como lo que *no cesa de escribirse*, porque lo necesario no es lo real" (subrayado por el autor).

4. *Ibíd.*, seminario del 20 de marzo de 1973, pág. 86 (subrayado por el autor). Cf. también seminario del 26 de junio de 1973, pág. 132: "La contingencia, la encarné en el *cesa de no escribirse*. Pues no hay allí más que encuentro, encuentro, en el partenaire, de los síntomas, de los afectos, de todo cuanto en cada uno marca la huella de su exilio, no como sujeto sino como hablante, de su exilio de la relación sexual" (subrayado por el autor).

5. *Ibíd.*, seminario del 13 de febrero de 1973, pág. 55 (subrayado por el autor). Cf. también el seminario del 20 de marzo de 1973, pág. 87: "El *no cesa de no escribirse*, en cambio, es lo imposible tal como lo definí por el hecho de que no puede escribirse en ningún caso, y con ello designo lo tocante a la relación sexual — la relación sexual no cesa de no escribirse" (subrayado por el autor).

6. Cf. *supra*, en el cap. 4: "El Uno y el amor", págs. 84 y sigs.

7. Cf. Lacan, J., *...Ou pire*, *op. cit.*, seminario inédito del 15 de marzo de 1972. Cf. también *Encore*, *op. cit.*, seminario del 20 de febrero de 1973, pág. 63.

8. *Ibíd.*, págs. 63-64.

9. Cf. algunos versos de A. Tudal en *París en l'an 2000*, tal como los recita Lacan en *Le savoir du psychanalyste*, *op. cit.*, seminario inédito del 6 de enero de 1972. El orden de los términos está bastante "suvbertido" respecto de la versión dada en "Fonction et champ de la parole et du langage en psychanalyse", en *Ecrits*, *op. cit.*, pág. 289.

"Entre el hombre y el amor
Hay la mujer.
Entre el hombre y la mujer,
Hay un mundo.
Entre el hombre y el mundo,
Hay un muro."

10. *Ibíd.*, "El amor [amour] (...) el (a) muro [(a)mur], basta poner entre paréntesis el 'a' para volver a encontrar lo que palpamos todos los días."

11. *Ibíd.* Cf. también "L'étourdit", en *Scilicet*, Nº 4, *op. cit.* págs. 20-21: "El *no hay relación sexual* no implica que no haya relación con el sexo. Es justamente eso lo que demuestra la castración, pero no más que eso: a saber que esa relación con el sexo no sea distinta en cada mitad por el hecho mismo de que los divide" (subrayado por el autor).

12. Lacan, J., *D'un discours qui ne serait pas du semblant*, *op. cit.*, seminario inédito del 19 de mayo de 1971.

13. Lacan, J., *Encore*, *op. cit.*, seminario del 26 de junio de 1973, pág. 132.

Bibliografía

ARNOUX, D., "O + 8 = O", en *Littoral,* Nº 13, *Traduction de Freud transcription de Lacan,* Érès, junio de 1984, págs. 149-165.

BARR, S.,
— "Le plan projectif", en *Littoral,* Nº 14, *Freud Lacan: quelle articulation?,* Érès, noviembre de 1984, págs. 107-128.
— *Exercice de topologie,* París, Lysimaque, 1987.

BOUASSE, H.,
— *Optique et photométrie dites géométriques,* París, Delagrave, 4ª ed., 1947.
— "Hypothèses fondamentales. Miroirs plans", en *Cahiers de lectures freudiennes,* Nº 13, *Le schéma optique. Miroirs-Spécularité,* Lysimaque, marzo de1988, págs. 19-54.

BOUQUIER, J. J., "Retournements de tores et identification", en *Analytica,* vol. 46, *Investigations topologiques et interrogations sur la passe,* París Navarin 1986, págs. 9-18.

CALLIGARIS, C., *Pour une clinique différentielle des psychoses,* París, Point Hors Ligne, 1991.

CARNAP, R., *Logische Syntax der Sprache,* Viena, Verlag Springer, 1934. Trad. Von Zeppelin. *The Logical Syntax of Language,* Londres, Routledge and Kegan Paul, 1937.

CONTÉ, C.,
— "Brèves remarques sur la dimension du Réel dans l'enseignement

de Jacques Lacan", en *Esquisses psychanalytiques*, Nº 15, *Jacques Lacan*, primavera de 1991, págs. 53-62.
— *Le Réel et le Sexuel —de Freud à Lacan—*, París, Point Hors Ligne, 1992.

CZERMAK, M.
— *Passions de l'objet. Études psychanalytiques des psychoses*, París, J. Clims Éditeur, 1986.
— (en colaboración con DUHAMEL, J. L.), "L'homme aux paroles imposées", en *Le Discours psychanalytique*, Nº 7, febrero de 1992, Éditions J. Clims — Association freudienne, págs. 7-54.

DAMOURETTE, J. y PICHON, É., *Des mots à la pensée, essai de grammaire de la langue francaise*, París, d'Artrey, 1911-1940.

DARMON, M., *Essais sur la topologie lacanienne*, París, Éditions de l'Association freudienne, 1990.

DESCARTES, R.
— *Discours de la méthode (* 1637), París, Léopold Cerf [1897-1909], Edición Ch. Adam y P. Tannery (A. T.), tomo VI.
— *Méditations métaphysiques*, *ibíd.*, tomo IX, pág. 21.
— "Correspondance", en *Œuvres philosophiques*, París, Garnier, 1967.

DOR, J.,
— *Introduction à la lecture de Lacan*, tomo 1. *L'inconscient structuré comme un langage*, París, Denoël, 1985. [Versión castellana: *El inconsciente estructurado como lenguaje*. Barcelona, Gedisa, 1986.]
— *Structure et perversions*, París, Denoël, 1987.
— *L'a-scientificité de la psychanalyse*, tomo 1. *L'aliénation de la psychanalyse;* tomo 2. *La paradoxalité instauratrice*, París, Éditions universitaires, col. Émergences, 1988.
— *Le père et sa fonction en psychanalyse*, París, Point Hors Ligne, 1989.
— "Approche psychanalytique de la fonction du nom propre", en *Correspondances freudiennes*, Nº 25, 1989, págs. 9-13.
— "Les séances à 'temps variables' ", en *Nouvelle revue de psychanalyse*, Nº 41, Gallimard, primavera de 1990, págs. 236-242.
— "Approche épistémologique des paradigmes mathématiques

lacaniens", en *Esquisses psychanalytiques,* Nº 15, *Jacques Lacan,* primavera de 1991, págs. 87-97.
— "Anamorphoses: 'Le retour à Freud de Lacan' ", en *Études freudiennes,* Nº 33, *Lacan lecteur de Freud,* abril de 1992, págs. 175-188.

FALADÉ, S., "Repères structurels des névroses, psychoses et perversions", en *Esquisses psychanalytiques,* Nº 7, primavera de 1987, págs. 29-51.

FRÉCHET, M. y FAN, K., *Introduction à la topologie combinatoire,* tomo I, París, Vuibert, 1946.

FREGE, G., *Grundlagen der Arithmetik,* Breslau, Max Hermann Marcus, 1884. Trad. C. Imbert, *Les Fondements de l'arithmétique,* París, Seuil, 1969.

FREUD, S.,
— (en colaboración con BREUER, J.), *Studien über Hysterie* (1893), G. W. I, págs. 77-312; S. E. II. Trad. A. Berman, *Études sur l'hystérie,* París, P. U. F., 1956.
— *"Briefe an W. Fliess"* (1887-1902) en *Aus den Anfängen der Psychoanalyse,* G. W., págs. 45-305, S. E. I, págs. 173-397. Trad. A. Berman, "Lettres à Fliess", en *La Naissance de la psychanalyse,* París, P. U. F., 4ª edición 1979, págs. 47-306.
— *Die Traumdeutung* (1900), G. W. II-III, págs. 1-642; S. E. IV-V, págs. 1-621. Trad. I. Meyerson, aumentada y revisada por D. Berger *L'interprétation des rêves,* París, P. U. F., 1967.
— *Totem und Tabu* (1912-1913), G. W. IX; S. E. XIII, págs. 1-161. Trad. S. Jankélévitch, *Totem et tabou,* París, PBP, Nº 77, 1973.
— *Zur Einführung des Narzissmus* (1914), G. W. X, págs. 138-170; S. E. XIV, págs. 67-102. Trad. D. Berger, y J. Laplanche, "Pour introduire le narcissisme", en *La Vie sexuelle,* París, P. U. F., 1ª edición 1969, págs. 81-105.
— *Triebe und Triebschicksale* (1915), G. W. X, págs. 210-232, S. E. XIV, págs. 109-140. Trad. J. Laplanche y J. B. Pontalis, "Pulsions et destins des pulsions", en *Métapsychologie,* París, Idées-Gallimard, Nº 154, 1981, págs. 11-44.
— *Das Unbewusste* (1915), G. W. X, págs. 264-303; S. E. XIV, págs. 159-215. Trad. J. Laplanche y J. B. Pontalis, "L'inconscient",

en *Métapsychologie, ibíd.*, págs. 65-123.
— *Massenpsychologie und Ich-Analyse* (1921), G. W. XIII, págs. 73-161; S. E. XVIII., págs. 65-143. Trad. P. Cotet, A. Bourguignon, J. Altonian, O. Bourguignon, A. Rauzy, "Psychologie des foules et analyse du Moi" en *Essais de psychanalyse*, París, P. B. P., Nº 44, 1984, págs. 117-217.
— *Das Ich und das Es* (1923), G. W. XIII, págs. 237-289 S. E. XIX, págs. 1-59. Trad. J. Laplanche, "Le Moi et le Ça", en *Essais de psychanalyse, ibíd.*, págs. 219-275.
— *Hemmung, Symptom und Angst* (1925), G. W. XIV, págs. 113-205; S. E. XX, págs. 75-174. Trad. M. Tort, *Inhibition, symptôme et angoisse*, París, P. U. F., 1968.
— *Neue Folge der Vorlesungen zur Einführung in die Psychoanalyse* (1932-1933), G. W. XV; S. E. XXII, págs. 1-182. Trad. R. M. Zeitlin, *Nouvelles conférences d'introduction à la psychanalyse*, París, N. R. F., Gallimard, 1984.
— *Abriss der Psychoanalyse* (1938-1940), G. W. XVII, págs. 67-138; S. E. XXIII, págs. 139-207. Trad. A. Berman, *Abrégé de psychanalyse*, París, P.U.F., 1949.

GEORGIN, J. P., "Du plan projectif au cross-cap" (1ª parte), en *Littoral*, Nº 17, *Action du public dans la psychanalyse*, Érès, septiembre de 1985, págs. 147-152.

GRANON-LAFONT, J.,
— (Lafont) "Du schéma R au plan projectif", en *Littoral*, Nº 3/4, *L'assertitude paranoïaque*, febrero de 1982, Érès, págs. 135-146.
— *La topologie ordinaire de Jacques Lacan*, París, Point Hors Ligne, 1985.

GUYOMARD, P.
— "Le temps de l'acte. L'analyste entre la technique et le style", 'postface' à Maud Mannoni, *Un savoir qui ne se sait pas*, París, Denoël, 1985, págs. 139-187. [Versión castellana: *Un saber que no se sabe*. Barcelona, Gedisa, 1986.]
— *La jouissance du tragique. Antigone, Lacan et le désir de l'analyste*, París, Aubier, 1992.

Lacan, J.
— "Le témps logique et l'assertion de certitude anticipée. Un nouveau sophisme" (1945), en *Écrits,* París, Seuil, 1966, págs. 197-213.
— "Le stade du miroir comme formateur de la fonction du Je telle qu'elle nous est révélée dans l'expérience psychanalytique" (comunicación al XVIº congreso internacional de psicoanálisis, en Zurich, el 17 de julio de 1949), *ibíd.,* págs. 93-100.
— "Fonction et champ de la parole et du langage en psychanalyse". Informe al congreso de Roma llevado a cabo en el Instituto de Psicología de la Universidad de Roma el 26 y 27 de setiembre de 1953, *ibíd.,* págs. 237-322.
— "Le symbolique, l'imaginaire et le réel" (conferencia en la Sociedad Francesa de Psicoanálisis el 8 de julio de 1953), en *Bulletin de l'Association freudienne,* Nº 1, noviembre de 1982, págs. 4-13.
— *Les écrits techniques de Freud,* Libro I (1953-1954), París, Seuil, 1975.
— *Les psychoses,* Libro III (1955-1956), París, Seuil, 1981.
— "Situation de la psychanalyse et formation du psychanalyste en 1956", en *Écrits, op. cit.,* págs. 459-491.
— *La relation d'objet et les structures freudiennes* (1956-1957), inédito.
— "L'instance de la lettre dans l'inconscient ou la raison depuis Freud" (14-26 de mayo de 1957), en *Écrits, op cit.,* págs. 493 -528.
— *Les formations de l'inconscient* (1957-1958), inédito.
— "D'une question préliminaire à tout traitement possible de la psychose" (diciembre de 1957-enero de 1958), en *Écrits, op. cit.,* págs. 531-583.
— "La direction de la cure et les principes de son pouvoir" (informe del coloquio de Royaumont 10-13 julio de 1958), *ibíd.,* págs. 585-645.
— *Le désir et son interprétation* (1958-1959), parcialmente publicado en *Ornicar?,* 1981, Nº 24: págs. 7-31; 1982, Nº 25: págs. 13-36; 1983, Nº 26/27: págs. 7-44.
— "Remarque sur le rapport de Daniel Lagache: 'Psychanalyse et structure de la personnalité' " (Pâques 1960), en *Écrits, op. cit.,* págs. 647-684.
— "Subversion du sujet et dialectique du désir dans l'inconscient freudien" (1960), *ibíd.,* págs. 793-827.

— *Le transfert*, Livre VIII (1960-1961), París, Seuil, 1991.
— *L'identification* (1961-1962), inédito.
— *L'angoisse* (1962-1963), inédito.
— "Position de l'inconscient au congrès de Bonneval reprise de 1960 en 1964", en *Écrits, op. cit.*, págs. 829-850.
— *Les quatre concepts fondamentaux de la psychanalyse*, Livre XI (1964), París, Seuil, 1973.
— "La science et la vérité" (1º de diciembre de 1965), en *Écrits, op. cit.*, págs. 855-877
— "D'un dessein" (1966), *ibíd*, págs. 363-367.
— *La logique du fantasme (* 1966-1967), inédito.
— *L'acte psychanalytique* (1967-1968), inédito.
— *D'un autre à l'Autre* (1968-1969), inédito.
— *L'envers de la psychanalyse*, Libro XVII (1969-1970), París, Seuil, 1992.
— "Radiophonie" (junio de 1970), en *Scilicet*, Nº 2/3, París, Seuil, 1970, págs. 55-99.
— *D'un discours qui ne serait pas du semblant* (1971), inédito.
— *...Ou pire* (1971-1972), inédito.
— *Le savoir du psychanalyste* (1971-1972), inédito.
— "L'étourdit" (14 de julio de 1972), en *Scilicet*, Nº 4, París, Seuil, 1973, págs. 5-52.
— *Encore*, Livre XX (1972-1973), París, Seuil, 1975.
— *Télévision* (Noël 1973), París, Seuil, 1974.
— "La Troisième" (intervención en el congreso de Roma 31 de octubre-3 de noviembre de 1974), en *Lettres de l'École freudienne*, Nº 16, noviembre de 1975, págs. 178-203.
— *R. S. I.* (1974-1975), en *Ornicar?*, 1975, Nº 2: págs. 88-105, Nº 3: págs. 96-110, Nº 4: págs. 92-106, Nº 5: págs. 16-66.
— *Le Sinthome* (1975-1976), en *Ornicar?*, 1976, Nº 6: págs. 3-20, Nº 7: págs. 3-18, Nº 8: págs. 6-20; 1977, Nº 9: págs. 32-40, Nº 10: págs. 5-12, Nº 11: págs. 2-9.
— "L'homme aux paroles imposées" (1976), en *Le Discours psychanalytique*, Nº 7, febrero de 1992, Éditions J. Clims—Association freudienne, págs. 7-54 y en "anexo", "Entretien de J. Lacan avec M. Gérard Mumeroy", *ibíd.*, págs. 55-92.
— *L'insu que sait de l'une bévue s'aile à mourre* (1976-1977), en *Ornicar?*, 1977, Nº 12/13: págs. 4-16; 1978, Nº 14: págs. 4-9, Nº 15: págs. 5-9, Nº 16: págs. 7-13; 1979, Nº 17/18: págs. 7-23.

LAGACHE, D., "Psychanalyse et structure de la personnalité", en *La Psychanalyse,* Nº 6, *Perspectives structurales. Colloque international de Royaumont,* París, P. U. F., 1961, págs. 5-54.

LAPLANCHE, J.,
— (en colaboración con LECLAIRE, S.), "L inconscient: une étude psychanalytique", en *L'inconscient* (4º coloquio de Bonneval), Desclée de Brouwer, 1966, págs. 95-130.
— (en colaboración con PONTALIS, J. B.), *Vocabulaire de la psychanalyse,* París, P. U. F., 1967. [Versión castellana: *Diccionario de psicoanálisis.* Barcelona, Labor, 1983.]

LECLAIRE, S., "A la recherche des principes d'une psychothérapie des psychoses", en *L'Évolution psychiatrique,* 1958, tomo 23, Nº 2, p. 401.

LE GAUFEY, G., "Représentation freudienne et signifiant lacanien", en *Littoral,* Nº 14, *Freud Lacan: quelle articulation?,* noviembre de 1984, Érès, págs. 41-56.

MALENGREAU, P., "Le schéma optique: de l'identification à l'objet", en *Cahiers de lectures freudiennes,* Nº 13, *Le schéma optique, Miroirs-spécularité,* Lysimaque, marzo de 1986, págs. 73-83.

MANNONI, M., *Un savoir qui ne se sait pas,* París, Denoël, 1985. [Versión castellana: *Un saber que no se sabe.* Barcelona, Gedisa, 1986.]

MANNONI, O., *Clefs pour l'Imaginaire ou l'Autre Scène,* París, Seuil, 1969.

MICHAUD, G., "L'angoisse et/est le désir de l'Autre", en *Esquisses psychanalytiques,* Nº 15, *Jacques Lacan,* primavera de 1991, págs. 153-170.

MILLER, J. A.,
— "La suture. Éléments de la logique du signifiant", en *Cahiers pour l'analyse,* Nº 1: *La vérité,* 2: *Qu'est-ce que la psychologie?,* París, Seuil, 1966, págs. 37-49.
— Introduction à "A. F. Möbius [La première bande]", en *Ornicar?,*

Nº 17/18, primavera de 1979, págs. 227-277 donde figura la reproducción de dos páginas del informe original de Möbius (págs. 276-277) consagradas a la banda.

NASIO, J. D., *Les yeux de Laure. Le concept d'objet a dans la théorie de J. Lacan,* París, Aubier, coll. La psychanalyse prise au mot, 1987.

PANKOW, G., *Sructure familiale et psychose,* París, Aubier, 1983.

PERCE, Ch. S.,
— *Elements of Logic Collected Papers,* vol. II, The Belknap Press of Harvard University, Cambridge, Massachusetts, 1932.
— *Écrits sur le signe,* París, Seuil, 1978.

PONT, J. C., *La topologie algébrique des origines à Poincaré,* París, P. U. F., 1974.

RINGENBACH, A. M.,
— "Le tore et la mise en jeu de la dissymétrie", en *Littoral,* Nº 10, *La Sensure,* octubre de 1983, Érès, págs. 131-148.
— "La dissymétrie, le spéculaire et l'objet *a*", en *Littoral,* Nº 14, *Freud Lacan: quelle articulation?,* noviembre de 1984, Érès, p. 129-143.
— "Sur la compatibilité de la bande de Möbius et du tore", en *Littoral,* Nº 23/24, *La déclararion de sexe,* octubre de 1987, Érès, págs. 157-202.

ROUDINESCO, E., *Histoire de la psychanalyse en France. 1. 1885-1939,* París, Seuil, 1986 (1ª edición, Ramsay 1982); *2. 1925-1985,* París, Seuil, 1986. [Versión castellana: *Historia del psicoanálisis en Francia.* Madrid, Fundamentos, 3 vols., 1988, 1993.]

RUSSELL, B.,
— "La théorie des types logiques", en *Les Cahiers pour l'analyse,* Nº 10, *La formalisation,* París, Seuil, 1969, págs. 53-83.
— "On denoting" (1905), en *Mind,* vol. XIV, págs. 479-493. Trad. P. Devaux, "De la dénotation", en *L'Âge de la science,* vol. III, Nº 3, París, Dunod, 1970, págs. 171-185.
— *An Inquiry into Meaning and Truth,* Londres, Allen and Unwin,

1940. Trad. P. Devaux, *Signification et vérité*, París, Flammarion, 1969.
— Problèmes de philosophie, París, Payot, 1968.

SAUSSURE, F. de, *Cours de linguistique générale*, París, Payot, 1983.

TAILLANDIER, G., "Présentation du séminaire de J. Lacan sur l'angoisse", en *Esquisses psychanalytiques*, Nº 7, primavera de 1987, págs. 135-154.

TARSKI, A., *Der Wahrheitsbegriff in der formalisierten Sprachen*, en *Studia philosophica*, 1935. Trad. en *Logic, Semantics and Metamathematics*, Oxford, 1956.

TIETZE, H., *Einige Bemerkungen über das Problem des Kartenfärbens auf einseitigen Flächen*, Jahresber Deutsch Math. Vereinigung, tomo XIX, 1910.

Indice temático

Indice de autores citados

Made in the USA
Monee, IL
05 November 2026

67808165R00174